Deux saisons à l’âge de pierre

Petite Bibliothèque Payot/Voyageurs 151

Peter Matthiessen

Deux saisons à l'âge de pierre

Traduit de l'anglais
par Guy Durand

Titre original :

UNDER THE MOUNTAIN WALL
(Londres, Collins Publishers)

Série dirigée
par Michel Le Bris

Pour Deborah, affectueusement

Préface

On voit par les matins clairs, sur les ciels d'Océanie, les crêtes des « Montagnes Neigeuses » émerger de nuages épais. Au-dessous des nuages, comme un continent englouti, les sombres plateaux rocheux de la grande île de Nouvelle-Guinée s'élèvent en falaises abruptes, depuis le détroit de Dampier dans l'océan Indien, et s'étendent vers l'est sur une longueur de deux mille quatre cents kilomètres avant de s'enfoncer à nouveau dans l'océan, à l'extrême pointe de la Papouasie.

Les « Montagnes Neigeuses » dominent toute la Nouvelle-Guinée occidentale. Dans l'un des massifs élevés du centre de l'île se découpe brusquement une vallée.

La rivière Baliem qui, trente kilomètres en amont, s'était enfoncée dans le sol, débouche de la falaise de roche sur un grand plateau verdoyant. L'entablement, large d'une quinzaine de kilomètres, est à plus de seize cents mètres au-dessus du niveau de la mer. Dans l'axe sud-est, à quatre-vingts kilomètres de l'orée de la vallée, la rivière s'enfonce dans une gorge, puis, quittant le sol montagneux, son cours s'apaise enfin, au milieu de vastes marécages, boueux et ensoleillés, couverts de sagoutiers, qui s'étendent vers le sud jusqu'à la mer d'Arafoura.

La vallée de Baliem avait été survolée par des appareils d'observation en 1938 ; mais avant 1954 aucun Blanc n'y avait vécu. A cette date, le gouvernement de l'île installa un petit poste sur un emplacement abandonné par les tribus wakahoupi. Des patrouilles hollandaises ont à présent reconnu la plus grande partie de la vallée où vit une population autochtone de plus de quarante mille âmes, et sur les cartes les plus récentes on ne trouve plus qu'une dernière tache blanche ; un secteur d'environ soixante-dix kilomètres carrés, situé dans la partie nord-est des contreforts rocheux.

Ce territoire reculé est occupé par des tribus qui parlent le dialecte Ndani, ou Dani, et sont connues sous le nom générique de Kourélou. Le Ndani est parlé sur tout le territoire de la vallée, avec quelques variantes d'une tribu à une autre ; ce n'est cependant qu'un des très nombreux dialectes utilisés sur les plateaux montagneux du centre de la grande île. L'origine de ces dialectes demeure encore inconnue, de même que l'origine des populations elles-mêmes. On suppose que, longtemps avant les Polynésiens, les Papous des régions montagneuses, venus du continent asiatique, ont succédé à des Australiens aborigènes, et que d'autres peuplades, plus tard venues, les refoulèrent à leur tour dans la région des montagnes ; mais, en l'absence à peu près complète de vestiges archéologiques, il serait vain de vouloir esquisser l'histoire de ces mouvements de population. Cette région est limitée, au sud, par la rivière Aïké, et à l'ouest, en direction de la rivière Baliem, par les territoires qu'occupent les tribus ennemies des Wittaïa. A l'est et au nord se dressent les falaises abruptes des contreforts montagneux. Par paliers successifs, les pentes s'élèvent jusqu'à la ligne de crête, dont l'altitude atteint de trois mille à trois mille cinq cents mètres. Les dernières rampes sont rarement visibles. Tout au long de l'année, de lourds nuages, accrochés aux cimes, paraissent prêts à crouler au bas des pentes. Presque en permanence noirs et immobiles, ils protègent la grande vallée des perturbations de l'atmosphère.

Les populations ont pris le nom de « Kourélou », qui est celui du chef de la tribu, le *kaïn*. Le terrain lui-même est le « territoire de Kourélou ». La tribu se subdivise en quatre groupes principaux : au nord, les Loro-Mabell ; dans les pâturages de l'ouest, les Kosi-Aloua ; entre les montagnes et les villages des Kosi-Aloua, les Haïman-Hallouk ; et vers le sud, les Wilihiman-Walaloua. Ce dernier terme est une contraction populaire de quatre noms de clans (Wilil-Haïman-Walilo-Aloua) et désigne une formation politique comprenant plusieurs villages. Certains de ces groupements, unis par les liens du clan, ou par des rapports de bon voisinage, constituent une sorte de confédération, sous l'égide du kaïn le plus puissant — il s'agit ici du kaïn des Loro-Mabell, Kourélou. Les frontières des territoires sont assez incertaines et dépendent de la prédominance de certains clans, bien que les membres de ceux-ci soient disséminés dans les différents villages. Le clan Aloua, par exemple, est fortement représenté dans le territoire des Kosi-Aloua comme dans celui des Wilihiman-Walaloua. Les Kosi-Aloua, qui peuplent la région sud du territoire kourélou, se trouvent dans le voisinage immédiat du territoire ennemi.

Du fait que ces Kourélou du Sud n'avaient jamais eu le moindre contact avec la civilisation extérieure, il fut décidé que l'expédition Harvard-Peabody de 1961 s'attacherait à l'étude de leurs mœurs et de leur culture.

L'expédition, avec l'agrément et le soutien du gouvernement des Pays-Bas, pénétra dans les territoires de Baliem à la fin mars et y demeura jusqu'en septembre, bénéficiant de l'assistance et de la coopération de plusieurs fonctionnaires hollandais, et plus particulièrement de celle du Dr Victor de Bruyn du département des Affaires indigènes. Elle se proposait de demeurer de la façon la plus discrète au milieu de ces peuplades, de filmer et de rendre compte des combats, des rites, des scènes de la vie quotidienne, en les troublant aussi peu que possible, afin d'obtenir une vision fidèle de cette civilisation de l'âge de pierre — où l'agriculture et la guerre ont eu l'une et l'autre une importance capitale.

Le présent ouvrage ne sera rien d'autre qu'un récit de ces deux saisons à l'âge de pierre. Les quelques détails et épisodes que l'auteur n'a pu voir de ses propres yeux lui ont été rapportés de façon explicite par les autres membres de l'expédition : Robert Gardner, cinéaste et chef de l'expédition, dont le film *Dead Birds* est consacré aux Kourélou ; Karl G. Heider et Jean Broekhuyse, anthropologues ; Michael Rockefeller, photographe et technicien du son. Au mois de mai, le photographe Eliot Elisofon vint se joindre à l'expédition ; le botaniste Chris Versteegh passa avec elle deux semaines en juin ; l'étudiant en médecine Samuel Putnam y demeura pendant les mois de juillet et d'août ; et le talent et les qualités diverses de l'interprète en langage Dani, Aboutouti, de son épouse Wamoko et du cuisinier Yousip, ont été infiniment précieux pendant toute la durée de ce séjour.

Tous nous ont apporté une importante contribution pour la réalisation de cet ouvrage ; mais nous sommes plus particulièrement redevable à Jean Broekhuyse, dont une longue expérience, acquise au cours de précédents contacts avec les tribus du territoire de Baliem, se révéla incomparablement précieuse dans la collecte et l'interprétation de nos documents ; ainsi qu'à Karl Heider, qui demeura avec les Kourélou après le départ de l'expédition, et n'a pas cessé depuis de nous fournir correctifs et documents nouveaux. Heider, Broekhuyse et Gardner ont bien voulu accepter, afin d'en corriger les erreurs ou les défauts d'interprétation, de réviser le manuscrit de cet ouvrage qui, dans les limites de nos connaissances présentes, s'est efforcé de tracer une esquisse véridique de la mentalité et de la culture de la peuplade kourélou.

On trouvera là l'histoire du grand guerrier Weaklekek et du gardien de porcs Toukoum, d'Ou-moué et de sa famille, de leurs amis et de leurs ennemis. Les incidents et les faits relatés sont réellement arrivés, au cours du printemps et de l'été 1961, à des membres de la tribu, nommément désignés. Toutefois, dans un souci de simplification et pour ne pas présenter des personnages en trop grand nombre, nous avons parfois attribué des actes d'importance mineure à une autre personne que celle qui les avait réellement accomplis. On trouvera à la fin de l'ouvrage un glossaire des noms de ces divers personnages, avec l'indication du sens de ce nom dans le langage de la tribu.

Nous avons évité de faire mention des réactions à la présence des membres de l'expédition, aussi drôles, touchantes ou déplorables qu'elles aient pu être, car les premières réactions que provoque l'arrivée des Blancs parmi une peuplade autochtone ont été souvent décrites, et nous avions d'autre part, avec les Kourélou, une chance unique, la dernière peut-être, de pouvoir dépeindre, à l'état pur, une culture ancienne dans son impressionnante et véridique beauté. A la suite de l'expédition, missionnaires et patrouilles armées ont pénétré sur ces territoires, et au moment de la publication de ce récit, le peuple fier et guerrier des Kourélou n'est déjà plus qu'une de ces peuplades arriérées que traîne dans son ombre la domination de l'homme blanc.

1962

Sous les contreforts granitiques

Un matin d'avril, en cette année où s'acheva la très ancienne histoire des Kourélou, un homme, du nom de Weaklekek, quitta le village de montagne de Lokoparek pour descendre dans la vallée. Au lieu de prendre le chemin le plus direct, qui descend la pente jusqu'aux vallonnements découverts, à travers un enchevêtrement de pandanus et de bambous, il prit par l'ouest, sous le couvert de la forêt qui s'accroche aux contreforts rocheux. La falaise d'argile jaunâtre, tachée de lichens vert sombre, domine les plateaux avec ses crêtes couronnées d'arbres qui ondulent dans la brume : et de l'intérieur de ces brumes filtraient les lueurs du soleil levant.

Les pluies d'avril étaient tombées en abondance, transformant la piste en un bourbier épais où les sabots des porcs laissaient leurs empreintes. L'homme allait, d'un pas rapide, les pieds nus cherchant l'appui plus ferme d'une pierre ou d'une racine ; arrivé devant un ruisseau, il franchit en courant le tronc d'arbre qui l'enjambait. La piste grimpait jusqu'à un bosquet de châtaigniers des tropiques, de grands arbres aux feuillages d'un vert bronzé. Il s'arrêta un moment sous le couvert pour observer les alentours. Le soleil, à présent, avait franchi les crêtes, mais il ne pouvait encore l'apercevoir. Plus bas, sous les premiers rayons, une vapeur légère montait des plateaux et de leurs contreforts lointains, mais tant qu'au-dessus de sa tête l'épaisse nuée ne serait pas dispersée, la forêt demeurerait humide et sombre.

Weaklekek s'avança jusqu'au point où le terrain boisé laissait place à un espace libre, cerné de grands blocs de roches. Toute une végétation arborescente s'épanouissait à l'orée de la forêt ; et remarquable parmi celle-ci, une variété de rhododendrons géants, aux fleurs blanches, plus larges que la paume de la main. Des creux et des fissures de roches sortaient des touffes abondantes de fougères, qui retombaient sur les trinitaires, sur les lichens, les mousses et les champignons argentés. La fougère domine dans les forêts des montagnes, où ses variétés se comptent par centaines. Mais Weaklekek ne prêtait guère attention aux fougères, non plus qu'à tout objet qui ne lui semblait pas pouvoir être utilisé immédiatement. Les fougères, comme les écharpes de brume sur les hauteurs, les cris discordants des perroquets que renvoyait l'écho des falaises rocheuses, le soleil, la rivière lointaine, tout cela faisait partie de lui-même, comme lui-même était partie de toutes ces choses ; elles se trouvaient en lui, sous les reflets de ses yeux sombres, et non pas séparées de lui. Il voyait une certaine espèce de fougère quand il en avait besoin pour conserver un quartier de porc, et une autre dont la fibre servait à tresser des câbles, et tout le reste disparaissait dans l'ensemble du paysage.

Son expérience visuelle n'était pas quelque chose de personnel. Datant de milliers d'années, elle lui avait été transmise, immuable, avec la même irrécusable nécessité que la teinte noire de sa peau et que les expressions de sa physionomie mobile. L'expérience acquise se modifiait moins vite que ces traits caractéristiques ; elle demeurait immuablement fixée dans la vallée, plus ancienne que le temps, car le temps ne se mesurait que par les souvenirs d'une ou deux générations, remontant de lunaisons en lunaisons, à partir du jour où il se trouvait. Avant le grand-père paternel de Weaklekek, il y avait l'ancêtre de la tribu, le nomade Nopou qui était descendu des montagnes avec son épouse chargé d'un lourd fardeau des diverses espèces d'êtres vivants. Les fils de Nopou portant les noms de Haïman, Aloua, Kosi, Wilil furent les fondateurs des clans, et malgré l'interdiction de Nopou, ils entrouvrirent la grande poche de vie d'où s'échappèrent aussitôt moustiques et serpents, qui n'ont pas cessé depuis de tourmenter le peuple qui leur succéda : les Akouni.

Nopou fut l'ancêtre commun ; mais sans doute fut-il également le premier Papou à qui il ait été donné de voir, instant privilégié dans la suite infinie des jours, la verte vallée de Baliem s'étendre, des cols boisés des montagnes jusqu'aux lointains horizons, dans la brume d'un matin ensoleillé. Combien de siècles et de millénaires, l'ancêtre avait-il erré sur les terres d'Afrique et d'Asie avant son arrivée, nous l'ignorerons toujours, car il ne s'encombrait guère dans ses déplacements et ne laissait pas d'empreintes sur la piste.

Avant l'arrivée de Nopou, dans les millénaires sans langage, le plus grand par la la taille des habitants de la vallée était un oiseau : le casoar. Des oiseaux de paradis, dorés et vert émeraude, rouges et bleu de nuit, voletaient, froufroutaient, ramageaient parmi les bruyères et les orchis des hauts plateaux. Faucons et martinets rayaient le ciel immobile, et les chevaliers vulgaires d'Afrique et d'Eurasie, messagers de terres lointaines, volaient vers le sud pour se suspendre aux lianes retombantes sur le cours des ruisseaux. Sous les grands araucarias à feuilles persistantes, dans les forêts de chênes verts et la jungle du bord des fleuves, une variété primitive de petits marsupiaux, mêlée à quelques espèces de rongeurs et de vampires, se multipliait — comme, en d'autres lieux, ont proliféré les chats et les belettes, les chiens, les ours, les ruminants et les singes ; les marsupiaux, dispersés au cours des siècles de la période glaciaire sur des plateaux rocheux, aux avant-postes du continent australien, devinrent carnivores ou insectivores, ou constituèrent, comme les wallabies et les kangourous, d'étranges variétés d'herbivores sur les prairies des hauts plateaux.

Le premier homme — Nopou ou quelqu'un de ses pareils — débarqua ensuite sur les rivages et, un peu plus tard, parvint jusqu'aux montagnes de l'intérieur. Il s'installa dans la vallée, avec ses femmes, ses enfants, son arc, son couteau de bambou et sa doloire de pierre. Comme le wallaby des montagnes, le couscous et le phalanger, il s'était séparé d'un monde qui pouvait évoluer sans lui. Il trouvait, dans les forêts de la vallée, une nourriture abondante, et il avait amené avec lui le chien, le porc, les patates douces — à moins que ces espèces se soient répandues après son arrivée. Protégé par la jungle des montagnes et les barrières de brume, il demeura pendant des siècles ignoré des navigateurs et des explorateurs qui ne faisaient qu'aborder sur les côtes ; il conservait sa culture de l'âge de pierre. Il se trouve encore là, au pied des plus hauts contreforts, à l'orée de sa vallée. Ce n'est plus Nopou mais son arrière-petit-fils qui demeure en tout son semblable.

Il s'est arrêté pour observer les alentours, penché d'un

mouvement gracieux, le poids du corps portant sur la jambe droite et sur la lance dressée. La main droite, qui tient la lance, est à la hauteur du menton, et l'arme, de quatre mètres quatre-vingts de long, trace une ligne tendue et menaçante sur les calmes frondaisons de la forêt. Elle a été taillée dans le bois rouge du myrte yoli, et derrière le guerrier, le tronc d'un yoli de teinte pâle, l'écorce squameuse comme une peau de reptile, se dresse, pareil à une patte de grand dinosaure.

Weaklekek a la peau plus sombre que la plupart des Dani — un brun accusé presque noir — et sa parure de coquilles blanches fait ressortir cette teinte foncée de son corps nu. Il mesure un mètre soixante-cinq et il paraît plus grand, maigre, avec des muscles de félin, les épaules étroites et les hanches plates. Quand il s'appuie sur sa longue lance, dans la position de repos, il donne une impression de grâce indolente, une grâce exempte de douceur, une sorte d'immobilité tendue qui permet le mouvement rapide.

Il demeure là debout, regardant, regardant encore, la paupière presque close, le paysage, tel qu'il a été, tel qu'il l'a toujours connu. Il épie un changement possible, un détail insolite : un déplacement lointain, une volute de fumée, le silence que rompt le cri d'un oiseau-mouche, ou un signal d'alarme. A travers toute la vallée, d'autres hommes observent, au même instant, la longue lance à la main, car ce jour doit être un jour de guerre.

Du point où il observe, immobile comme un serpent, il aperçoit devant lui toute la partie sud du territoire des Kourélou. Sur sa gauche, il voit descendre, jusqu'à l'horizon lointain, le lit étroit du cours supérieur de la rivière Aïké ; les à-pics de roche broussailleuse de ses rives s'abaissent peu à peu jusqu'au terrain plat de la forêt où dominent les casuarines. Droit devant lui, s'élève la fumée des villages invisibles en contrebas : Aboukoumo, Homaklep et Woupéraïnma. A main droite, les contreforts montagneux de la vallée se courbent en demi-cercle ; rapidement ils s'abaissent en vallonnements rocheux que termine une pente herbeuse ; au pied de la pente montent les troncs feuillus d'un bosquet d'araucarias géants. Les trois villages sont à flanc de montagne, dans une sorte de poche, à mi-chemin entre les pentes abruptes et le cours de la rivière Aïké.

Les araucarias, au tronc droit et élancé, s'élèvent à plus de trente mètres de haut, avec les branches secondaires, parallèles au tronc principal, et des épines agglomérées, comme d'énormes pelotes ornementales. L'araucaria est un arbre très ancien, et dans la vallée, comme dans le reste du monde, cette espèce est en voie de disparition. Depuis plus de quarante ans, chaque matin les gouttes de rosée étincellent parmi ces mêmes épines persistantes.

Un petit bois, entouré de plusieurs ruisseaux des basses terres, s'étend au-dessous du village de Woupéraïnma. Du point où il se trouve, Weaklekek aperçoit l'extrémité du bois, et au-delà, la savane en pente, couverte de grandes herbes et de buissons clairsemés, descend vers les terrains cultivés et les fossés d'irrigation des champs de patates douces. Les parterres pourpres, coupés de filets argentés, s'étendent sur une largeur de quinze cents mètres, jusqu'à un alignement d'arbres. Derrière les arbres, marquant la frontière, s'étend un terrain marécageux, suivi d'un espace désertique, entourant un plateau rocheux, le Waraba, et la pointe avancée en forme de pyramide d'une chaîne de hauteurs, le Siobara. Le Siobara est situé sur le territoire des Wittaïa, dont les champs et les villages se groupent sur les deux versants. Au-delà des pentes verdoyantes du Siobara, les eaux de la rivière Baliem coulent dans une vallée couverte des frondaisons des casuarines, et un peu plus loin, au-delà du cours d'eau, la vallée d'un affluent s'élève en pente rapide vers la forêt brumeuse qui s'accroche vers l'ouest aux déclivités des montagnes.

La piste serpente à flanc de coteau en direction de Woupéraïnma, avec des alternances de sous-bois et de terrains broussailleux ; le passage des pieds nus a, depuis de nombreuses années, raboté l'herbe et la mince couche de terre, révélant le blanc crayeux d'un sable granitique. Par temps sec, ce sable est moelleux comme une poudre fine, mais la pluie le glace et le durcit. Le sable saupoudre de larges taches blanches le fond de la vallée et, du sentier que suit Weaklekek, trois grands carrés sont visibles, semblables à des congères neigeuses, au pied du Siobara et sur les collines lointaines au sud-ouest

Le terrain calcaire se couvre d'une végétation abondante, à tous les stades de la floraison. Sans aucune interruption, épanouissement et défoliation se poursuivent pour chaque espèce végétale, car la vallée ne connaît pas de saison d'automne. Les feuilles qui tombent sont aussitôt remplacées par une végétation nouvelle, et chaque bosquet sur les pentes est couvert simultanément de feuillage mordoré et vert émeraude. L'influence de la mousson équatoriale, qui s'accompagne d'une saison pluvieuse au voisinage des côtes, ne se fait sentir que faiblement sur les hauts plateaux. Les courbes hygrométriques ne comportent que de très faibles différences d'une lunaison à une autre. Dans la période continue du même cycle saisonnier, hiver, été, automne et printemps viennent se fondre et demeurent indiscernables.

Weaklekek descendait d'un pas rapide. Parvenu à un

certain point, il s'arrêta pour crier, face à la falaise rocheuse : « *We-AK-le-kek !* » Et quand le son lui revint : « *AK-le-kek-le-kek* », il grimaça, mal à son aise d'avoir entendu la voix de son double. Sur les pentes en contrebas, éclairées des rayons du soleil, le pigeon « yoroïck » épelait les syllabes de son propre nom. La voix perçante d'un jeune garçon répondit au cri de l'oiseau.

A l'aube, ce matin-là, l'ennemi avait entonné sa clameur guerrière : « *Hoo, hoo, hoo, oua, oua* » roulant sur les plateaux jusqu'aux gorges des montagnes. Sur les champs de cultures s'allongeaient encore des écharpes de brume, et une nuée plus épaisse pesait sur les deux rives boisées du fond de la vallée. Un homme traversa en courant le bosquet d'araucarias, qui porte le même nom que le ruisseau Homouak. Celui-ci, surgi silencieusement entre les fortes racines, va se répandre et se perdre dans la savane. L'Homouak coule au pied de l'escarpement qui domine Woupéraïnma. L'homme appela d'une voix forte, répondant à la rumeur menaçante, venue d'au-delà de la barrière de brume. L'appel portait loin sur le versant des montagnes, s'élevant au nord vers les villages des Kourélou.

Le bois d'Homouak était étrangement vide. Dans l'épaisse verdure des feuillages, un colibri jaune et un noir loriot jacasseur se répondaient avec les tonalités chaudes de la période des amours, et la rosée nocturne s'égouttait des branches épineuses. Le soleil avait franchi la crête qui domine le village tranquille de Woupéraïnma, dispersant les charpies de brume qui flottaient au-dessus des prairies. Une clameur sans cesse plus forte montait de tous les villages, répondant au chant de guerre des Wittaïa.

Un lézard pouna, de soixante centimètres de long avec l'épine dorsale d'un dinosaure, cherchait la chaleur du soleil en rampant sur une branche maîtresse d'un araucaria ; la longue queue, mince et traînante, glissait silencieusement sur l'écorce rugueuse.

Quelques groupes de guerriers se dirigeaient vers la frontière. Les hommes portaient leurs lances, leurs arcs et leurs flèches, et derrière eux couraient les jeunes garçons. Une forme humaine s'élevait lentement vers le faîte d'une *kaïo*, une des nombreuses tourelles d'observation que l'on apercevait au loin, depuis le couvert du bois. Le kaïo est construit avec des troncs de jeunes arbres, serrés en faisceaux par des nœuds de lianes, et qui soutiennent une plate-forme de bois, à sept mètres cinquante environ au-dessus du sol. Les kaïos, érigés de distance en distance, pour assurer la protection des parcelles cultivées contre les raids pillards, se découpent sur la ligne d'horizon, comme de grands arbres sombres et solitaires. Au pied de chaque kaïo, se trouve un abri recouvert de chaume, où les guerriers se rassemblent, en laissant leurs lances appuyées contre la toiture. Au-delà des terrains de culture et des kaïos, s'étend un étroit bosquet, suivi d'une dépression couverte de laîches et de bambous ; à son extrémité se dresse un unique conifère. L'arbre signale le début d'une étroite bande herbeuse de trois kilomètres de long qui s'étend près de la frontière et qui porte le nom de Tokolik. Le Tokolik surplombe une dépression marécageuse où personne ne s'aventure. Il se termine au loin dans le marais parsemé de flaques d'eau brun sale, de touffes d'ajoncs et d'algues rampantes. Le marécage s'étend jusqu'à la base d'une plate-forme rocheuse, le

Waraba, au-delà de laquelle s'avance, en forme de pyramide, la tranche abrupte du Siobara, comme l'énorme bastion de défense du territoire ennemi. Du côté sud de l'arbre solitaire, vers le centre du Tokolik, s'étendent des mares herbeuses et peu profondes ; le cours de plusieurs ruisseaux a été barré pour que se forment ces petits étangs le long de la frontière. Des canards aux plumes noires, au col rayé de bandes jaunes, barbotent dans les étangs, et chacun sait que l'approche d'une bande pillarde ennemie serait trahie par leur envol criard.

La torsade de fumée d'un feu de camp wittaïa s'élevait du pied des hauteurs, à l'extrémité sud de la passe herbeuse, se mélangeant aux tampons de brume qui, depuis les sommets, obstruaient la vue de la vallée. Tout autour du feu, des guerriers wittaïa étaient rangés, les lances droites, pointées vers le ciel. Un autre groupe, plus important, progressant le long du Tokolik, poussa une nouvelle clameur, coupée par une sorte d'aboiement rythmé. Avant que les rayons du soleil aient pu réchauffer les dernières couches d'air, plus de trois cents Wittaïa étaient en vue.

A l'extrémité nord du Tokolik, où la piste herbeuse se perd dans une vaste prairie, le gros des forces kourélou se rassemblait. Plus de cent guerriers s'y trouvaient déjà ; et, à un signal donné, un groupe se porta en avant vers les ajoncs du bord de l'étang. Un groupe de Wittaïa s'agitait sur l'autre rive, avec de grands cris et des danses. Les deux groupes ennemis se renvoyaient des insultes en brandissant leurs lances, mais bientôt ils se replièrent sur leur ligne de départ, sans utiliser leurs flèches. Du fait que l'attaque portait sur cette partie du territoire, la majorité des guerriers kourélou appartenait aux clans du

Sud — les Kosi-Aloua et les Wilihiman-Walaloua. Les populations situées plus au nord n'étaient nullement obligées de combattre ; cependant, venus des villages les plus lointains, les meilleurs guerriers prendraient part à l'action.

Le soleil brillait maintenant au-dessus de la vallée, et ses rayons faisaient étinceler les serre-tête blancs, la blancheur des bandes de coquillages descendant sur la poitrine, l'ivoire des défenses de sangliers, fixées dans les narines, les bâtons ornés de plumes d'aigrettes blanches qui tournoyaient dans les mains. Les lointains cris d'alarme cessaient peu à peu, tandis que la masse des guerriers affluait dans la prairie. Les farouches cris de guerre s'élevaient de part et d'autre avec une violence croissante ; et, dans les deux camps, on pouvait voir des guerriers danser et se livrer à des simulacres d'attaques : tournant sur eux-mêmes, piétinant et bondissant pour faire parade de leur valeur. Huées et clameurs d'admiration saluaient de toutes parts ces prouesses, et nul trait ne cherchait à toucher leurs auteurs, car gesticulation et parade font partie de l'art de la guerre, qui est plus proche d'un cérémonial rituel, d'un sauvage et farouche festival, que d'un affrontement véritable. Ce n'est pas pour la conquête d'un territoire que les Akouni se battent. Chaque tribu en possède à sa suffisance ; et à la fin du jour, tous les guerriers rentreront chez eux pour souper. Lorsque vient à tomber une pluie glacée qui trempe les parures de plumes, les combattants se retirent. Quelle qu'en soit l'issue, une journée de guerre représente un moment périlleux et exaltant : une épreuve de vaillance, une lutte d'homme à homme, qui ne se soucie guère de combinaisons tactiques ou d'une froide élimination de ceux qui viennent s'affronter. Un seul mort dans l'un des deux camps, et ce sera pour les uns la victoire, et pour les autres, la défaite. Cette mort d'un, ou de deux ou trois hommes au plus, tel est le but ou la cause réelle de la guerre ; et les Kourélou, en ce mois d'avril, étaient encore en fureur. Deux lunaisons auparavant, trois femmes du kaïn des Haïman, Maïtmo, qui s'étaient rendues, accompagnées d'un homme et d'une autre femme, à une grande fête de porcs, organisée par une tribu voisine, avaient été tuées par les Wittaïa sur le chemin du retour, et bien que les Kourélou se fussent distingués dans les combats qui avaient suivi, ils n'avaient pas encore réussi à égaliser les pertes.

Au cours de la matinée des volées de flèches furent échangées, puis les deux armées, fortes chacune de trois cents à quatre cents hommes, se retirèrent une fois de plus sur leurs positions. Bientôt cependant, on entendit s'élever dans le lointain une grande clameur, à laquelle les Kourélou répondirent avec allégresse : « *Hoo-ah-h, hoo-ha-h, houa, houa, houa* », comme les aboiements d'une meute déchaînée. Depuis le point de rassemblement, au pied de l'arbre solitaire, des groupes d'avant-garde se portèrent en courant jusqu'au tertre dominant la bordure d'ajoncs de l'étang. Les hommes étaient si rapprochés que les lances pointées se heurtaient. D'autres groupes arrivaient de l'arrière, et le sol de la prairie résonnait sous la foulée de leurs pieds nus. Des bâtons emplumés et des aigrettes rituelles étincelaient au soleil. L'aigrette est faite de grandes plumes de casoar, solidement attachées par les ligaments de fibre jaune d'une variété d'orchis. Les hommes agitaient bâtons ou aigrettes emplumées de la main gauche, tandis que la droite soutenait la lance, à hauteur d'épaule. Quatre d'entre eux portaient des plumes d'oiseaux de paradis, dont la pointe effilée se recourbait à plus de soixante centimètres au-dessus de leur tête ; sous ce panache étaient fixées des plumes de perroquets ou d'autres oiseaux, aux couleurs éclatantes — jaune d'or, carmin et émeraude — attachées à une couronne de fourrure, avec des tresses de crin végétal.

Tous portaient des coiffures de guerre. Les unes, faites d'étroites tresses de lianes et de rubans plus larges d'écorce de pandanus, et de fourrure d'écureuil tacheté, d'opossum et de kangourou des arbres ; d'autres, de couronnes de fleurs, ou de couronnes de plumes de faucon, de héron argenté, de perroquet, de perruche et de loriot. Sur le sommet du front était appliqué un bandeau emplumé, noirci de fumée et brillant de graisse, et de grandes plumes, blanches ou noires, assorties par paires, pointaient vers l'avant, juste au-dessus des oreilles ; ou plus communément, une unique plume blanche était fixée au-dessus du front.

Sur les poitrines sombres se détache une espèce de pectoral, fait de nombreuses coquilles blanches de petits escargots : les plus grands comptent plusieurs centaines de coquilles. Le pectoral s'attache généralement sur la gorge à un collier de cauris blancs ; et quelques guerriers portent en outre un morceau d'un très grand coquillage, appelé *mikak ;* le mikak, en forme de cuiller, de vingt centimètres de long, se porte, le côté blanc et concave tourné vers l'avant, juste au-dessous du menton. Depuis des siècles, ces coquillages, qui viennent de rivages lointains, ont été colportés par des pistes obscures vers les montagnes ; dans la vallée, ils sont devenus la monnaie d'échange pour les transactions, et le mikak, la plus forte valeur unitaire, représente le prix d'un porc de grande taille.

Tous les hommes ou presque portent quelques ornements. Même les plus jeunes des guerriers, les *élégés* aux jambes fines, de quatorze à dix-huit ans, portent quelques rangs de coquilles d'escargots, ou une seule plume dans leur épaisse chevelure laineuse. Certains hommes cependant étaient nus, c'est-à-dire que, sans les parures de coquillages, de fourrure ou de plume, ils ne portaient que l'accoutrement habituel : des bracelets, faits de la moelle des fougères arborescentes, élégamment serrés aux poignets, ou portés juste au-dessus du coude ; des colliers, faits d'une fibre noire, portés en sautoir autour du cou ; et le *horim*, une sorte de mince et longue calebasse que portent tous les hommes, sauf les plus jeunes garçons, au-dessus du pénis. Une tresse végétale, nouée autour de la poitrine, maintient le horim à la verticale ; et une autre tresse, traversant son extrémité, s'attache en boucle autour des testicules. Le horim barre verticalement le torse, le haut dépasse fréquemment le niveau des aréoles de celui qui le porte ; le horim est fort souvent décoré d'une touffe de fourrure ballante.

Les guerriers des avant-gardes s'avançaient sur le pourtour de l'étang, et le reflet de leurs formes miroitait sur l'eau calme. La violence des clameurs allait croissant, tandis que les Wittaïa s'avançaient à leur rencontre, avec, à leur tête, quelque personnage de marque, le front surmonté d'un panache de plumes de paradisier qui oscillait violemment au-dessus des cheveux en pelote sombre, piquée de plumes blanches. Des dents de verrats étaient fichées dans ses narines et se recourbaient autour des lèvres comme une moustache blanche. Des coquillages, le pectoral et le mikak brillaient sur la poitrine, et, tout autour des yeux, étaient peints de larges cercles blancs.

Deux armées, comptant chacune un effectif de quatre à

cinq cents hommes, se trouvaient aux prises. La plupart des guerriers des premiers rangs étaient armés d'arcs, et quelques-uns d'entre eux brandissaient la lance. Gesticulation et feintes d'attaques se succédaient, puis les premières flèches montèrent lentement vers le ciel, d'où elles retombaient en sifflant pour s'enfoncer dans le sol. Des clameurs s'élevèrent des rangs wittaïa, tandis que les Kourélou emportaient vers l'arrière un des leurs, la cuisse traversée d'une flèche. L'homme leva un regard fixe et rempli d'effroi, en serrant à deux mains la tige d'un arbuste, tandis que deux hommes plus âgés s'efforçaient de briser la flèche et de l'arracher de la blessure. Un autre combattant fut également replié, porté à califourchon sur les épaules d'un camarade ; c'est ainsi que les hommes sérieusement blessés quittent le champ de bataille. Le combat perdait de son intensité, puis se ranimait soudain, avant de s'apaiser à nouveau ; et les rencontres demeuraient sporadiques. La journée était humide et chaude, et le combat exigeant sauts et courses à corps perdu, les guerriers craignent et déplorent la chaleur. Mais soudain les Wittaïa entonnèrent un chant rythmé, coupé de modulations aiguës, différentes de celles qu'utilisent habituellement les Kourélou :

dtchyouh, dtchyouh, dtchyouh — woo-ap, woo-ap
woo-r-d-a, woo-r-d-a...

et sur toute la longueur du Tokolik, les Kourélou s'élancèrent au combat, piétinant le sol avec un bruit d'avalanche, la lance brandie à hauteur de l'épaule droite, pointe dirigée vers le sol. La bataille s'engagea sur le terrain de broussaille marécageuse qui précède le Waraba ; et à chaque flux ou reflux de la ligne frontale d'engagement, des guerriers restaient sur place, accroupis et prêts à l'embuscade. Un Wittaïa, courbé derrière un buisson et se croyant invisible, déboula en poussant un grand cri quand une longue lance explorant l'épaisseur vint le surprendre. Il fuyait, sans même songer à la saisir, car la pointe l'avait presque transpercé.

Du clan kourélou une puissante huée s'éleva soudain. Sur la ligne de crête du Waraba, à deux cents mètres du champ de bataille, venaient de se dessiner les silhouettes d'une trentaine de guerriers. C'étaient des hommes de la tribu des Houwikiak, habitant un territoire situé à plus de deux heures de marche, au-delà de la rivière Baliem. Alliés des Wittaïa, leurs voisins riverains, ces hommes avaient dû faire une longue marche avant de rallier le lieu du combat. En courant, ils dévalèrent la pente jusqu'au terrain marécageux pour prendre part à la bataille.

Il y eut une longue trêve au cours de l'après-midi. Le nombre des guerriers augmentait encore de part et d'autre ; et tout au long du Tokolik se massaient des groupes armés, sur une profondeur de quinze cents mètres dans chaque camp. De brusques averses, comme une poussière sale, tombaient sur les cols des montagnes, mais les nuages demeuraient accrochés aux sommets. Un peu à l'arrière du champ de bataille, un jeune guerrier poussait des soupirs d'agonisant, tandis qu'à l'aide d'une baguette de bambou on extrayait à grand-peine, de son avant-bras, une longue flèche à pointe dentelée.

Un vent plus fort soufflait de l'est et le ciel devint plus sombre. Les guerriers trépignaient sur le pourtour de l'étang, comme excités par l'attente d'une pluie d'orage, et tandis qu'un grand cri des Wittaïa rompait soudain le silence, des clameurs rythmiques y répondirent longuement. Un faucon pilleur, à tête noire, qui rasait le champ de bataille, prit soudain de l'altitude et disparut.

Des groupes de combattants s'affrontaient, et, de l'arrière, d'autres s'avançaient pour les soutenir. Un guerrier, passant près du jeune blessé, s'empara de la flèche ensanglantée que l'on venait d'extraire, et courut vers la ligne d'affrontement ; d'ordinaire la flèche que l'on a extraite devient la propriété du blessé, et le vieil homme qui venait de procéder à l'extraction se mit à hocher la tête en se retirant vers l'arrière, comme si un geste si peu conforme à la coutume le choquait profondément. Demeuré seul, le jeune blessé se redressa en vacillant ; il regardait le sang couler de son bras entre ses doigts. On voyait à son attitude que cette blessure le remplissait de fierté.

L'homme sans courage est *képou* — un homme-qui-n'a-pas-tué, un inutile. Les képous vont avec les autres sur le champ de bataille, mais ils restent au dernier rang. Certains d'entre eux injurient de loin l'ennemi, en brandissant des armes, mais la plupart gardent une attitude effacée et se contentent de prêter aux combattants les armes qu'ils n'utilisent pas eux-mêmes. Les képous n'ont pas à subir d'insultes et on ne les force pas à combattre — seuls combattent ceux qui le désirent — mais parmi la tribu, le rang social est fonction du comportement de l'homme sur le champ de bataille. D'autres hommes s'emparent des femmes et des animaux des képous du seul fait qu'on les croit incapables de les défendre — à moins qu'ils ne soient soutenus par quelques amis vigoureux, ou qu'ils fassent partie d'une famille qui sait se faire respecter. On voit fort peu de képous posséder plus d'une épouse, et beaucoup d'entre eux n'en ont pas.

Un kaïn s'avança d'un air imposant, sa longue chevelure tressée en nattes, suivi par un compagnon aux épaules saupoudrées de terre argileuse. Ou-moué s'était paré d'un énorme mikak et d'une coiffure de plumes de paradisier ; les creux de ses clavicules étaient tout luisants d'une graisse noire. Tous les guerriers recherchent cette merveilleuse graisse de porc, noircie avec de la cendre d'herbes sèches et qu'une cérémonie rituelle a dotée de diverses vertus : en même temps qu'elle embellit et protège le corps, elle donne du cœur au combat. La plupart s'enduisent de graisse les cheveux et le haut du front, et parfois dessinent sur leur visage une bande transversale, partageant le nez et les joues. Mais Ou-moué s'en couvre entièrement la tête et les épaules, ce qui lui donne l'aspect d'un démon à la peau luisante et noire. Il s'avance détaché du groupe, car il se flatte d'aimer combattre en solitaire et d'avoir plus particulièrement le goût des embuscades dans les fourrés. Mais il est rare en fait qu'on l'ait vu combattre, et quand il lui arrive de se vanter d'avoir tué cinq guerriers, on l'écoute avec politesse, sans trop y croire. Les guerriers font grand cas du nombre de tués que les uns ou les autres ont à leur actif, car il y a là un élément de prestige particulièrement important.

Quoi qu'il en puisse dire, Ou-moué n'est pas considéré parmi les siens comme un grand guerrier. Il est kaïn du village de Woupéraïnma et kaïn politique du clan wilil et des Kourélou du Sud. Kaïn de guerre, kaïn de village et kaïn politique constituent des charges sociales distinctes, bien que le même homme puisse parfaitement les assumer toutes : Wéréklowé, kaïn du village d'Aboulopak, est également kaïn politique et kaïn de guerre du clan aloua, et l'un des personnages les plus importants de la tribu. Au-dessus des kaïns des différents clans se trouve le grand kaïn Kourélou, tandis qu'à l'échelon au-dessous, les propriétés, le courage, les liens familiaux, le prestige ou la compétence personnelle justifient le pouvoir et une position dominante de divers hommes plus jeunes ou un peu moins influents. Ou-moué, qui possède quatre femmes et onze porcs, est un homme riche, et cette richesse, jointe à l'ambition et au goût de l'intrigue, lui a valu les honneurs du pouvoir.

Le combat était à présent plus généralisé et plus acharné qu'au moment des premières escarmouches. Plus d'une centaine d'hommes sont aux prises, alors qu'à peine une trentaine s'opposaient au cours des premiers engagements : les cris s'élèvent, rythmés par les vibrations étranges et monotones des cordes d'arcs tendues. Les combattants sont séparés par une distance d'environ quinze mètres ; mais quelques guerriers s'avancent dans cet espace, accroupis ou allongés, dans le marécage broussailleux, cherchant de la pointe de leurs lances le corps d'un adversaire. C'est là la forme de combat la plus périlleuse, car il est rare par ailleurs que la blessure faite par une mince flèche de bambou soit mortelle. Quelques guerriers meurent à la suite des blessures qu'ils ont reçues, mais s'il arrive — assez rarement — que des hommes perdent la vie sur le champ de bataille, c'est pour avoir été transpercés d'un coup de lance. Les attaquants maniant la lance avançaient pliés en deux dans la brousse, car toute tête dépassant les herbes attirait une volée de flèches. La ligne de bataille avançait ou refluait sur le Tokolik, et en un point les Kourélou avaient été repoussés jusqu'à l'étang. Kourélou lui-même se porta alors vers l'avant, et ses hommes le suivirent. Lorsque la situation fut rétablie, le vieux chef vint reprendre sa place à l'arrière des groupes engagés.

Assis parmi des kaïns de haute taille, la silhouette de Kourélou paraît tassée et sans relief. Son torse porte la marque d'anciennes brûlures : il est simplement accoutré et une étoffe brune et passée couvre son dos. Il est d'aspect presque timide, avec un visage intelligent et réfléchi, et rien apparemment ne laisse deviner son pouvoir. Mais si l'aimable sourire de Kourélou ne semble s'adresser qu'à lui-même, ses yeux demeurent froids et profonds comme des ouvertures sur l'infini.

De temps à autre un guerrier blessé était emporté à l'arrière. L'un d'eux, Ékitamalek du clan des Kosi-Aloua, avait eu la poitrine traversée par une flèche. Ékitamalek allait mourir de cette blessure. Le combat se poursuivait avec des alternatives diverses ; mais vers le milieu de l'après-midi, il y eut une nouvelle trêve prolongée. Une heure passa et les guerriers des plus lointains villages commençaient de se rassembler par files pour regagner leurs foyers. Mais tout à coup le combat reprit. Weaklekek, un kaïn de guerre du clan aloua et l'un des guerriers les plus renommés, conduisait l'attaque. Weaklekek, au masque dur et au front large, avait à se racheter, car, au cours de récents combats, il avait manqué une belle occasion de tuer un Wittaïa d'un coup de lance. En fait, il avait été encerclé, et seule l'intervention de deux de ses hommes, venus à la rescousse pour le protéger de leurs flèches, lui avait finalement permis de se dégager.

Un certain nombre de guerriers avaient reçu des blessures, mais aucun des deux camps ne comptait encore de morts ; et jusqu'au coucher du soleil le combat se poursuivit. Les guerriers, poussant des hurlements, fonçaient, esquivaient, avec des rires féroces ; un peu comme des bandes d'enfants qui s'affrontent et se poursuivent, armés de bâtons, avant de rentrer chez eux aux dernières lueurs du crépuscule.

Les quatre épouses d'Ou-moué n'habitent pas toutes Woupéraïnma. Parmi elles l'une ou l'autre doit s'occuper de nourrir les porcs qui se trouvent dans la montagne, et d'autre part Hougounaro et Ékapouwé se querellent sans cesse et ne peuvent demeurer dans le même village. En conséquence. Ékapouwé, qui est enceinte, a été envoyée à Lokoparek, le village de la porcherie, tandis que les trois autres épouses cultivent les champs de leur mari.

Les épouses d'Ou-moué et leurs enfants en bas âge habitent ensemble dans deux cases coniques, appelées *ébéaïs.* L'ébéaï, petite hutte ronde, réservée aux femmes, peut avoir trois mètres de diamètre et deux mètres cinquante de hauteur. Le premier plancher est à trente centimètres environ au-dessus du sol, et un mètre vingt plus haut se trouve le plancher de la chambre-grenier. On y accède par une ouverture carrée. Les deux niveaux sont recouverts d'une épaisse couche d'herbe sèche et il n'existe aucune autre espèce de mobilier. Au centre du plancher inférieur est aménagé l'emplacement du foyer que délimitent quatre piquets de bois. Ces piquets qui, pour une part, soutiennent le plafond doivent aussi empêcher les occupants de la case de rouler dans le feu : accident qui arrive communément aux jeunes enfants, et nombreux sont les Akouni qui en portent les marques, comme leur grand chef Kourélou lui-même. La fumée du feu s'échappe par une petite porte de sortie qui donne sur la cour. Devant cette ouverture, une avancée du toit de chaume couvre un espace qui permet à deux personnes de demeurer assises, abritées de la pluie.

Sur les cinq ébéaïs qui s'alignent le long de la cour, deux sont réservés aux épouses d'Ou-moué, deux autres appartiennent à Lolilouk et le dernier à Ékali. Face à la rangée d'ébéaïs se trouve la cuisine commune, sorte de hangar à toit de chaume, soutenu par des piquets, bien ventilé par plusieurs ouvertures. Elle mesure un mètre quatre-vingts de large seulement, sur vingt mètres de long, et la longue perche horizontale du toit est soutenue par trois palis. La fumée s'échappe par les ouvertures de la cloison du pourtour et par le toit ; elle se mêle aux vapeurs de condensation des herbes humides dans les brouillards du petit matin.

Hougounaro sortit de sa case au lever du jour afin de préparer les feux. Elle mit à cuire sous la cendre l'*hipéri* du matin — l'hipéri ou patate douce constitue la base de l'alimentation, si bien que l'expression « hipéri nan » ou « manger l'hipéri » s'utilise dans le sens général de « faire un repas ». Les enfants sont souvent chargés de porter l'hipéri au *pilaï* des hommes — une case commune, assez semblable à un très grand ébéaï, située au fond de la cour, face à son entrée. Les hommes se lèvent généralement plus tard que les femmes et demeurent près du foyer, dans le *pilaï*, jusqu'à ce que le soleil ait dépassé les crêtes, chassant la fraîcheur humide du matin.

Le repas terminé, Hougounaro envoya sa fille soigner les porcs en compagnie d'autres enfants. Les porcs occupent deux hangars bas, séparés en compartiments. Ces porcheries sont voisines de la partie arrière d'un ébéaï, et les jeunes porcs, ou les animaux adultes qui ne se trouvent pas en bonne condition, occupent les compartiments les plus rapprochés ; mais, dans l'enclos d'Ou-moué, deux porcheries occupent deux coins de la cour et l'entrée donne directement sur l'espace libre. En général, sur le périmètre de chacune de ces cours se trouvent réunis un pilaï et un hangar-cuisine, cinq ou six ébéaïs, et, selon la richesse des résidents, une ou plusieurs porcheries ; toutes ces constructions donnent sur un espace commun qui est entouré d'une palissade. Le haut des palissades, entourant les villages et les jardins potagers de l'extérieur, est toujours garni de paille qui protège les piquets de bois et les empêche de pourrir. On trouve, à l'intérieur de ces enclos, des plates-bandes ou des carrés de tabac, de canne à sucre, de cougourdes, de gingembre et d'autres plants utilitaires.

On appelle *sili* un périmètre délimité par ce genre de clôture, comportant une unique ouverture sur l'extérieur. Parfois, afin de réunir deux silis contigus, on abat la palissade de séparation, et l'on ferme une des deux ouvertures ; il ne reste alors qu'une seule cour commune et généralement deux pilaïs et deux hangars-cuisines, tandis que le groupement comprend alors un nombre plus important de femmes, ainsi que de porcs domestiques. Suivant son importance, suivant l'ancienneté de son implantation, le village comprend un ou plusieurs silis, mais il est rare qu'il en compte plus de trois. L'important village de Woupéraïnma peut se flatter d'en avoir quatre, mais l'un d'entre eux est présentement abandonné. Selon l'usage habituel, la palissade du sili abandonné a été maintenue et, sur le terrain libre, on trouve des plantations potagères, ainsi qu'un bosquet de bananiers. On a également planté des bananiers et des pandanus dans les espaces herbeux entre les silis, dont le périmètre est souvent de contours irréguliers. Les verts aux tonalités chaudes des feuillages des grands bananiers, ondulant sur les fonds de verdure plus ternes de la pente des montagnes, révèlent parfois la présence d'un village, même lorsque les taches dorées des toits de chaume demeurent encore invisibles.

Quand le soleil eut dispersé les brumes et que les hommes, allant monter la garde dans les tours d'observation, se furent éloignés, Hougounaro, accompagnée des autres femmes de son sili, prit la direction des champs. D'ordinaire, Anéaké, la vieille au profil d'oiseau, mère d'Ou-moué et de Yéké Asouk, les accompagne, mais elle est restée ce jour-là près du hangar-cuisine, pour s'occuper des porcelets et des enfants en bas âge. Bien souvent ceux-ci accompagnent leur mère, installés à califourchon sur ses épaules et se cramponnant des deux mains à la chevelure. On porte toujours les enfants de cette façon ; mais les bébés sont placés par leurs mères dans des filets qu'elles rejettent derrière leur dos. Ceux-ci demeurent ainsi tout le jour, serrés dans les mailles sombres et râpeuses, sauf aux moments où la mère leur donne le sein.

Ces filets, faits de plusieurs poches superposées, tressées avec les tiges brunes d'un osier des marais, sont fréquemment décorés de dessins de couleur noire ou rouge, en forme de V. Retenus au front par un serre-tête, ils ballent librement sur le dos et sur les hanches ; la pleine charge comprend souvent un lourd paquet de légumes qui vacille sur les épaules, un porcelet, les pattes en l'air, qui descend au milieu du dos, et dans le pli le plus profond, un jeune bébé, ballotté sur les rondeurs au-dessous des hanches.

Bien que ce ne soit pas là un vêtement, les femmes portent en tout temps ces filets, vides ou garnis. Le vêtement féminin est une sorte de jupe très courte, faite de plusieurs cercles de tresses végétales qui s'enroulent autour des hanches, bien au-dessous de la ceinture, laissant les fesses nues, repassant au-dessous du nombril pour couvrir le pubis d'une sorte de tablier exigu. Les tresses, fortement serrées sur la dépression des hanches, retombent en plis assez lâches, et cette ferme torsion maintient seule cet assemblage précaire. Les rangs de tresses neuves ne manquent certes pas d'élégance, car, sur une trame de fibre grise de palmier, se recroisent les bandeaux d'écorce brillante de deux variétés d'orchis : l'une à fleurs et à tigelles rouges, l'autre aux floraisons pourpres et aux rameaux d'un jaune éclatant. Ce sont des hommes, les artisans akouni, qui tressent ces vêtements féminins.

Au matin, on voit onduler gracieusement sur le dos des femmes les filets encore vides.

Hougounaro et ses compagnes traversèrent un bosquet d'arbres nains, en file indienne, et, passant le ruisseau, se dirigèrent à travers la prairie vers les fossés d'irrigation et les champs de patates douces. Flèche noire au dos marqué de blanc sur les jaunes pastel des rhododendrons, un roitelet poursuivait un autre oiseau. Des deux mains au-dessus des épaules, chaque femme tenait derrière la nuque une sorte de pique à creuser ; cette pique est l'unique outil de jardinage des Akouni ; tantôt de la taille d'une pagaie quand il est utilisé par les hommes, tantôt plus mince et plus pointu quand il doit servir aux femmes.

Les potagers d'Ou-moué sont situés à une certaine distance du village, en direction du Tokolik, et la file des femmes suivait les détours du sentier qui serpente parmi les fossés d'irrigation qui empêchent également les porcs d'endommager les récoltes, et que franchissent des ponts rudimentaires, faits d'un unique et mince tronc d'arbre. Hougounaro portait un paquet d'herbes serrées qui contenait le feu ; chaque jour des feux sont allumés dans les jardins potagers pour brûler des déchets et des plantes sèches. Arrivée à destination, Hougounaro déposa sur le sol le paquet où couvait le feu, pour l'alimenter de fanes et de brindilles sèches. Chaque femme gagna ensuite son emplacement de travail en emportant un brandon enflammé. A reculons, maniant d'un mouvement rapide sa pique à creuser, comme si elle pagayait, Hougounaro se mit à désherber. La pique, aiguisée à chaque bout et d'environ un mètre cinquante de long, porte le nom de « lance-hipéri », car les femmes peuvent également s'en servir comme d'une arme défensive lorsqu'elles sont attaquées. Bien que ces lances soient beaucoup moins redoutables que celles de guerriers wittaïa en embuscade, les femmes peuvent les utiliser pour se défendre de concert, en attendant que les hommes des kaïos se portent à leur secours.

Sur toute l'étendue des jardins potagers, de part et d'autre du sentier, la fumée des feux allumés s'élevait avec lenteur, et l'on voyait se détacher les panaches blanchâtres sur les carrés de terre brune. La matinée n'était pas encore achevée. Dans l'après-midi, les hommes, reprenant leurs lances, retourneraient au village, et les femmes reviendraient de leur côté. Il n'y a que deux repas quotidiens : l'un le matin, l'autre dans la soirée ; et le moment est venu d'aller cuire l'hipéri, car, dans quelques heures, il fera nuit. Les femmes rassemblent les légumes qu'elles ont ramassés ce jour-là et les chargent dans les filets ; on les verra rentrer, trébuchant sous leur fardeau, silhouettes deux fois plus larges apparemment que celles des brunes créatures qui cheminaient dans le matin.

Hougounaro représente bien le type ordinaire de ces femmes kourélou qui n'ont guère plus d'embonpoint que les hommes lorsqu'elles ne sont pas enceintes. Elle mesure à peu près un mètre cinquante, avec des épaules minces et la poitrine épanouie et des jambes grêles d'adolescente. Ce trait est caractéristique chez les femmes, par ailleurs bien proportionnées : les jambes semblent avoir été faites pour un autre corps que le leur. Celle-ci est une jolie femme, avec des yeux noirs et brillants, des traits mobiles et une vivacité redoutable ; pour la vivacité de tempérament, elle ne le cède en rien à l'épouse enceinte, Ékapouwé, ce qui est une des causes de leur solide mésentente.

Koalaro est plus vieille que les autres épouses et n'a pas de foyer : son corps est de la couleur de la terre nue et son humeur n'est pas plus avenante. Youli, la plus jeune, n'a pas encore d'enfant, mais ce n'est pas par faiblesse de constitution. Des quatre, c'est elle la plus grande, avec une poitrine haute, des jambes et des hanches bien formées, car de durs travaux n'ont pas encore fait d'elle un paquet de muscles. Youli a de petits yeux bridés dans un visage rond et stupide, et elle ne cesse guère de sourire aimablement. Elle a l'air, sous ces apparences, de dissimuler un secret et peut-être que le secret existe. Peu de temps auparavant, alors qu'elle travaillait aux champs, quelques hommes du clan des Kosi-Aloua l'ont entraînée jusqu'à leur village. Elle a rejoint son foyer de sa propre initiative trois jours plus tard. Bien qu'il ait été admis qu'il n'y avait pas eu viol, ni même fréquentation amoureuse, Ou-moué s'est montré fort irrité et projette de se venger des Kosi-Aloua.

Un homme, accompagné d'un chien noir, chassait la caille un matin, dans la prairie qui borde le bosquet d'araucarias. Le chien était de petite taille, vif, les oreilles droites et la queue touffue ; il y a bien longtemps que les chiens de cette race particulière sont les compagnons des Akouni sur les terres des hauts plateaux.

L'homme, qui tenait une javeline, suivait le chien à quelques pas, le bras prêt au lancer. Quatre jeunes garçons l'accompagnaient, ces agiles *yégéreks*, de sept à quatorze ans, sortis de l'enfance sans être encore des guerriers, messagers ou éclaireurs, mais qui gardent les porcs ou suivent les adultes en portant leurs armes. Chaque yégérek brandissait sa petite javeline personnelle. Le chien tomba en arrêt et leva une caille. Les chasseurs cernèrent l'emplacement et deux autres cailles s'envolèrent, d'un lourd battement d'ailes qui bruissait sur la savane, tandis que le plumage brillait sous les rayons bas du soleil couchant. Les lancers manquèrent le but, et le groupe poursuivit sa quête un peu plus loin.

Les jeunes garçons furent bientôt las de la chasse. Cassant les tiges droites de quelques plantes de la savane, pour en faire de petites lances, ils commencèrent un combat guerrier, piétinant pour les feintes d'attaques et l'esquive, et poussant de grands cris avant de bondir en avant pour frapper, d'une détente du bras, souple comme le corps d'un serpent. Les minces silhouettes brunes se détachaient dans la brume légère sur le fond rocheux des hauteurs du Siobara.

Le guerrier Yéké Asouk de Woupéraïnma est connu sous ce nom depuis son enfance. Yéké Asouk signifie « Oreille de chien » et désigne ainsi une acuité particulière de l'ouïe permettant de saisir les bruits annonciateurs d'un raid pillard, d'un larcin dans une porcherie et d'aviser au nécessaire. Yéké Asouk, coléreux et étourdi avec ses airs renfrognés, n'a rien perdu de son goût pour la bagarre, qu'il lui arrive souvent de provoquer. Sa qualité de frère cadet d'Ou-moué lui vaut quelque considération, et c'est un homme courageux.

Deux jours auparavant, sur le Tokolik, Yéké Asouk a eu le cuir chevelu éraflé par une flèche. Blessure superficielle, dont il ne se soucie plus déjà, tandis que, dans le pilaï d'Ou-moué, il demeure assis parmi d'autres hommes qui ne quitteront la case que lorsque le soleil aura largement dépassé les crêtes qui dominent le village. Ou-moué est absent depuis la veille au soir. Il est allé rendre visite à l'épouse enceinte qui demeure dans un village de la montagne.

Chaque matin, après le repas de patates douces, les hommes fument et discutent dans la chaude atmosphère de la case, s'occupant paisiblement et sans hâte à de menus travaux de confection ou de réparation. Plusieurs se sont groupés pour réparer un pectoral de coquillages : les rangs de coquilles sont déposés sur une grande feuille, et, à côté de la feuille, sont étalées des tigelles dures d'une variété de roseaux épineux et des tresses souples d'araucaria. Les hommes recroisent ces tresses sur les baguettes de roseau, afin d'obtenir des bandes solides sur lesquelles seront fixés les rangs de coquillages.

Dans le grenier-dortoir du dessus, Ékali se retourne doucement. A chacun de ses mouvements, le plafond, fait de minces tiges de bambou, soutenues par des poutrelles de bois, fait entendre de légers crissements. Bientôt, par l'ouverture du plafond, une jambe apparaît, tâtonnant pour trouver le barreau de l'échelle de bois, polie par le contact quotidien des pieds nus et qui luit vaguement dans la faible lumière de l'entrée.

Ékali est venu se placer derrière les autres hommes accroupis près de l'ouverture afin d'y mieux voir. Autour du foyer, comme dans la pièce du haut, l'ordre de priorité dépend de la position sociale. Dans toute réunion sous la case, les képous et les jeunes garçons se tiennent au dernier rang. Grand, souriant, l'air assuré, Ékali est un képou ; mais tous les autres l'ont accueilli poliment, le salut, prononcé à mi-voix, a fait le tour du cercle : « *Ékali, narak-a-laok* », ont-ils dit, en lui prenant la main. « *Narak, narak.* » Contre une des parois, on entend le bruit sourd que font les porcs d'Ou-moué, s'agitant dans la confusion que produit chaque matin dans l'étable la visite des enfants.

Yonokma, un garçon de seize à dix-sept ans, un élégé qui a dépassé l'âge de l'enfance, a pris au mur une flèche de bambou et s'efforce d'y fixer une pointe ; mais la ligature, faite avec la tige d'une plante grimpante, est défectueuse et changeant d'idée, avec l'insouciance de son âge, le garçon abandonne le travail et remet la flèche en place. Yonokma, frère cadet de l'épouse d'Ou-moué Koalaro, se trouve fréquemment dans le pilaï, mais comme il est libre de se déplacer à sa guise, il passe au moins autant de temps dans le pilaï de son père à Aboulopak, et le nom qui lui est attribué signifie « le Vagabond ».

Un ami de Yonokma, Siloba, s'est mis à chanter. Siloba est du village de Mapiatma, situé à la pointe extrême de la forêt, mais généralement il vient coucher à Woupéraïnma, car Ou-moué est son *nami.* Chaque Akouni est pourvu d'au moins un *nami,* c'est-à-dire d'un homme qui généreusement lui accorde aide et protection. Le plus souvent, le nami d'un enfant est son oncle maternel, bien que ce genre de rapports n'ait rien d'automatique et qu'un même enfant puisse avoir plusieurs namis. Des rapports particulièrement affectueux existent entre le nami et son protégé. Chaque enfant est pourvu d'autre part de pères rituels, qui sont, le plus souvent, les frères de son véritable père. Un de ces pères rituels appellera Siloba « mon fils » — « *An-méké* », « le mien », dira-t-il en portant la main à son horim, avec autant d'autorité que le véritable père, et de fait, on considère que les droits du père rituel sont à peu près les mêmes que ceux du père selon la nature — en un sens, le chef de clan est le père de tous ceux qui font partie du clan. Le père rituel, comme le père véritable, peut se montrer distant et sévère, tandis que le nami est essentiellement indulgent.

Dans cette maison de guerriers — en font partie, outre Yéké Asouk, Hanoumoak et Lolilouk, et le jeune Yonokma qui est déjà un combattant redoutable — le pilaï est largement fourni d'arcs et de flèches, et d'une importante réserve de cordes d'arcs, de liens de fixation et de pointes de flèches neuves. Tous ces derniers objets sont empaquetés avec soin dans de la paille ou des feuilles de bananiers et rangés dans le grenier, ou suspendus aux murs dans le fond de la case. Des paquets de plumes, ou des baguettes végétales, une grande calebasse contenant de petits objets fétiches, un filet contenant des feuilles de tabac, quelques haches de pierre, un panache frontal, fait de plumes d'oiseaux de paradis, qui appartient à Hanoumoak, quelques horims de rechange et une pique à creuser pour hommes, tout cet attirail se trouve encore rangé ou suspendu contre la paroi du pilaï. Accroché aux piquets du foyer et près du plafond, on voit un paquet de dents de verrats qui se placent dans les narines, un couteau taillé dans une de ces dents, une harpe à bouche en bambou, et les bracelets de Yéké Asouk, taillés dans une peau de chien jaune. On voit, non loin du feu où ne restent à présent que les cendres, de longues tiges de bambou supportant des feuilles de tabac et de petites pincettes de bois. Le tabac, que les Akouni fument, enroulé dans une feuille rugueuse, se nomme *hanoum ;* Hanoumoak, « Os de tabac », porte le nom du tuyau qui permet de fumer.

Les rayons du soleil avaient fini par percer le brouillard et se reflétaient dans les flaques de la cour. Un par un, les hommes quittèrent la chaude atmosphère de la case. Au-dehors, ils reprirent leurs lances, trop longues pour pouvoir se ranger dans le pilaï, et se dirigèrent vers l'entrée du sili.

Une des épouses d'Ou-moué, Hougounaro, accroupie devant une ouverture du hangar-cuisine, les regarda s'éloigner avec indifférence. Chaque jour de son existence, elle les a vus partir ainsi. Quand Siloba passa devant elle, Hougounaro lui adressa la parole. « *Siloba* », dit-elle à mi-voix, et elle fit un geste de la main tendue, la paume tournée vers le sol, en ouvrant et refermant les doigts, « *é-mé, émé* ». Approche. Elle lui donna une portion d'hipéri. Siloba eut un timide et rapide sourire de remerciement.

Les guerriers traversèrent le bois et coupèrent à travers champs, en direction du kaïo d'Ou-moué. Le sentier serpentait parmi les feuillages vert sombre et les grappes de fleurs violettes des champs de patates douces. Il traversait fréquemment un des fossés d'irrigation, d'où montaient des touffes de tiges épaisses d'une espèce commune de grands glaïeuls. Un légume que l'on nomme en Océanie le *taro* provient des racines bulbeuses de cette plante. Près de la plante à taro, on voyait flotter les feuilles d'une variété sauvage de la même espèce, un lis aquatique de petite taille. Des libellules orangées dansaient au-dessus des fossés, faisant vibrer l'air d'un grésillement électrique, se posant soudain sur une feuille, leurs longues ailes transparentes, droites et immobiles. Ce sont des dévoreuses d'insectes, tout comme le martinet gris des plateaux qui filait dans l'air un peu au-dessus d'elles.

Ou-moué, déjà revenu de la montagne, se trouvait au kaïo. Il portait un serre-tête neuf, entouré d'une frange des plumes blanches qui proviennent des rémiges du dessous de l'aile d'une variété de sarcelles noires. Les tuyaux en sont fixés en couronne sur une bande d'écorce de pandanus. Au kaïo, les hommes ne portent pas d'ordinaire de telles parures, mais la couronne était toute neuve et Ou-moué se piquait d'élégance. Pour aller avec le serre-tête de plumes, il avait pris le grand mikak que l'on voyait sur sa gorge et le plus brillant pectoral de coquillages, attachés à un collier de cauris qui retombait sur ses épaules. Son visage était coupé d'un bandeau de graisse noire, et les sourcils étaient eux aussi luisants de graisse. A part ces ornements, le reste du corps noir était net, et plus soigné d'aspect que celui des autres hommes qui ne se débarrassent pas toujours des pellicules de poussière sur la peau, ni des souillures de boue sur les membres inférieurs. Ou-moué était accompagné d'Apéoré de Lokoparek, un guerrier au rude visage, aux regards froids, au-dessous d'un front sans sourcils.

Les hommes se glissèrent sous l'abri, se penchèrent vers la flamme. Le plus souvent ils demeurèrent là, à se reposer, pendant toute la matinée ; mais ils ont ce jour-là à faire un travail de jardinage ; car les femmes s'occupent des travaux de plantation ou de récolte, mais ce sont les hommes qui se chargent du rude travail de préparation du terrain, ainsi que du creusement des fossés d'irrigation.

Ou-moué excepté, tous quittèrent bientôt le hangar. Ils portaient le court horim de la tenue de travail, et quelques-uns qui avaient pris le pectoral de coquillages prirent soin de le retourner de façon à le porter dans le dos. D'autres hommes s'étaient déjà rassemblés dans un fossé, à une centaine de mètres de là. Ils se courbaient pour ramener à deux mains une petite charge de boue qu'ils rejetaient sur le bord, où des hommes plus âgés la tassaient autour des plants d'hipéri. Ils furent bientôt une vingtaine à patauger dans ce fossé, transpirant et raclant le fond. Hanoumoak, un beau gars à l'esprit vif, s'arrêta un moment pour saupoudrer ses épaules de terre grise, puis il se mit à tourner la tête de droite et de gauche, en s'efforçant d'admirer l'effet de cette aspersion. Aloro, le boiteux, arriva un peu en retard ; enfonçant sa lance dans le sol, il se laissa gauchement glisser au milieu des autres, dans le fossé. Il fut accueilli avec déférence, car, en dépit de sa jambe torse, Aloro est un redoutable guerrier. Lorsque le kaïn de guerre Weaklekek s'était trouvé encerclé, c'est à l'intervention d'Aloro, accompagné de Yéké Asouk, qu'il devait d'avoir eu la vie sauve. Aloro et Yéké Asouk, qui sont encore de jeunes guerriers, n'en comptent pas moins déjà chacun deux morts ennemis à leur actif.

Un peu plus loin s'élevait un rideau de fumée,

provenant des feux qu'avaient allumés les femmes. Les femmes, ce matin-là, ne s'étaient pas approchées du potager où travaillaient les hommes ; car s'il arrive qu'un homme travaille en compagnie de son épouse, on ne voit jamais de groupes importants des deux sexes travailler ensemble. De temps à autre, les femmes, appréciant d'un air connaisseur le rude travail qui se poursuivait dans le fossé, se mettaient à pousser de grands éclats de rire, car, quand elles sont ensemble, elles prennent plaisir à se gausser des hommes.

Ou-moué grimpa posément, sans se presser, jusqu'au faîte du kaïo, et s'assit sur la plate-forme. Il leva la tête vers le ciel, et l'on vit briller sous les rayons du soleil son serre-tête emplumé. A cause de ce serre-tête neuf, Ou-moué demeurait soucieux, car le tabou avait beau avoir été rompu en diverses autres occasions, le canard sauvage demeure en tout état de cause un animal *wisa.* Certains lieux, certains animaux ou végétaux, certains actes ou phénomènes d'origine diverse sont wisa, c'est-à-dire qu'ils portent en eux un certain pouvoir surnaturel. Ce qui est wisa n'est pas nécessairement bon ou mauvais mais il est interdit d'en approcher ou d'y toucher, sans avoir recours à un certain rituel.

Ou-moué savait que le grand kaïn Wéréklowé, entre autres, s'irritait de le voir utiliser les plumes de canard. Celui qui touche à ces plumes, prétendait Wéréklowé, perd la finesse de la vision et devient incapable de guetter les incursions des bandes de pillards ennemis.

Immédiatement au sud du village d'Homaklep, un éperon montagneux et boisé descend en pente douce jusqu'à se confondre avec le niveau plat de la vallée. Sur la pente se trouve le village d'Aboukoumo, à présent presque abandonné, et un petit bois légèrement au-dessous du village. Le bois s'adosse à un tertre herbeux où, sous l'ombre d'un bouquet d'arbres, se dispersent des blocs de pierre grise : ce mamelon porte le nom d'Anélarok. Au bas de la pente, vers le sud, coule un ruisseau au lit encombré de broussailles, le Tabara, et, vers l'ouest, s'étendent des prairies et les jardins potagers.

Les pistes se croisent à ce rond-point d'Anélarok, et comme il domine toute une portion de la vallée, on y voit souvent des gens de passage rassemblés autour d'un feu. Les pistes descendent des villages vers la rivière Aïké, et montent des prairies vers les cols de la montagne. Une des moins fréquentées est celle qui descend à travers les pentes boisées du Tabara puis remonte l'abrupte déclive qui conduit au territoire des Siep-Kosi. Cette piste fut utilisée un après-midi pour ramener jusqu'à son village un Siep-Kosi blessé.

Les tribus Siep se sont battues autrefois, aussi bien contre les Kourélou que contre les Wittaïa ; et, en dépit des lourdes pertes qui résultaient de cette pratique, l'ardeur des guerriers au combat n'en était nullement émoussée. Ces peuplades se divisèrent par la suite en deux groupes, dont l'un, les Siep-Élortak, combattirent aux côtés des Wittaïa, et l'autre, les Siep-Kosi, aux côtés des Kourélou. Le guerrier en question avait été touché vers le haut de la poitrine, au cours du combat sur le Tokolik. Sa blessure étant trop sérieuse pour qu'il soit transporté aussitôt par les pistes de montagne, il demeura assez longtemps allongé à Mapiatma ; puis des gens de sa tribu vinrent un beau jour le prendre pour le ramener chez lui.

Entre deux piquets parallèles, ils tendirent des lianes et

les attachèrent solidement ; soutenu sous les bras et les genoux, l'homme fut installé sur cette espèce de brancard. Son corps, soigneusement attaché, fut emmailloté et recouvert de feuillages, laissant un espace libre pour permettre la respiration. Sept hommes le portèrent à travers les prairies au-dessous d'Homouak, puis descendirent les pistes boisées et franchirent le tertre d'Anélarok. Quelques Kourélou se trouvaient là, rassemblés autour d'un feu ; mais les Siep-Kosi n'eurent garde de s'arrêter. Ennemis d'autrefois, Siep-Kosi et Kourélou pourraient aisément le redevenir.

Ballotté tout au long de la descente du Tabara, le brancard fut remonté sur la pente opposée. Sur des pistes rocailleuses et abruptes, rendues glissantes par la pluie, la charge était lourde pour les sept porteurs. L'homme étroitement enserré dans les branches feuillues se tenait assis comme une momie verte. Une seule fois, tous les porteurs ayant trébuché sur la pente rapide, on vit une main se lever lentement vers la tête encapuchonnée de vert, et battre l'air avant de retomber immobile. Découpées sur un ciel lourd de prochaines averses, les silhouettes des porteurs diminaient peu à peu, pareilles sur la pente à un cortège de fourmis emportant un cadavre de sauterelle.

Du haut de leurs kaïos, les Kourélou observaient ce trajet. Les guetteurs des kaïos étaient au courant de l'événement, car les Akouni n'ignorent rien de ce qui peut se passer dans leur monde. Plus vite qu'un jeune yégérek franchissant en courant les passerelles des fossés, chaque événement fait le tour du pays ; et il n'est pas besoin d'un messager : le mot vole à travers champs comme les troupes de noirs passereaux, depuis les villages, sur tous les sentiers qui conduisent aux champs ;

et sous l'ombre de leurs hangars, les hommes tendent l'oreille ; les femmes se redressent, appuyées un instant sur leurs bâtons — le message file, en séries de cris articulés, aussi clair et distinct que le signal qui précède l'envol d'une troupe d'oiseaux. Les Akouni connaissent tous le cours des événements puisqu'ils se répètent depuis des milliers d'années ; pour désigner un détail, il suffira d'un seul mot puisque l'ensemble demeure immuable. Avec l'intonation aiguë qui porte très loin alentour, ils crient le nom du blessé.

Le blessé était venu se joindre à eux volontairement, parce qu'il désirait combattre, et il avait été blessé du fait de son inexpérience ou de sa trop grande audace, ou parce que les pouvoirs des pierres sacrées de sa tribu n'avaient pas agi en sa faveur. Ces choses-là aussi font partie du cours des choses. Si cet homme meurt, les Kourélou en seront peinés et ils verseront des pleurs parce qu'en pareilles circonstances il convient de pleurer, mais pour une bonne part leur tristesse proviendra de la satisfaction qu'éprouveront les Wittaïa. Ce guerrier, les Wittaïa le connaissent à présent, comme ils connaissent chacun de leurs adversaires qui a été touché sérieusement : ils savent son nom, celui de son clan et celui de son village, et ils espèrent bien qu'il mourra. Mais voilà qu'apparemment cet homme est appelé à survivre, et cela encore ils le sauront bientôt.

Au matin, lorsque le soleil fit son apparition au-dessus de la vallée, les guerriers descendirent des montagnes, courant vers le nord et vers la perspective de nouveaux combats. Quelques-uns cependant ne s'étaient pas joints à la troupe, et parmi eux, Yéké Asouk. La blessure qu'il avait reçue sur le Tokolik n'était pas entièrement guérie ;

en outre il avait à s'occuper personnellement d'une autre affaire.

Un homme d'un village du Nord lui avait dérobé quelque temps auparavant des plants de son jardin potager. Il s'agit là d'une offense particulièrement grave et, en compensation, Yéké Asouk s'était emparé de trois porcs appartenant au coupable. Deux de ces porcs avaient été immolés et rapidement consommés, mais le précédent propriétaire était revenu subrepticement faire main basse sur le troisième.

Bien décidé à obtenir réparation, Yéké Asouk avait pris le chemin du village où habitait le ravisseur. Il s'était fait accompagner de son ami Tégéarek, un rude batailleur qui, de concert avec le boiteux Aloro, commande les guerriers du clan Wilil. Tégéarek et Yéké Asouk sont l'un et l'autre de coloration brune, d'une nuance nettement moins foncée que celle de la majorité des Akouni, et tous deux sont lourds et trapus, ainsi ne passent-ils pas inaperçus quand il leur arrive de sortir ensemble.

Yéké Asouk, avec moins d'un mètre cinquante, est probablement le plus courtaud de tous les Akouni mâles. Limo, un kaïn du clan Kosi-Aloua, est, par la taille, un des plus grands. Limo doit mesurer un mètre soixante-dix, mais du fait d'un corps élancé aux épaules étroites, traits plus caractéristiques de la race que la silhouette trapue de Yéké Asouk ou Tégéarek, il paraît avoir au moins un mètre quatre-vingts. Un grand nombre de guerriers paraissent plus grands que leur taille réelle, particulièrement quand ils tiennent droite une lance qui fait trois fois leur hauteur.

Yéké Asouk ne put obtenir que le porc lui soit restitué, et les circonstances n'étant pas favorables à un nouveau rapt, Tégéarek et lui rentrèrent chez eux. Leur réclamation était dûment notifiée, ce qui pourrait justifier quelque prochaine entreprise. Menus incidents de ce monde de la vallée.

Ouwar et Akou descendaient les pentes boisées, portant chacun sur la tête un fagot de bois sec pour les feux du sili. Arrivés à la déclive rapide au-dessus de Woupéraïnma, ils lancèrent la charge sur la pente, et les fagots rebondirent parmi les touffes de verdure accrochées à la falaise, débusquant des anfractuosités sombres de vifs roitelets, aux yeux cerclés de blanc.

Silhouettes sombres, découpées sur les blancs cumulus de l'après-midi, les enfants paraissaient descendre de ce ciel à regret. De ce point, ils voyaient s'étendre sous leurs yeux toute la partie nord de la vallée, les perspectives et les horizons de leur existence quotidienne. A leurs pieds serpentait le cours de la rivière Elokara qui contourne un éperon montagneux près du village de Takoulovok, dissimulé derrière la crête. Le cours d'eau s'enfonçait sous les frondaisons d'un bois d'albizia, en ressortait un peu plus loin, déroulant paresseusement ses méandres bourbeux à travers les prairies, au bas des falaises rocheuses. Il se dirigeait ensuite vers l'ouest, à travers les territoires des Kosi-Aloua et des Wittaïa, pour se mêler, dans les lointains de brume, aux eaux de la Baliem.

La Baliem coule en territoire ennemi, et bien que, vers la pointe du Siobara, elle ne soit guère qu'à une distance de six kilomètres, les enfants ne connaîtront d'elle qu'un ourlet vert de casuarines sous lequel se dissimulent ses eaux.

Au-dessus des enfants, trois faucons bruns tournaient en cercle sur le bleu du ciel, avec des cris aigus et lancinants. On voit rarement d'autres oiseaux voler au-dessus de la crête, amoncellement de roches déchiquetées et d'à-pics crayeux, sorti des eaux à une phase antérieure de l'évolution. Plaques de lichens et fougères des rochers tapissent la pente, avec des bouquets de buissons nains dans les interstices, mais ce sont des lieux où les oiseaux chanteurs ne se risquent guère ; les insectes y sont rares, et les lézards eux-mêmes se tiennent à distance. Seuls les faucons se laissent porter sur les souffles d'air chaud qui montent du fond de la vallée, et parfois, l'un de ces sauvages chasseurs, pèlerin des quatre continents, se laisse tomber comme un fragment de météore jusqu'au bas de la falaise, dans un bruissement qui porte à quinze cents mètres.

Ouwar était fils de Lolilouk et Akou la fille d'Oumoué : leur village de Woupéraïnma se trouvait sur le versant sud, au bas de la falaise. Depuis ces hauteurs, les enfants pouvaient apercevoir dans les silis la grand-mère d'Akou, Anéaké, se diriger vers le hangar-cuisine. Tout le monde se trouvait dans les champs à cette heure calme de l'après-midi, mais Anéaké était trop vieille pour s'en aller travailler aux champs, et il était rare qu'elle s'éloigne du village, sinon pour faire à proximité un peu de désherbage ou pour ramasser quelques brindilles.

Les enfants descendaient avec lenteur, petits points à peine distincts des herbages, sous le soleil, à peine distincts de la lourde immobilité du temps. Le faîte des araucarias, qui ombragent la source de l'Homouak, se trouvait encore très loin au-dessous d'eux. Ils pouvaient voir à présent Aboulopak, adossé contre le flanc nord de la montagne, avec le sol de ses cours désertes, apparaissant à travers le vert pâle des bananiers. Des orifices ronds s'enfoncent dans le sol argileux de la pente qui descend, en dessous des enfants, jusqu'aux cases du village. L'un de ces orifices donne accès à une grotte qui se creuse dans la paroi de roche. On trouve à l'intérieur un emplacement pour le feu, et des Akounis ont tracé des dessins sur la roche, longtemps avant que les enfants n'y pénètrent. Un peu partout où des hommes sont venus vivre sous la pierre et y ont allumé du feu, on retrouve des dessins semblables. Ils furent tracés à l'aide de tisons charbonneux, sans autre but que celui du plaisir de l'artiste, car on ne saurait découvrir là aucune signification symbolique. On distingue sur la pierre lisse des formes d'hommes et de femmes, des silhouettes de lézards et une sorte d'écrevisse de grande taille.

Vifs et légers comme des danseurs, les enfants bondissaient sur la pente herbeuse. Ils lançaient des appels en direction de ceux qui passaient sur les pistes en contrebas. Mais leurs cris, qui semblaient venir d'un autre monde, ne recevaient pas de réponse. Ouwar égrenait confusément les notes d'une mélopée monotone, et les souffles d'air de l'après-midi les emportaient en une rumeur indistincte.

De bonne heure dans la matinée, quand les porcs du sili d'Ou-moué partent pour le pâturage, il leur arrive de rencontrer le troupeau du sili voisin. A tour de rôle, les nombreux enfants du sili d'Ou-moué gardent leur troupeau, mais les porcs d'Asok-Méké sont toujours sous la garde de Toukoum, son beau-fils.

Comme n'importe quel gardien de porcs en pays kourélou, Toukoum conduit chaque matin son troupeau au pâturage de son choix : il s'agit habituellement d'un champ de patates douces en friche. Les porcs dévorent la verdure et les légumes qui ont échappé au ramassage, et ils fouissent le sol pour déterrer les vers, débusquer les souris et les crapauds, ainsi que de petits reptiles dans les fossés à demi comblés. Le gardien les ramène dans l'après-midi aux enclos du village, où on leur donne à manger des pelures d'hipéri et les restes des repas. Le destin réservé à chaque animal a été défini presque à sa naissance : ce sera un cadeau de mariage, le remboursement d'une dette, ou il sera sacrifié à l'occasion d'une cérémonie ; mais jusqu'au terme de son bail, prisé et honoré par tous, l'animal aura une vie agréable et sans souci.

Malgré la valeur qu'ils représentent et le prestige qui s'attache à leur possession, les porcs ne font pas l'objet de soins constants, mais on voit parfois les femmes porter dans leurs filets des porcelets malades ou qui demandent à être surveillés avec attention. Quand une truie arrive à l'âge procréateur, on la présente à quelque verrat renommé, pour lui épargner les faveurs d'un mâle plus obscur de son troupeau. Le lieu de résidence de chacun de ces verrats illustres est bien connu de tous, de même d'ailleurs que le gîte de n'importe quel animal. En telle circonstance, l'autorisation du propriétaire est parfois sollicitée, mais plus souvent encore on laissera au porc mâle pleine liberté de faire son choix.

Comme la compétence de Toukoum en cette matière n'est pas reconnue, en dépit de ses sept ans, sa mère devra s'occuper de l'appariement des truies. La mère de Toukoum est une personne d'aimable humeur, à la voix perçante, et pour le jeune garçon cette voix est une insupportable calamité, qui, avec ses réprimandes incessantes à propos de ces animaux diaboliques, le fait presque chaque jour verser des larmes amères. Non seulement Toukoum est plus petit que les garçons du sili d'Oumoué, mais les porcs dont il a la charge sont plus gros. Toukoum n'a pas une mémoire sans défaut, et les animaux dont il s'occupe en profitent pour s'égarer dans les taillis ou pour s'aventurer dans les potagers interdits, et comme ils sont beaucoup plus forts que lui, plus nombreux et plus décidés à agir de concert, ils lui causent chaque jour bien des soucis. Toukoum, lui, n'a pas d'autre arme que sa voix, assez peu commune, forte et impérieuse à la fois, rauque de ses exercices quotidiens, et dont il se sert sans cesse pour signaler de loin sa présence ainsi que la charge qui lui incombe.

Actuellement, du fait qu'elle ne peut pas souffrir Hougounaro, Ékapouwé vit au village de Lokoparek dans la montagne. Si l'on en croit le témoignage d'Ékapouwé elle-même, cette rivalité et cette inimitié profonde seraient dues pour une part à l'amour insensé qu'Oumoué a conçu pour elle, et d'autre part à l'écœurante jalousie dont fait preuve Hougounaro.

Ékapouwé est une Wittaïa, qui épousa autrefois un homme de sa tribu. En ce temps, il y a sept années de cela peut-être, les Kourélou étaient en guerre, non seulement avec les Wittaïa, mais avec leurs voisins du Sud-Est, les Siep-Kosi. La région de haute montagne où se trouve à présent Lokoparek était un territoire frontière inhabité, avec ses pentes couvertes de forêts.

Ékapouwé et son mari étaient allés à la forêt pour en rapporter des fibres végétales, et Ou-moué, qui s'y était caché pour faire le guet, aperçut la belle Ékapouwé. Il se dit aussitôt qu'il fallait que cette femme lui appartienne, il ne tenait pas cependant à se mesurer sur l'heure avec le mari. Atteint du coup de foudre, notre homme dévala les pentes de la montagne pour chercher du renfort et revint incontinent, escorté d'une troupe bien armée. Le mari n'avait plus autre chose à faire qu'à céder la place, et Ou-moué s'en retourna en emmenant Ékapouwé, sa prise de guerre.

Hougounaro n'a pas cessé de maudire cette romantique rencontre. Aux dires d'Ékapouwé, cette terrible jalousie lui rend insupportable la seule idée qu'Ou-moué puisse coucher avec une autre femme ; et c'est pourquoi elle recourt à un spécialiste de l'avortement de crainte que, pendant le temps de sa grossesse, Ou-moué ne se détourne d'elle. Se faire avorter, Hougounaro en a pris l'habitude : cela lui est arrivé quatre ou cinq fois déjà, dit-on. Des coups et des massages effectués par des femmes spécialisées dans cette pratique provoquent l'avortement. Le fœtus est immergé dans une crique spécialement affectée à cet usage, sur le cours de la rivière Tabara. Parmi les praticiennes en renom figure la femme d'Asok-méké, mère du gardien de porcs Toukoum. L'avortement qui est toléré dans le cas de filles non pourvues de mari — cas assez rare, car les filles se marient généralement dans l'année même de leur puberté — soulève de fortes critiques lorsque le sujet est une femme mariée ; et il est fort probable qu'il y a eu querelle à ce propos entre Ou-moué et Hougounaro. Les maris d'autre part demeurent fort ignorants en matière d'avortement. Il existe une chanson du folklore akouni dans laquelle les femmes se gaussent de l'innocence de leurs époux : *mais nous, les femmes, nous savons bien quelle est la vérité !* Nombreuses sont les femmes qui ne voudraient pas avoir d'enfants, et de ce fait l'avortement est une pratique fort commune.

C'est la passionnée Hougounaro qui a donné à son époux, avec une nuance de moquerie, le nom sous lequel il est présentement connu : Ou-moué signifie « l'Anxieux ». L'anxiété, du fait de ses brigues et de ses intrigues, Ou-moué a bien des raisons de la connaître, et le groupe de ses légitimes épouses, où l'on trouve encore, outre les deux rivales, une jolie fille un peu endormie, comme Youli, n'est évidemment pas fait pour apporter le calme à un esprit anxieux.

Avant d'entrer dans un sili autre que celui où il a l'habitude de vivre, un homme ne manque pas de déposer sa lance contre un arbre ; en toute autre circonstance il ne s'en sépare pas volontiers. A chaque moment de son existence, au premier détour du chemin, la mort peut venir le surprendre ; et l'entrain, la gaieté même des populations akouni, n'en paraît que plus remarquable. A l'instant du péril, ils font comme la souris qui s'aplatit ou qui file dans l'herbe lorsque passe le vol de l'épervier, et ils poursuivent ensuite leur chemin comme si de rien n'était. Mais qu'il s'aventure dans le voisinage des frontières ou qu'il emprunte un sentier proche de sa maison, un homme se garde bien de se démunir de ses armes. Même s'il se trouve fort éloigné de l'ennemi, sa lance peut lui être utile à l'occasion des contestations et querelles qui fréquemment se produisent entre membres d'une même tribu.

Un beau jour, un Kosi-Aloua fut très gravement blessé lors d'un incident, près de la rivière, et le fait qu'il avait laissé sa lance à la maison en était en partie responsable. L'épouse de cet homme l'avait quitté pour s'enfuir avec un Siep-Kosi, et il avait quelques bonnes raisons de penser que Tégéarek de Woupéraïnma avait apporté son aide aux fuyards. Il alla questionner Tégéarek qui affirma n'être pour rien dans cette histoire ; l'homme revint cependant à plusieurs reprises et cette insistance semblait indiquer qu'il soupçonnait Tégéarek de ne pas dire la vérité. Ce dernier commença de s'en irriter fortement : peu importait que les soupçons soient ou non fondés — cette insistance devenait, aux yeux de Tégéarek, une insulte.

L'homme passa un matin près de la rivière Aïké, accompagné de plusieurs guerriers de sa tribu. Ils allaient tous, non pas à Woupéraïnma, mais en territoire Siep-Kosi, afin d'essayer de savoir ce qu'il était advenu de l'épouse disparue. Le mari, qui s'était écarté de ses compagnons, fort imprudemment, se trouvait sans armes quand, au bord de la rivière, il rencontra Tégéarek.

Tégéarek, le jeune kaïn de guerre du clan wilil, est un homme violent et peu réfléchi. Son nom est une déformation de l'expression *tégé warek*, « Lance de mort ». Il est solide et trapu d'apparence, avec deux canines noires proéminentes, et cet air renfermé de quelqu'un qui a de la peine à voir les choses clairement. Il était alors accompagné de Yéké Asouk dont le tempérament impétueux est en même temps plus complexe. Ces circonstances, et le fait que l'adversaire était sans armes et seul, persuadèrent Tégéarek que le moment était venu de l'attaquer, ce qu'il fit au terme d'une brève et violente discussion. Pour Tégéarek ce n'était nullement faire preuve de lâcheté, car, selon le code d'honneur akouni, quiconque commet l'inexcusable faute de se trouver seul et désarmé devant un adversaire mérite d'être traité sans pitié, et il n'échappera pas à son sort.

Tégéarek n'avait pas l'intention de tuer son adversaire,

mais seulement de lui donner une bonne leçon. Ainsi, il le frappa à deux reprises : une première fois à la cuisse et une autre au crâne. Le blessé s'efforçait d'arracher la lance des mains de l'assaillant pour le frapper à son tour quand il fut atteint vers le haut de la poitrine par la lance de Yéké Asouk. Celui-ci non plus n'avait pas l'intention de tuer et il retira la lance qui avait pénétré de six ou sept centimètres dans la chair. Pensant que des Kosi-Aloua pouvaient se trouver en nombre dans le voisinage et se montrer d'un moment à l'autre, les deux compères s'esquivèrent en laissant le blessé sur place.

Les Kosi-Aloua parurent peu après et emportèrent leur compagnon, en prenant soin de marcher en terrain découvert et d'éviter les pistes boisées du bas des montagnes. Chacun, à tour de rôle, portait le blessé à califourchon, tandis que deux autres le soutenaient sous les bras. L'homme demeurait inconscient, tête ballante, un bandage de feuilles entourait son front, et sur toute la surface du dos la sueur perlait abondamment sous les rayons du soleil. En regardant le groupe progresser à travers champs, les femmes au travail se redressaient en silence. Il s'enfonça dans les taillis, à l'ouest du terrain de danses qui porte le nom de Libérek, et disparut aux regards.

Depuis cet incident, Yéké Asouk et Tégéarek ont grand soin, quand ils se déplacent, de se tenir sur leurs gardes, car ils savent que des représailles sont à craindre.

Un matin où il se rendait à son kaïo, Weaklekek, le guerrier renommé du clan aloua, fit lever un grand oiseau du pied d'un rhododendron. L'oiseau se percha sur une branche basse d'un châtaignier penché sur la rive du ruisseau Tabara. Weaklekek, qui portait un paquet de flèches, en choisit une, puis, déposant les autres, descendit silencieusement la pente dans la direction de l'arbre, et se glissa à travers les buissons pour se rapprocher de l'oiseau, un beau pigeon des montagnes d'un brun roux, à la longue queue élargie, qui, du haut de sa branche, se tenait sur ses gardes. Les guerriers au combat imitent le cri sonore et mélancolique de ce genre d'oiseaux : « *Hoo-oïk, hoo-oïk.* » Désireux de ne pas manquer son coup, Weaklekek s'approcha trop près. A l'instant où il tendait son arc, l'oiseau s'envola, et la flèche frôla la branche que celui-ci venait de quitter.

« *We-AK-le-kek, a-oo* », cria de loin une voix d'homme.

Weaklekek se dirigea vers la rivière Aïké, piétinant toute une colonne de fourmis rouges qui, insoucieuses de son passage, transportaient vers le taillis herbeux de l'autre bord du sentier le corps anesthésié d'une sauterelle. Weaklekek arriva le premier à son kaïo. Quelques minutes plus tard arrivèrent d'autres hommes, porteurs de lances, et Weaklekek quitta le kaïo pour se diriger vers le jardin potager. Son épouse Lakaloklek et leur fille Éken étaient en train de travailler le sol, brisant et retournant les mottes à l'aide de la lance-hipéri. Weaklekek avait en mains le bâton à creuser qu'utilisent les hommes, et il se mit promptement au travail, accompagnant son effort d'une sorte de soupir rauque et rythmé. Derrière lui, la fillette dont le nom signifie « Graine » ou « fleur », faisait brûler les herbes sèches, et la fumée, rabattue par un vent léger, entourait Weaklekek d'un voile mouvant. Sa silhouette et celle de Lakaloklek, apparaissaient et disparaissaient par intervalles dans ces vapeurs. Les pieds enfoncés dans une terre noirâtre, l'homme et la femme étaient exactement de la couleur du sol, semblables à des trolls surgissant dans le brouillard. Les mouvements de Weaklekek étaient animés de toute la vigueur, de toute l'énergie de la terre, comme s'il voulait se libérer de ses attaches et bondir librement vers le ciel.

Mari et femme, hors les étreintes dans les herbages ou l'obscurité d'un ébéaï, n'ont jamais l'air de se soucier l'un de l'autre, mais il s'agit là d'une sorte de respect humain plutôt que d'un défaut d'affection. Weaklekek et Lakaloklek n'échappaient pas à cette règle générale. Cependant, bien que Weaklekek eût d'autres épouses, Lakaloklek était sans aucun doute la préférée. Mince et vive, avec un visage espiègle, Lakaloklek fut en butte aux critiques de toute la communauté pour être tombée dans les bras de Weaklekek immédiatement après la mort de son premier mari. Son nom signifie : « Celle qui ne voulut pas attendre. » Ces deux-là semblaient former un couple, mieux que tous les autres maris et femmes du pays des Kourélou. On avait l'impression, à les voir ensemble, d'une solide entente, d'une vive tendresse, qui n'avait nul besoin de s'extérioriser.

Le corps ruisselant de sueur dans les volutes de fumée, Weaklekek travaillait d'arrache-pied. Les mottes boueuses s'amoncelaient, et de l'une d'elles, qu'il venait de retourner, un lézard doré s'échappa qui, en zigzaguant, fila vers l'eau d'un fossé.

Weaklekek, en le voyant, avait poussé un cri de joie. Des araignées d'eau fuyaient les éboulis de mottes. « *Pilili, pilili* », « allez vite, allez vite », murmura-t-il. Derrière lui, Lakaloklek se mit à rire, avec toute la tendresse compréhensive dont peut faire montre une épouse akouni, mais elle n'abandonna pas son travail. Lentement elle s'appliquait à retourner la terre, penchée sur son outil, les seins oscillant à chacun de ses mouvements.

Lorsqu'il vint pour la première fois résider parmi les Kourélou du sud, Weaklekek portait tout simplement le nom de We-AK qui signifie « le Mauvais ». On lui avait donné ce nom dans le nord où il avait vécu, marié à une femme du pays. Un jour cette femme lui déclara qu'elle avait été violée par des hommes d'un village voisin, et Weaklekek partit aussitôt, bien décidé à châtier les responsables ; ceux-ci étaient absents de leur village, et comme c'était son droit en pareil cas, Weaklekek s'empara de plusieurs de leurs porcs qu'il ramena à son sili.

Le lendemain sa femme lui avoua qu'elle n'avait nullement été violée ; elle avait menti apparemment avec l'idée de répandre la discorde. Weaklekek, qui avait la tête chaude, prit très mal la chose. Essayant néanmoins de se dominer, il se retira dans son pilaï. Il en sortit quelques heures plus tard, et, rencontrant sa femme dans la cour, il lui porta un terrible coup à la mâchoire. Celle-ci s'effondra inanimée, et finalement trépassa avant l'aube du lendemain.

La douleur de Weaklekek fut profonde, car cette femme lui était chère, et il n'avait jamais eu l'intention de lui porter un coup mortel. Ce geste, il ne pouvait se le pardonner, et en même temps il savait que sa propre vie était en danger. Le corps devait être incinéré selon la coutume, mais les proches parents de la femme avaient juré de mettre à mort le meurtrier, et il était difficile à celui-ci de les inviter aux funérailles. Lui-même ne pouvait pas compter sur le soutien de ses proches, que cet acte avait surpris et choqués et qui ne l'appelaient plus que « le Mauvais ».

Par tempérament, Weaklekek n'était pas enclin à faire

des excuses, pas plus qu'il ne tenta, en leur sacrifiant quelques-uns de ses porcs, de se concilier ses voisins. Le lendemain de la mort de la femme, à l'heure où aurait dû se dérouler la cérémonie funéraire, Weaklekek sortit de son pilaï. Dans un furieux élan de colère, de douleur et de remords, il abattit les palissades de son sili. Seul, il empila les piquets pour en faire un énorme bûcher ; seul, il porta le corps de sa femme et l'allongea sur le bûcher.

Le pénible rite funéraire achevé, Weaklekek quitta son village et se dirigea vers le sud. Pour lui la vie n'était plus possible dans les lieux où il avait précédemment vécu, et il savait que tôt ou tard il périrait sous les coups des parents de sa femme. Il arriva ainsi jusqu'au village d'Homaklep, à la limite sud du territoire, portant un nom maudit et un cœur lourd. Homaklep demeurait sous la menace constante des attaques ennemies, et ses habitants ne pouvaient qu'apprécier l'arrivée d'un homme de la valeur de Weaklekek, cet homme fût-il un hors-la-loi.

A quelques jours de là, les proches parents de la défunte épouse attaquèrent Weaklekek au détour d'un sentier. Un combat farouche eut lieu et Weaklekek tua d'une de ses flèches un frère de sa femme. Il s'était battu avec une telle fureur que nul n'osa plus l'attaquer, mais cela ne fit que confirmer sa réputation de méchanceté. Il travaillait dur néanmoins dans son nouveau village ; on le respectait et il devint un des guerriers les plus renommés de la région. Après quelques années, bien qu'il gardât encore cette réputation de violence que lui avait value le meurtre de sa femme, et du frère de celle-ci, le nom de We-AK fut adouci en Weaklekek, perdant ainsi de sa force péjorative.

Les Akouni redoutent encore Waklekek, dans les cas devenus rares où il peut lui arriver de s'emporter. Et en dépit de son amabilité et de sa générosité, on voit bien, à certains signes, qu'il n'a pas oublié le passé. Toujours solitaire, il demeure parfois sombre et silencieux, comme s'il redoutait lui-même le brutal réveil de sa force. Le dos tourné à toute l'assistance, on le voit demeurer penché sur une longue ceinture, ornée de coquillages, qu'il ne cesse pas de tresser.

Les deux épouses d'un certain Wéréné ayant été violées dans les champs par des Kosi-Aloua, Wéréné déroba aux coupables deux porcs — compensation normale — qu'il confia à la garde de Weaklekek. Mais les Kosi-Aloua, à qui Wéréné n'inspirait pas grand respect, ne voulurent pas en rester là. Ils revinrent à Homaklep, et ne trouvant pas les deux animaux qu'ils cherchaient, firent main basse sur tout le troupeau de Wéréné.

Quiconque se montre incapable de se défendre doit être prêt à souffrir toute offense, et Wéréné venait d'en subir deux qui sont parmi les plus communes : le viol de ses femmes et le rapt de ses porcs. En tel cas, le coupable doit en principe une juste réparation. S'il est découvert — c'est généralement le cas, de tels actes étant considérés comme une preuve de vaillance — et s'il accepte de subir en retour le viol de ses épouses ou la perte de ses porcs, l'affaire est alors terminée. Mais fréquemment la victime a été choisie en raison de sa pusillanimité ou de sa faiblesse, qui laissaient prévoir que l'offense demeurerait impunie.

On ne s'attaque guère aux grands kaïns, bien qu'ils possèdent plus d'épouses et plus de porcs que quiconque, car tuer un homme, ses enfants ou quelqu'un de sa maison, en représailles de quelque déprédation, est un de leurs privilèges. En fait, à l'origine, on reconnaît plus aisément la qualité de chef à celui qui supprime volontiers son semblable, ou qui ne craint pas de le faire. Par contre, un homme entièrement képou se verra bientôt dépouillé de ses porcs par des mains plus affermies, et ses épouses ne tarderont pas à être violées ou à l'abandonner. Telle est la règle, et quiconque la contesterait n'aurait le choix qu'entre l'exil ou la mort.

Wéréné comptait avant tout sur son amitié avec Weaklekek, qui est le kaïn de son village. Celui-ci, homme loyal et généreux, défendit la cause de Wéréné, et il fut convenu que les deux porcs que celui-ci avait d'abord dérobés seraient rendus à leurs propriétaires, en échange de son troupeau. Les deux parties s'exécutèrent ; mais en fin de compte Wéréné avait dû accepter le viol de ses épouses sans avoir pu obtenir en échange un accroissement de son troupeau ; et l'intervention de Weaklekek devait lui valoir la rancune tenace des Kosi-Aloua.

Une nuit de la fin d'avril, le jeune guerrier Kosi-Aloua, Ékitamalek, mourut des suites d'une blessure causée par une flèche wittaïa : il avait été touché au cours de la récente bataille sur le Tokolik. Ékitamalek ne comptait pas parmi les meilleurs guerriers, et il demeurait le plus souvent dans les rangs des combattants de seconde ligne ; c'est dans cette position que la flèche l'avait touché. Elle était entrée sous le sein gauche et la pointe s'était brisée. Les vieillards sondèrent la plaie sans parvenir à localiser ce fragment. Ils pensèrent qu'il n'était resté à l'intérieur du corps qu'un très petit éclat, et quelques jours plus tard on pouvait voir Ékitamalek se promener dans le village de Kibitsilimo, où habitait son père Yoroïck. Il n'était pas encore en état de travailler, mais il ne ressentait aucune douleur. Deux semaines plus tard, il éprouva dans la matinée un malaise bizarre. Il alla jusqu'à l'ébéaï de sa mère, en se plaignant de sa blessure. Elle l'aida à s'allonger dans la pièce de repos. Il se mit aussitôt à crier et les hommes vinrent voir ce qui se passait. Trois heures plus tard il était mort.

Le village de Kibitsilimo est situé au sud d'Homouak, dont il est séparé par des champs en friche et des fossés remplis d'herbes. Le lendemain de la mort d'Ékitamalek, les femmes qui étaient venues pour le pleurer s'arrêtèrent au bord d'un ruisseau, au sud de Kibitsilimo, afin de se barbouiller le corps et le visage d'argile de teinte ocre. Elles reprirent alors leur chemin, toutes à la file, le corps couvert de cette boue jaune, courbées sous les sombres filets à hipéri. Venant du village, la rumeur des lamentations portait jusqu'au bord de la rivière, comme le murmure d'un vent monotone.

Les femmes s'arrêtèrent en silence près des palissades qui entourent le village, tandis qu'un groupe d'hommes les dépassait. Ces visages de femmes paraissaient âpres et fermés, et, sous les marques d'argile jaune, les silhouettes prenaient un aspect démoniaque. Quand les hommes eurent disparu, elles reprirent leur marche en direction d'un bosquet situé sur le côté sud du village. Arrivées enfin à destination, elles pénétrèrent, l'une après l'autre, par un étroit portail. Face à elles, en position assise sous le soleil brûlant, se trouvait Ékitamalek.

Le sili, spacieux, avait la forme d'un L, avec son entrée vers le haut de la branche supérieure ; le siège était installé dans cette perspective, un peu avant le branchement latéral et faisant face à la montagne. A main droite de la file des arrivantes, se trouvait un long hangar-cuisine, et chacune accrochait contre les parois ses filets et des offrandes de patates douces, avant d'aller se perdre dans la masse des dos de femmes courbées contre le sol, en face du siège.

Les femmes poussaient des gémissements, en se balançant, en se cachant le visage de leurs mains ou du bras plié à hauteur du front. Quelques-unes avançaient gauchement à quatre pattes pour aller toucher de la main les pieds ou les jambes du mort. Deux femmes debout devant le siège agitaient des branches feuillues pour tenir les mouches à l'écart. Toutes les femmes qui se trouvaient là pleuraient, et elles répondaient en même temps aux paroles d'une litanie que psalmodiait le père du mort, debout derrière le siège. La douleur faisait trembler la voix forte de Yoroïck tandis qu'il prononçait l'oraison funèbre de son fils.

La mère du mort, seule femme à se tenir derrière le siège, se soutenait des mains accrochées aux montants, et se laissait parfois tomber aux pieds du corps, abîmée de chagrin.

Entre les femmes rassemblées, un passage demeurait libre que les hommes empruntaient un par un. Les kaïns des villages les plus proches avaient apporté des porcs et ceux qui venaient de plus loin offraient des ceintures ornées de cauris. On n'amenait pas sur place les animaux qui étaient offerts, mais on les enfermait dans les étables attenantes au sili ; les ceintures de cauris étaient portées en arrière du siège, dans le pilaï des hommes, situé dans la branche inférieure du L.

Parmi les visiteurs se trouvaient des guerriers renommés et des notables ; les quelques jeunes gens que l'on voyait dans l'assistance étaient des habitants du sili ou des parents du défunt. Les hommes n'avaient pas apporté leurs lances et leurs arcs et aucun ne portait d'ornements. Leur tenue était aussi simple que celle du mort. Par suite d'une querelle ancienne, ni Wéréné ni Hanoumoak, frères cadets de Yoroïck et oncles du mort, ne participaient à la cérémonie. Parmi les kaïns se trouvaient Nilik du clan walilo, Polik du clan hallouk, et Ou-moué du clan wilil. Weaklekek était également présent, mais du fait de son intervention en faveur de Wéréné, les Kosi-Aloua l'accueillirent avec froideur et il quitta le village avant le début du cérémonial funéraire.

Pendant quelque temps, les hommes demeurèrent devant le corps, debout dans le passage entre les deux groupes de femmes : ils joignaient leurs voix aux lamentations, se frottant la cuisse du côté droit et s'essuyant les yeux de la main gauche. Ils soupiraient et reniflaient avec déférence, et au bout de quelques instants la plupart versaient de vraies larmes, elles coulaient sur les visages, venant se mêler à la morve qui gouttait des narines. « *Egh ! Egh ! Egh !* » Après un temps, les soupirs cessèrent, et les hommes, changeant de position, allèrent se placer derrière le siège. Ils se tinrent là immobiles, face au groupe douloureux des femmes. Il baissaient le front pour la plupart, avec l'expression qui convenait en ces circonstances, repliant un bras, ou les deux bras, derrière leur dos. Dans sa main repliée, Polik gardait sa petite ration habituelle de feuilles de tabac brun. Ensuite ils s'éloignèrent du siège, et rejoignirent d'autres groupes d'hommes, assis dans la cour, devant le pilaï, sur des feuillages et des bruyères.

Les nouveaux arrivants allaient de l'un à l'autre, prenant et secouant les mains de chacun, avec quelques paroles de bienvenue : « *Narak-a-la-ok... Narak... Ny-ké.* » « *Narak-a-la-ok* », au sens littéral, signifie : « Je mange ta crotte », mais l'expression prend, dans ce cas, un sens d'affectueuse vantardise, comme s'il fallait que celui qui parle soit véritablement un ami pour en venir là.

Amis et parents s'étreignaient sans s'embrasser, en se tapotant le dos et en murmurant : « *Wah, wah, wah, wah, wah* », dans une sorte de halètement rapide. Les vieillards, qui sont généralement traités avec beaucoup d'affection, sont plus fréquemment et plus longuement l'objet de démonstrations de ce genre. Après les témoignages de bienvenue, les hommes s'asseyaient, parlaient et fumaient, échangeant tranquillement quelques plaisanteries, tout en répondant de temps à autre aux lamentations de Yoroïck.

Yoroïck, un homme de grande taille, avait les épaules saupoudrées d'argile jaune. Les mains croisées sur le ventre, il contait, en une suite de courtes phrases, d'imaginaires prouesses de cette forme immobile et présente installée sur le siège ; les répons des femmes, partant d'une note élevée, baissaient de ton comme un soupir :

Les guerriers avancèrent sur le Tokolik.
Ai-i-é-éo
Lentement ils dépassèrent l'étang.
Ai-i-é-éo
Il marchait, solitaire, au premier rang.
Ai-i-é-éo
Maintenant il nous a quittés
É-éo
Il est mort notre enfant,
Affreuse tristesse !
Ce pays ne sera plus à nous,
Nous irons, loin, très loin.

Partirons-nous vers le nord, vers la source d'Élési ?
Ou vers le sud, dans la vallée ?
Partirons-nous vers les tribus de l'Ouest,
Ou bien plus loin pour recommencer notre vie ?

Le siège, vu de l'arrière, avait un aspect pesant et insolite. Il avait été spécialement construit pour la cérémonie funéraire, et dans tout le village il n'existait aucun autre meuble que celui-là. Il était de dossier droit, comme pour un trône, avec un siège très haut au-dessus du niveau du sol, fait de rondins et de lattes, serrés par des lianes. Siège et dossier étaient garnis de feuilles de palmiers, et le corps d'Ékitamalek y était maintenu, à demi plié, presque dans la posture de l'enfant dans la matrice ; une latte fixée à l'avant des bras du fauteuil, soutenant les jambes sous les genoux, et une autre arrivant à hauteur du menton. Les deux jambes, à leur partie inférieure, étaient serrées l'une contre l'autre par des fibres végétales, et la tête était fixée au dossier par un autre ruban de fibre, passant sous la mâchoire. Les mains reposaient, paumes appuyées contre le siège.

Le corps demeurait là, dans la chaleur humide, sous les essaims de mouches et le soleil brûlant. A mesure que passaient les heures, s'accroissait cet infini silence qui, autour d'un mort, se forme comme une immense condensation de rosée, en dépit du bruit des lamentations. Des reflets de la lumière matinale s'attachaient aux tresses bouclées et flottantes, dessinant les contours du visage sur le fond indistinct des huttes couvertes de paille. Le corps était nu, à l'exception du horim, fixé encore à la verticale, et, sur la gorge, des colliers de fibre, porte-bonheur pour les guerriers qui s'en vont au combat. La tête, légèrement inclinée sur la droite, semblait, à mesure que s'écoulaient les heures, retomber peu à peu sur la poitrine. Le visage avait gardé un aspect triste et pensif plutôt que douloureux. Il était comme empreint d'une mortelle fatigue, et soulagé en même temps d'avoir enfin atteint le repos. Comme la plupart des Kourélou, l'homme avait été désigné par un nom nouveau à une certaine période de son existence, nom qui rappelle une qualité, un événement ou une attitude particulière. Ékitamalek signifie : « Poing vide. »

Le propriétaire du sili, le kaïn guerrier Housouk, se déplaçait lentement parmi l'assistance ; silhouette droite, à la peau sombre, marchant à petits pas, presque timides, avec un sourire aimable et grimaçant, Housouk présidait au déroulement de la cérémonie. Il portait, comme la plupart des Akouni, une barbe courte, couvrant le pourtour du menton. Vers le milieu du jour il alla prendre dans le pilaï les ceintures de coquillages. Ces ceintures, d'un mètre cinquante à deux mètres de long, sont faites de larges cauris. Les coquillages sont fixés par paires, séparées par une distance d'environ deux centimètres et demi, et entre chaque paire se recroise une bande de fibre végétale rouge ou jaune vif, et la ceinture comporte fréquemment une double bordure, faite de houppes de fourrure, ou de coquillages de petits escargots. Les ceintures de cauris servent parfois de monnaie d'échange ; elles ne sont utilisées comme ornement qu'à l'occasion d'une naissance, d'un rite d'initiation, ou pour la parure d'un défunt.

Les kaïns s'avancèrent et placèrent les ceintures autour du front d'Ékitamalek, en les laissant retomber sur les épaules. Ils suspendirent aux montants du fauteuil une dépouille soyeuse de kangourou des arbres, et attachèrent sur la poitrine du mort une coquille de mikak. Les femmes vinrent déposer sur les bras du fauteuil des filets neufs, comme si c'était là l'unique offrande qu'il leur appartenait de faire.

On apporta dans le sili trois jeunes porcs. Chacun était porté par deux guerriers, l'un soutenant l'animal par les oreilles, l'autre par l'arrière-train. A bras tendus, ils soulevèrent les porcs à hauteur de poitrine, et Yoli, kaïn du village de Houlibara apparenté à Yoroïck, saisit un arc et des flèches. La pointe de la flèche était faite d'une large éclisse de bambou, aiguisée sur ses deux bords — la flèche de saignée qui sert à tuer les porcs et qui, à la guerre, est utilisée comme arme d'appoint. D'une main que l'effort faisait trembler, Yoli tendit la corde de l'arc ; à une distance de quelques centimètres il tira la flèche qui s'enfonça dans la poitrine du porc. Celui-ci se tordit, en criant, jusque vers le sol, et se mit à trotter autour du sili, perdant son sang en abondance. Lorsqu'il commença de faiblir, un homme le ressaisit et pressa du pied le corps de l'animal pour en faire sortir le sang. Il fallut procéder ainsi à deux reprises.

On étendit des feuilles de bananier sur le sol, à l'avant du pilaï. Les corps des trois porcs furent allongés sur le ventre, bien alignés, les pattes de devant et de derrière étendues. On trancha les queues et les oreilles, qui deviendraient des fétiches ou des parures, et les arrière-trains furent recouverts de feuillages. A l'aide de leurs longs bâtons à creuser, les hommes préparaient une cavité pour la cuisson. Quand la cavité fut terminée, elle avait la forme d'un cône renversé, large d'ouverture et de fond étroit, d'une profondeur d'un mètre environ, et les hommes tassèrent et lissèrent par piétinements la terre noire de l'intérieur et du pourtour.

Housouk s'avança, porteur d'une lourde bûche, déjà

passée au feu. Une deuxième bûche fut placée à son tour, et entre les deux, on alluma un feu de branchages. On fit flamber la peau des porcs au-dessus de la flamme, et tandis que disparaissaient les soies et les souillures, on voyait la peau blanchir et se parsemer de points noirs. Les porcs furent alors replacés sur la couche de feuilles de bananier, les babines roussies, retroussées sur les dents dans un rictus agressif. Les feuilles luisantes d'une variété de tradescanties à fleurs bleues avaient été superposées au tapis de fleurs de bananier, et à l'aide de haches de pierre et de couteaux de bambou, huit hommes, parmi les plus âgés, découpèrent les porcs en petites portions.

On attisa et rechargea le feu, et un homme, portant une lourde hache, ressemblant à une massue et munie d'un saillant de pierre, se mit à fendre des rondins de bois. Des fragments furent glissés en croix au-dessous des deux bûches, tandis qu'on entassait au sommet d'autres morceaux ; des pierres furent placées dans le feu, et, pour concentrer la chaleur, les flammes furent couvertes de feuillages humides. Sur toute la surface du sili se répandit une fumée épaisse, couvrant les corps des femmes prosternées.

Pendant tout le cours de la matinée les chants funèbres n'avaient pas cessé, mais ils étaient à présent plus faibles, pareils à un murmure de vagues sur un rivage calme : la voix rauque du vieil homme, comme le reflux de l'eau entre les récifs, et les répons des femmes — la lente poussée de la vague « *Tik, tik, tik, tik, tik, tick, -aié-éé-o-o. Dé-é-o* ». La mère du mort était là encore, contre un des montants du siège, les mains accrochées au piquet rugueux, suspendue comme un vieux filet usé. Elle était calme à cet instant. Sous l'éclat du soleil, il n'y avait pas un souffle d'air. Le temps des alizés du sud-ouest n'était pas encore venu, et assez bizarrement, presque aucun vent ne se fait sentir en cette saison dans cette partie de la vallée, sauf dans l'instant qui précède une averse. Des libellules, de petites guêpes et un papillon solitaire, les ailes d'un noir charbonneux tachetées de blanc, tournoyaient au-dessus d'un sol boueux et ensoleillé, où achevaient de s'évaporer les petites flaques d'une pluie nocturne. Poussés par des courants rapides dans les hautes couches de l'atmosphère, fuyaient des nuages venus de l'est, et de petits martinets noirâtres plongeaient de très haut vers le sol. Dans les rangées de bananiers, groupés tout autour du village, passa le bruissement léger d'une bouffée d'air.

Des silhouettes d'hommes, progressant en file à travers champs, se découpèrent sur cet écran mobile des feuillages. A l'entrée du sili, ils remirent aux anciens du village des gerbes de fougères et de branchages fraîchement cueillis, qui furent alors enfoncées dans le cône de cuisson. On apporta l'hipéri et les portions de viande, puis les pierres brûlantes qui étaient retirées du feu à l'aide de pincettes faites de baguettes brisées. Des gerbes de fougères et de feuillages, attachées par un lien de jonc, furent déposées sur le sol, et on disposa, en couches superposées, les légumes, les pierres et les gerbes de fougères.

Des portions de porc avaient été accrochées à une perche tendue entre deux cases, et d'autres emmagasinées dans le pilaï — cette réserve de viande du sacrifice, *wam wisa*, serait consommée le lendemain. Tout le reste fut placé avec les légumes dans le cône de cuisson. Une petite fille rieuse se trouvait là parmi les femmes, les regardant s'activer. Elle avait à la main un grand morceau d'entrailles luisantes, comme si elle voulait s'en faire un collier.

Le grand chef de guerre Wéréklowé arriva tardivement à la cérémonie funéraire. Évitant de se mêler à l'assistance, il pénétra dans une des cases proches de l'entrée. Kourélou en personne se trouvait là, mais il ne participait pas à la cérémonie. Il demeura quelque temps à l'extérieur de la palissade, l'air humble et effacé, le front couvert d'un serre-tête sombre. Il entra un peu plus tard dans le sili par une petite ouverture extérieure, mais, en compagnie de quelques kaïns de moindre volée, il se tint hors de la vue du groupe véhément des femmes. Il arrive que celles-ci prennent en haine ceux qui poussent les hommes à combattre, et on les a vues parfois les corriger en les frappant durement sur la tête et sur les épaules.

De larges gouttes de pluie commencèrent à tomber tandis que la nourriture cuisait lentement dans le cône creusé dans le sol. De jeunes enfants tapotaient d'un air las leurs paupières et leurs narines humides pour en écarter les mouches. Ils s'avançaient à l'entrée des cases, et on les repoussait loin dans l'ombre quand ils se mettaient à crier. On voyait, à travers de larges interstices de la paroi arrière du hangar-cuisine, les champs d'hipéri s'étageant jusqu'à la rivière Baliem et, sur la rive opposée, les lits ravinés des torrents qui s'élevaient vers les hauteurs. Un vieillard chancelant se déplaçait çà et là, criant des phrases sans suite, d'une voix pointue qui portait loin. Les gens de l'assistance lui jetaient un coup d'œil rapide, indifférent, puis l'ignoraient. Un peu plus tard, d'autres vieillards, huit à la file, apparurent à l'entrée. Comme l'avaient fait les autres assistants, ils se tinrent entre les deux rangées des femmes et rendirent hommage au mort. Ils n'avaient sur eux aucun ornement, mais l'un d'eux, en signe de richesse, portait au-dessus du coude des anneaux faits de testicules de porc séchés. En l'honneur de ces nouveaux arrivants, la mélopée s'éleva d'un ton, et tous gémirent et reniflèrent aussitôt à l'unisson.

La présence d'Ékitamalek, dans l'immobilité silencieuse de son siège, s'imposait de plus en plus. Tandis que les gens de sa tribu, attendant sous la pluie leur nourriture, se laissaient aller à une sorte de torpeur, il semblait s'éveiller à une vie nouvelle, comme si le démon que tout Akouni porte en lui au cours de son existence essayait à cet instant même de s'échapper. Le visage sombre, encadré par les riches ceintures, gardait sous ces ornements une dignité immuable ; il avait une expression de sagesse imposante que les menus faits de son existence d'enfant et d'adulte dans ce même sili ne lui avaient jamais permis d'atteindre aussi pleinement.

Il dominait ce groupement de dos nus et de hanches larges, luisants sous la pluie et les rayons de soleil et qui paraissaient sortir de ce sol sur lequel ils demeuraient prosternés. Derrière le siège, sa mère elle-même s'était enfoncée dans la résignation. Une femme se tenait encore devant lui, avec des larmes qui coulaient silencieusement sur un visage aux traits calmes. C'était la sœur de son nami. Le nami habitait un village éloigné, mais la sœur qui demeurait parmi les Kourélou représentait le nami à la cérémonie des funérailles. Tandis que d'autres femmes allaient et venaient et saisissaient parfois un montant du siège, en baissant le regard, elle était restée là tout le jour, ne détachant pas ses yeux du visage immobile. La branche de feuillage qui lui servait de chasse-mouches était depuis longtemps déchiquetée, mais elle continuait encore de l'agiter, d'un geste inconscient d'automate.

Vers le milieu de l'après-midi, les feuilles furent retirées du cône de cuisson et la foule commença de s'agiter. Une très vieille femme, barbouillée d'argile jaune, s'avança le long de la palissade avec précaution, comme un héron aux longues pattes qui suit le cours d'un ruisseau. Avec son dos frêle et ses seins très petits, elle avait un air curieusement enfantin ; elle hésitait, les genoux pliés, comme une petite fille. Des femmes plus jeunes allaient et venaient, portant la nourriture, les seins lourds, la démarche pesante et décidée ; la plupart portaient un bébé, sur les épaules ou derrière le dos dans des filets, ou bien encore dans un ventre proéminent. La viande de porc était réservée aux hommes et les femmes devraient se contenter des tubercules.

La mélopée lente et régulière, comme le souffle rythmé d'une personne endormie, se poursuivit pendant le repas. La pluie légère cessa vers la fin de l'après-midi. La mélopée s'éleva plus forte, et Yoroïck, à genoux, la guidait, les larmes coulant de ses yeux. Sa douleur, comme celle de la femme qui demeurait devant le siège du mort, était claire comme l'eau d'une fontaine. Quelques années auparavant, Yoroïck, à la suite d'une querelle avec son frère Wéréné, avait quitté son village natal d'Aboukoumo. Il avait emmené avec lui ses trois fils, mais deux d'entre eux à présent avaient été tués au combat. Le troisième, un jeune garçon, le regardait tristement depuis l'entrée d'une des cases. Les jeunes sœurs d'Ékitamalek se trouvaient également dans le sili, vêtues de leurs jupes de jonc. Elles auraient leur rôle à jouer le lendemain, au cours du rituel de mutilation.

Tandis que Yoroïck poursuivait ses lamentations, les kaïns s'approchèrent du siège et dépouillèrent le corps de ses parures, et les femmes vinrent reprendre leurs filets. Comme la douleur elle-même, les offrandes faisaient partie du rituel. Les funérailles étaient une occasion d'échanges, et ceux qui avaient apporté des offrandes attendaient quelque chose en retour. Les ceintures de cauris déposées sur des feuilles de bananiers, et oubliant sur son siège, à quelques pas, le cadavre du défunt, les hommes les regardaient avec envie. Nilik, le kaïn walilo, un ambitieux au profil d'épervier, soupesait un par un ces longs rubans de coquillages, en annonçant les noms de ceux qui allaient les recevoir ; les ceintures reviendraient à ceux qui le matin avaient apporté les plus gros porcs à Kibitsilimo ; et les porcs seraient attribués aux précédents propriétaires des ceintures. Un des postulants se saisit d'une ceinture qui venait d'être attribuée au vieil Asisal, et Asisal luttait pour la garder, en poussant de longues plaintes de dépit. Vieillard avide et coléreux, Asisal était désigné autrefois par le nom d'un oiseau, la « huppe », du fait de son habitude, prise au cours des combats, de tourner la tête de droite et de gauche pour découvrir l'endroit où il serait le mieux en sécurité. Lorsqu'il fut trop vieux pour prendre part aux combats, on lui donna le nom d'Asisal, qui signifie : « anus refermé ». Tous les Akouni s'amusent fort de ce nom qui, par contre, désole son fils Siloba qui habite Woupéraïnma chez son nami Ou-moué.

Asisal était dans son droit et il garda la ceinture. Les femmes, qui prennent au sérieux, plus que les hommes, une cérémonie funéraire, murmurèrent violemment contre le responsable de l'incident.

Une femme, celle qui tout le jour était demeurée debout sous le soleil à regarder le mort, reçut une des ceintures qui devait revenir au nami absent qu'elle avait été chargée de suppléer.

Des gouttes d'un sang noirâtre avaient commencé d'apparaître aux narines d'Ékitamalek, et on les voyait de plus en plus couler autour des lèvres puis le long du corps. Bientôt des hommes s'approchèrent et tranchèrent les liens qui le soutenaient, tandis qu'une lamentation s'élevait, plus forte que celle que pendant tout le jour on avait pu entendre : « *'O-woo-oo* », suivi du grand cri de douleur : « *Egh ! egh ! egh !* » « *O-woo-oo.* » Des mains se tendirent pour soutenir le corps, tandis que d'autres démantelaient son siège ; la mère éplorée se redressa pour aider ceux qui abattaient les montants.

On porta le corps vers les feuillages qui avaient été placés devant le pilaï. Il s'était raidi dans sa position assise, desséché par la chaleur du soleil. L'enflure de la plaie s'étendait à tout le côté droit. Un guerrier soutenait Ékitamalek par-derrière, tandis que deux hommes âgés s'agenouillaient à ses côtés. La mère à son tour s'avança, glissa elle aussi à genoux et se pencha pour embrasser les pieds de son fils. Un instant, on vit les deux silhouettes rigides qui demeuraient jointes dans la lumière du soleil couchant.

Un bûcher fut dressé à l'emplacement du siège démantelé ; en son centre était aménagé un vaste espace vide.

Un vieil homme, armé d'une longue éclisse de bambou, s'efforçait d'extraire du corps la pointe de la flèche. Entrée sur le côté gauche, la flèche était apparemment remontée pour s'enfoncer dans le poumon ; l'homme agrandit une large incision déjà pratiquée vers le haut de la poitrine. La flèche avait pénétré profondément et il ne parvint pas à l'extraire. Un autre vieillard s'approcha, trancha plus loin, et, enfonçant les doigts à l'intérieur de l'ouverture, dégagea finalement la pointe de bois, un fragment de belle taille, de la longueur de la main. La flèche ennemie allait être rangée dans le pilaï, dans un emplacement réservé aux objets fétiches. L'extraction de la flèche avait provoqué un écoulement de sang noirâtre qui s'accompagnait de miasmes de putréfaction. La vue du sang arracha à la mère un long cri de douleur. Elle demeurait encore à genoux, derrière le bûcher, cependant que des hommes soulevaient le corps à nouveau pour le porter vers les flammes. Un vieillard se tenait là, soulevant au-dessus de sa tête un madrier de bois de bananier qui avait été entouré de tresses de paille. Tandis que les porteurs maintenaient le corps au-dessous du bois paillé, un guerrier tira une flèche sur cet assemblage. La flèche doit libérer l'esprit de vie qui devient désormais le fantôme. Le fantôme s'en ira en territoire ennemi, où il s'efforcera de provoquer le désordre et les troubles, soutenant ainsi la cause de ses anciens compagnons au cours de leurs futurs combats. On portera le madrier paillé jusqu'à un hangar dans la forêt où sont rangés d'autres madriers semblables.

Le corps d'Ékitamalek, le visage tourné vers le ciel, fut déposé au milieu des flammes. Gênés par la violente chaleur, les porteurs furent contraints de replier hâtivement les jambes du cadavre, et ils ne purent empêcher que, pendant la crémation, on ne vît apparaître au-dessus du bûcher une des jambes, pliée au genou, dont la peau prenait une teinte blanche, pigmentée de noir, comme l'avait fait auparavant la chair des porcs. D'autres rondins furent empilés sur le bûcher, et, dès que la flamme baissait, une femme, munie d'une perche, s'avançait pour attiser le feu. La fumée et l'odeur de chair roussie se répandaient sur toute la surface du sili, mais les lamentations cessèrent dès que les flammes commencèrent à s'éteindre, et les hommes parlèrent à nouveau entre eux sur le ton de la conversation courante ; déjà les femmes quittaient le sili, et s'en allaient par files, à travers champs, dans le crépuscule.

La mère était demeurée accroupie, près des gerbes de feuillages, parmi des flaques où le sang humain se mêlait au sang des porcs. Yoroïck avait disparu dans le pilaï. Un moment plus tard, la mère rampa péniblement jusqu'à la cour qui conduisait à son ébéaï. Une très vieille femme, tassée sur elle-même comme une araignée immobile, tendit la main vers elle pour l'attirer à l'intérieur.

Dans l'obscurité croissante, les quelques yégéreks qui étaient venus à la cérémonie funéraire se hâtaient de rentrer chez eux, bondissant sur les pistes et passant sur les troncs d'arbres, ponts rudimentaires qui enjambaient les ruisseaux et les fossés pleins d'herbe. « *Pilili, pilili* », criaient-ils, en se regroupant comme une bande de passereaux attardés, « *séliméké* ». « Courez, courez, voilà l'ennemi. » Toukoum, le gardien de porcs, fut pris soudain d'une envie d'uriner : il s'enfonça en bondissant dans les herbes de la savane, et s'accroupit, comme les yégéreks, même quand ils sont entre eux, ont l'habitude de le faire. Ses compagnons l'appelèrent et il courut à nouveau pour les rejoindre, zigzaguant dans l'ombre, autour des buissons, comme une chauve-souris.

Le lendemain des funérailles, tandis qu'ils prenaient position à leur kaïo, les hommes du village de Kibitsilimo poussèrent de grands cris dans la direction de l'ennemi. Ils criaient le nom du mort, le faisant suivre d'une onomatopée sonore pour qu'il porte plus loin. « *Ékitamalek, a-oo.* » Les Wittaïa répondirent à la clameur, en faisant circuler la nouvelle de village en village, et tout au long de la vallée roulaient les appels : « *Hou-a, hou-a, hou-a-oo.* »

Le fantôme du mort, en entendant ces rumeurs, ne manquerait pas de s'installer en territoire wittaïa pour y poursuivre une action vengeresse. Puis, quand une saison aurait passé, il reviendrait à son village. Il demeurerait près de la gourde d'Ékitamalek, dernier souvenir du mort, que l'on entoure d'un tissu végétal, doué d'un pouvoir magique.

Dans le but de fixer au fantôme un lieu de résidence, on sacrifierait un porc, dont une part serait remise au jeune frère du mort. Celui-ci devrait porter la part et la gourde en un point situé à proximité de la frontière. Avant de revenir, il mangerait la viande et enfouirait la gourde sous un arbre. Désormais le fantôme ne voudrait plus quitter la gourde et demeurerait en ce lieu pour toujours.

Les Wittaïa s'attendaient à l'arrivée du fantôme ; mais chez eux la joie était plus forte que la crainte, et pendant tout le jour ils poursuivirent leurs clameurs. Dans l'après-midi, on vit apparaître sur les pentes du Waraba, bien en vue des Kourélou, plusieurs centaines de guerriers. Ils descendaient en deux groupes, dansant et frappant le sol du pied, criant et brandissant les lances. A l'avant-garde, de jeunes guerriers, brandissant des bâtons ornés de panaches de plumes blanches, bondissaient et batifolaient, comme des essaims de papillons dans le lointain. Bientôt, les Wittaïa atteignirent le bas de la colline et se répandirent sur le Tokolik, reprenant à nouveau leurs danses. Sur une hauteur, située sur leur territoire, un grand feu avait été allumé et ils s'y rallièrent, puis, tout autour, ils se mirent encore à danser.

La célébration officielle d'une victoire, qu'ils appellent l'*étaï*, commencerait le lendemain.

Le crâne d'Ékitamalek et plusieurs ossements n'avaient pas été consumés par le feu. Ils demeuraient sur le sol de la cour, où parents et amis, arrivés tardivement de villages lointains, venaient devant eux exprimer leur douleur. Le lendemain, les ossements furent rassemblés et portés hors du village. Ils furent alors enterrés et, autour de l'emplacement, une palissade fut construite, destinée à écarter les porcs, les chiens et les rats. Il fut également procédé ce même jour à une mutilation rituelle. Des hommes, parfois, se tranchent des doigts de la main en témoignage de douleur mais, d'une façon générale, ce sont des petites filles qui sont choisies pour une cérémonie de cette espèce, et il est fort rare que l'on trouve dans la vallée des femmes dont la main gauche soit demeurée intacte. Ce jour-là, ce furent les deux petites sœurs d'Ékitamalek qui durent subir une mutilation : on leur trancha deux phalanges, à l'auriculaire et à l'annulaire de la main gauche, en témoignage de deuil.

Yéké Asouk, Hanoumoak et leurs amis, Asoukwan d'Homaklep et Walimo d'Houlibara, sont de jeunes guerriers des villages du Sud qui, par une agitation et des déplacements continuels, s'efforcent surtout d'éviter de travailler. Ils ont des attitudes volontiers irrévérencieuses et inconvenantes bien que Yéké Asouk soit le seul des quatre à parler sur un ton bruyant. Yéké Asouk, qui a été marié plusieurs fois et chaque fois pour fort peu de temps, est plus âgé que les autres et il a les prérogatives du chef. C'est un guerrier puissant et courtaud, aux jambes arquées, dont on distingue de très loin la voix aux intonations comiques et rauques. Les trois autres sont des garçons malicieux, mais Yéké Asouk est un rouspéteur-né.

Walimo, Asoukwan et Hanoumoak sont tous trois de beaux garçons. Asoukwan possède une épaisse tignasse et son visage est coupé par une large bande charbonneuse ; Walimo a des attitudes alanguies et pleines de mollesse, avec des yeux de faune et de brusques sourires enfantins ; comme l'épervier, Hanoumoak sait prendre des airs dédaigneux. Au combat, Asoukwan s'efforce de ne pas prendre de risques et de se tenir à la limite du danger, et Walimo attaque par foucades, d'une façon désordonnée, mais Hanoumoak, avec ses airs désinvoltes, est un des plus redoutables guerriers de la tribu.

Hanoumoak est d'humeur changeante, passant incontinent d'un élan passionné à une attitude d'ennui dédaigneux. Ses traits, sans cesse en mouvement, miment l'amour, la terreur, l'incompréhension, la douleur ; mais les yeux demeurent froids et brillants. Il jouera différents rôles avec une exagération comique, et il sait être vraiment très drôle lorsqu'il contrefait des sentiments que d'autres peuvent prendre au sérieux ; il n'y a que ses accès de maussaderie qui ne semblent pas affectés. Il demeure alors silencieux, les yeux perdus dans le vague ; mais, l'instant d'après, les traits de son visage se crispent, comme tourmentés par une crise nerveuse, et il éclate soudain d'un rire contagieux. Les autres Akouni, riant à leur tour, le regardent avec surprise, n'étant jamais tout à fait sûrs que ce rire ne va pas brusquement cesser et faire place à un regard méprisant.

Le lendemain de la cérémonie funéraire, non loin de la source de l'Homouak, dans un emplacement où il est fréquent qu'on allume du feu, Yéké Asouk feignit d'être terrorisé par le fantôme du mort. « *An naï-OUK* », cria-t-il en se mordant le dos de la main. « J'ai peur. » Il y eut des rires autour de lui, mais Hanoumoak se mit aussitôt à mimer le mort, installé sur son siège, puis aussitôt après, l'apparence de son fantôme. Se serrant le visage à deux mains, il fit pointer ses oreilles avec les pouces. Les deux auriculaires élargissaient les narines ; les paupières plissées sur le regard mort, la langue sortant de la bouche et serrée entre les dents et la tête ballante en arrière comme celle d'un homme égorgé. Dans cette posture il avança à petits pas chancelants, à l'aveuglette, et comme malgré eux, les Akouni, pris de peur, fuyaient devant lui. Les hommes fronçaient nerveusement le front, en pointant le doigt vers la silhouette déformée qui avait été celle d'Hanoumoak, comme s'ils voulaient s'assurer qu'ils n'étaient pas l'objet d'une hallucination. Les uns tapotaient, comme malgré eux, leurs narines de l'extrémité de leurs doigts apeurés. Les regards pleins d'effroi de Toukoum, le petit gardien de porcs, allaient d'un visage à l'autre, et d'autres garçons plus âgés riaient avec des intonations d'épouvante.

Aussi promptement qu'il l'avait commencée, Hanoumoak, frère cadet de Yoroïck et oncle du mort, renonça à sa comédie, et il regarda l'assistance, sans sourire, surpris de la crédulité de tous.

Weaklekek était venu depuis Homaklep pour rendre hommage à Ékitamalek. Mais Weaklekek ne se sentait pas très à l'aise à Kibitsilimo, et dans l'après-midi il avait quitté le sili pour s'en retourner seul à travers champs. Comme tous les autres hommes, il s'était rendu sans armes à la cérémonie funéraire.

Weaklekek avait l'intention de se rendre à son kaïo, situé sur une hauteur toute proche de la rivière Aïké. Mais avant d'atteindre son but, il changea d'idée et décida de faire un détour et de passer par Homouak. Cette décision en fait lui sauva sans doute la vie. Voici à peu près ce qui, ce jour-là, s'était produit, comme il put s'en rendre compte le lendemain, en observant des empreintes de pas.

Un groupe de Wittaïa, en observation sur les hauteurs du Waraba, s'était aperçu que le kaïo était abandonné, et une bande profita de l'occasion pour tenter une incursion en territoire kourélou. Différentes des combats guerriers, avec leurs actions d'éclat et leurs fanfaronnades, ces incursions n'ont d'autre but que le meurtre à la faveur de la surprise : petit groupe ou personne isolée et sans méfiance, homme, femme ou enfant sont alors supprimés sans distinction ; et la bande chantera victoire pour avoir réussi à tuer à coups de lance une fillette ou une vieille femme. Les kaïos ont pour but d'éviter et de prévenir de telles attaques ; car les femmes qui travaillent aux champs seraient aisément surprises et sans défense si elles n'étaient pas protégées par ces tours de guet et par les hommes en armes qui demeurent pendant toute la journée sous le hangar de chaume.

Mais ce jour-là les femmes étaient allées à la cérémonie funéraire et le kaïo de Pouakaloba était abandonné. Les Wittaïa descendirent des crêtes et franchirent la rivière Aïké, en amont du kaïo, en un lieu où le courant passe sous une arche de rochers. Ils descendirent dans le sens du courant, pour atteindre le sentier qui descend du village à la rivière, et ils s'embusquèrent là, dans les taillis et les bambous. Ils ne pouvaient guère s'avancer plus loin par crainte d'être surpris et encerclés. Il arrive très fréquemment que les bandes qui se livrent à ce genre d'incursions tombent dans des embuscades.

Ils attendirent le jour sans voir âme qui vive. Cette zone frontière, proche de la rivière Aïké, est un terrain favorable pour les incursions wittaïa, et les habitants du voisinage qui en sont avertis prennent grand soin de ne pas s'y risquer, particulièrement quand la garde de Pouakaloba n'est pas à son poste. Vers la fin de l'après-midi, faute d'un meilleur objectif, les Wittaïa s'en prirent au poste de garde, privé de défenseurs. Ils brûlèrent le hangar et abattirent la tour de guet. On en retrouva les débris le lendemain matin, emmêlés dans un enchevêtrement de lianes, comme un énorme fagot de branchages oubliés.

Lorsque Weaklekek revint et contempla les ruines de son kaïo, il comprit sans peine que, s'il s'était trouvé là la veille, dans l'après-midi, il se trouverait à présent installé sur le siège de bois, dans la cour de son sili d'Homaklep.

Le kaïo de Pouakaloba, connu sous le nom de kaïo de Weaklekek, est en fait propriété commune de tous les habitants d'Homaklep et de Woupéraïnma, dont il protège les terrains et les femmes. En sa qualité de kaïn de guerre, Weaklekek devait veiller à ce que le kaïo fût reconstruit le plus vite possible.

Ce travail fut entrepris presque immédiatement. Asoukwan, qui habite le pilaï de Weaklekek, descendit au bas du tertre où, à cinquante pas, passe le cours de la rivière Aïké. Il se mit à l'eau, et dans cette nage de côté assez raide que pratiquent les Akouni, une épaule à l'air libre, il traversa en biaisant contre la force du courant. Il savait pouvoir trouver sur la rive opposée, en un certain lieu de la forêt, les longues lianes qui servent à joindre en un même corps les montants de la tour.

Dans un bois, au sud de Pouakaloba, Tégéarek et Asok-méké coupaient de nouveaux montants. Asok-méké, de Woupéraïnma, commande les guerriers du sili voisin de celui d'Ou-moué : Tégéarek, Siba, Touésiké, Tekman Bio. C'est d'Ou-moué lui-même qu'il tient son nom un peu bizarre qui signifie : « L'Homme qui n'est pas de chez nous. » Pour une raison quelconque, Asok-méké s'était abstenu de prendre part à un festin de porc offert par Ou-moué, et celui-ci ne manqua pas d'exprimer son irritation en ces termes : « Celui-là, est *asok-méké* » (Quelqu'un qui n'est pas des nôtres). Depuis ce jour, les relations ne sont pas très cordiales entre les hommes des deux silis. Asok-méké, homme posé et qui n'est plus de la prime jeunesse, est le beau-père de Toukoum. Il arbore toujours, à l'extrémité de son horim, le grand cocon hérissé d'une phalène des bois aux ailes grises.

Les coups assourdis de la hache de pierre résonnaient sur la rive silencieuse comme les cris d'appel d'un oiseau solitaire. Sur le tertre, Siba et Weaklekek creusaient de nouvelles fondations. Assis sous l'abri, le boiteux Aloro se contentait de regarder. Comme ce n'était pas son kaïo, il n'était pas tenu de participer à l'ouvrage.

Les lances, déposées de part et d'autre de l'abri, se détachaient minces et brillantes sur le fond bleu du ciel. Certaines, provenant d'échanges avec les tribus des bords de la rivière Yali, à quatre journées de marche vers l'est, étaient faites d'un bois blanc et léger, mais la plupart avaient été taillées dans le bois rougeâtre et très lourd d'une variété de myrte, le yoli, qui ressemble à l'eucalyptus. Plusieurs de ces lances avaient au moins cinq mètres cinquante de long ; un manchon ornemental était placé au-dessous d'une lame aiguë et lisse ; la hampe s'amincissait en cône, permettant de planter la lance dans le sol.

Dans un des angles de l'abri étaient déposés des arcs et des flèches. Les arcs, taillés dans le bois d'une variété de laurier ou de rhododendron, mesurent à peu près un mètre vingt et sont à peine plus longs que les flèches. La corde n'est pas faite de chanvre, mais d'un solide ruban de jonc aplati ; sa largeur, d'un demi-centimètre environ, ne permet pas l'usage de flèches à encoches, comme ces flèches ne sont pas non plus empennées, la précision dans le tir dont peut faire preuve un Aloro par exemple, n'en paraît que plus extraordinaire.

Les flèches elles-mêmes sont faites de dures et fines tiges de bambou, et il existe plusieurs formes de pointes. Celle qui est le plus fréquemment utilisée au combat est faite d'une éclisse de myrte, sans dentelures, de trente centimètres de long environ. Une bonne partie de cette longueur est engagée dans la tige de bambou et la fixation est assurée par des ligatures de fines lianes rampantes. La pointe d'une autre variété de flèche de combat porte de une à trois rangées d'encoches ; elle reste ainsi fixée dans la chair, qui doit être incisée tout autour quand on veut la retirer. Les encoches faites à proximité de la tige sont parfois retournées en sens inverse, afin d'empêcher la flèche de traverser complètement le bras ou la jambe qu'elle atteint. Dans ces deux types de flèches, la jonction entre la tige et la pointe est amincie, afin que l'arme se brise dans la blessure, et sur ces deux modèles se trouvent fréquemment des anneaux faits d'une fibre tranchante d'une variété d'orchis ; la flèche retirée, les anneaux d'orchis demeurent dans la plaie où ils provoquent une inflammation et de pénibles souffrances.

Il existe encore des flèches de saignée et plusieurs

variétés de flèches de chasse, aux pointes lourdes, portant de deux à cinq encoches coupantes ; elles sont utilisées pour la chasse aux oiseaux ou au gibier de petite taille. Certaines de ces flèches portent des motifs décoratifs, gravés sur la tige de bambou, et leur pointe est parfois rayée de dessins, tracés à l'aide d'une dent de souris. Ces gravures sur flèches sont la seule forme d'art décoratif que l'on peut rencontrer chez les Kourélou.

Revenant de l'autre côté de la rivière, Asoukwan rapportait tout un chargement de longues lianes. Il avait perdu son horim dans le courant, et il allait s'efforcer pendant tout le reste de la journée de tourner le dos à tous. Généralement admiré des femmes, Asoukwan est préoccupé de son apparence physique : privé de son horim, il trouve sa tenue indécente et en éprouve de la gêne.

De grands palis, fraîchement coupés, furent enfoncés dans l'excavation. Les palis furent rattachés de solides nœuds de lianes, placés en hauteur à des intervalles d'un mètre cinquante à peu près, ou à une distance suffisante pour qu'un homme, les pieds posés sur ces ligatures, refasse plus haut le même travail. Au point où les palis commençaient de s'amincir, des piquets plus petits furent engagés entre les troncs, afin que, sur toute sa hauteur, le kaïo conservât un diamètre uniforme. S'élevant lentement le long de la tour, Tégéarek, Weaklekek et Siba, trois gaillards robustes, travaillaient de concert, sans se hâter et sans s'interrompre. Les pieds bien assurés, ils tiraient sur les lianes de toute leur force, et l'on voyait les corps nus se détacher sur la ligne sombre des crêtes, et les muscles des bras et des cuisses que l'effort faisait saillir.

Les ligatures terminées, de courtes planches de bois refendues à la hache de pierre furent tendues à bras levés vers Siba, dont la silhouette sombre, avec sa couronne de plumes vertes de perroquet, se découpait sur le fond brûlant du ciel de midi. Au-dessus de sa tête, un autour descendait, rapprochant ses cercles curieux ; tandis que les rayons du soleil, filtrant entre les ramiges des ailes étendues, rosissaient faiblement le duvet roux de sa gorge.

Avec les planches qu'il attachait horizontalement à un mètre environ au-dessous de la pointe supérieure des palis, Siba construisit une solide plate-forme. Au-dessus de la vallée, de blancs cumulus, emportés par les courants de la haute atmosphère, semblaient s'être immobilisés, tandis que Siba, grimaçant sur sa plate-forme volante, filait rapidement vers le nord.

Aloro, sous l'abri, jouait d'une sorte de petite harpe à bouche. Les Akouni ne connaissent pas d'autre instrument de musique que cette harpe primitive, conçue pour donner soit une note basse, soit une note aiguë. Elle est faite d'une tige de bambou, sectionnée dans sa longueur et grattée à l'aide d'éclats de silex, puis polie avec une herbe fibreuse qui sert de toile d'émeri. Au centre de la fente, fixée à la base et libre à l'autre extrémité, une tigelle de jonc est attachée à un fil de fibre végétale. Des tractions rythmées sur le fil font vibrer la harpe tandis que le joueur utilise sa bouche comme caisse de résonance.

Le boiteux, tout en jouant, contemplait vaguement l'horizon. Les sons ne formaient pas une suite mélodique, mais une sorte de cadence rythmée dans une gamme assez restreinte. Étrange et frêle, la résonance se distinguait à peine des bruits divers de la journée, pareille à l'inquiétante musique profonde d'où se détachent les pensées.

A l'extérieur de l'abri, juste à quelques centimètres d'Aloro, se dressait un arbuste porteur de cougourdes horim ; des pierres avaient été attachées aux calebasses, de façon que ce fruit qui prend normalement la forme d'une goutte d'eau ou d'une larme, s'étire en une sorte de tube allongé, comme l'utilisent les guerriers. Auprès de l'arbuste, un garçon allumait un feu. Il déposa ensuite, au milieu de la flamme, un fagot de tiges d'une graminée aux feuilles épaisses. Lorsqu'elles furent un peu roussies, il les retira et en dispersa les feuilles tout autour du périmètre du kaïo. Ces herbes constituent l'offrande propitiatoire à la grande troupe des esprits amis qui aideront les sentinelles du kaïo à monter leur garde vigilante.

Avec des branchages, Weaklekek façonna alors un petit arc, ainsi que trois flèches, qu'il suspendit entre les palis du kaïo, à cinquante centimètres à peu près au-dessus du sol. Arc et flèches sont un symbole de la défense de l'emplacement, ils sont placés là pour témoigner que tout ennemi qui s'aventure à proximité du kaïo doit être abattu.

Finalement tous ceux qui avaient participé à la reconstruction de la tour se soumirent à un rituel de purification. L'acte de reconstruire est considéré comme wisa, et tant que l'interdit du wisa n'a pas été levé aucun des participants ne doit boire, manger, fumer ou copuler. Près du mât central de l'abri, une paille surmontée d'une touffe de plumes de perroquet rouge avait été fixée dans le sol. Weaklekek saisit la touffe de plumes, et tandis que tous tendaient les mains, il la secoua lentement, à droite et à gauche, à deux centimètres environ des mains qui avaient accompli le travail.

Le cérémonial de construction du kaïo est wisa à cause

de la grande importance qu'ont ces tours végétales dans la vie quotidienne des Akouni. La frontière, en bordure du territoire ennemi, est défendue par les kaïos sur une distance de plusieurs kilomètres. On en compte douze sur la frontière sud, comportant chacun un effectif de quatre à dix guerriers. Sans cesse des guerriers s'y rendent ou en repartent, et le kaïo devient une sorte de pilaï, situé à l'extérieur du village : les hommes s'y rassemblent pour fumer et pour palabrer, pour tresser les ceintures de coquillages et réparer les flèches, tandis qu'aux alentours les femmes travaillent aux champs. Au faîte de la tour de Pouakaloba, un guetteur surveille les rives boisées de la rivière Aïké pour déceler tout mouvement suspect.

Le kaïo de Weaklekek doit couvrir les villages contre toute tentative ennemie empruntant les pistes du Waraba. Il protège en outre un segment de la frontière ouest. Il est particulièrement bien situé, au sommet d'un tertre herbeux qui surplombe non seulement les jardins mais tout le couvert boisé en contrebas, le long de la rivière.

C'est à Pouakaloba que, plusieurs années auparavant, les Kourélou ont remporté une importante victoire. Du haut de la tour, les veilleurs avaient surpris l'approche d'un fort groupe ennemi qui se glissait sous le couvert afin d'attaquer par surprise les hommes de garde inférieurs en nombre. Ils appelèrent à l'aide les hommes du kaïo le plus proche et l'information vola de poste en poste, tandis que les Wittaïa poursuivaient leur manœuvre d'encerclement. Ceux-ci se trouvèrent ainsi pris au piège et ils eurent cinq des leurs tués, avant de parvenir à se dégager.

Sur l'autre rive de l'Aïké s'élèvent les falaises abruptes du Touraba, qui surplombe la bande forestière. A peine deux cents mètres séparent le kaïo du pied de la falaise, croupe inhospitalière de roche calcaire, dentelée et abrupte, aux pentes couvertes d'une végétation rabougrie. Ces hauteurs, impropres à l'implantation d'un habitat, constituent, du fait de leur position, une sorte de barrière naturelle aux confins du territoire de trois peuplades dans cette portion de la vallée : les Kourélou, les Siep et les Wittaïa. De part et d'autre, on s'efforce en général d'éviter ces pentes, favorables au guet comme aux embuscades. En compagnie d'un autre guerrier, Weaklekek s'y était un jour aventuré en reconnaissance, et son compagnon, qui marchait en tête, fut surpris et tué par un groupe ennemi, tandis que lui-même, échappant à grand-peine à ses poursuivants, parvenait à regagner l'autre rive à la nage.

De même que la hauteur qui domine l'Homouak, le Touraba forme une sorte d'éperon secondaire de la chaîne montagneuse, se détachant à mi-distance de la crête, il s'avance bien plus avant sur un terrain inhospitalier qui constitue actuellement une zone frontière. Comme tous ces espaces dangereux, en bordure d'un territoire ennemi, le Touraba porte le nom de « zone de la peur ».

On pouvait voir ce jour-là des femmes wittaïa en train de danser sur une hauteur en direction de l'ouest. En regagnant au matin leur kaïo, les hommes de Kibitsilimo avaient évoqué, dans un chant funèbre, la mort d'Ékitamalek, et les guerriers des kaïos wittaïa avaient poussé une clameur de triomphe. On put voir dans l'après-midi les Wittaïa, vêtus de leurs ornements de guerre, danser et chanter sur les hauteurs du Waraba.

Du haut de leur kaïo reconstruit, sans mot dire, des hommes observaient l'ennemi. Depuis la dernière pleine lune, Ékitamalek était leur première perte, alors que dans cette même période les Wittaïa avaient perdu quatre hommes. Les Kourélou le savaient, car un Siep qui était resté en bons termes avec les deux fractions opposées de sa tribu en avait colporté la nouvelle. Les Wittaïa n'avaient pas encore annoncé les noms de leurs morts, et tant que l'annonce ne serait pas faite, il ne pourrait y avoir d'étaï. Mais tôt ou tard, les noms seraient proclamés et les Kourélou célébreraient leur étaï.

A la fin avril tous les après-midi furent pluvieux, et les chevaliers, que l'on pouvait voir quelques semaines auparavant en si grand nombre sur les souches et les berges boueuses, avaient tous disparu.

Le territoire kourélou est limité au sud par le cours de la rivière Aïké, qui surgit en torrent rapide au flanc des montagnes pour s'enfoncer à nouveau sous la roche, à l'orée de la forêt riveraine. Cinquante mètres plus bas elle débouche et s'évase en une sorte de bassin, déjà aussi large que son cours dans la vallée basse. A moins de quatre cents mètres de là, ses eaux passent en contrebas du kaïo de Pouakaloba, et plus loin, à une distance de quinze cents mètres environ, la rivière disparaît à la vue en territoire wittaïa.

Contrairement aux Wittaïa, dont les villages sont bâtis auprès du lit de la rivière qu'ils traversent sur des passerelles de troncs d'arbres abattus, les Kourélou se risquent rarement près des rives. En cas de besoin, ils passent à la nage, et le seul pont qu'ils avaient établi dans la zone frontière s'est affaissé faute d'entretien. Aucun type de canot n'est utilisé par les indigènes des territoires de la rivière Baliem, et les Kourélou ne se servent même pas de radeaux primitifs comme le font la plupart des autres tribus. Près de la rivière, ils ne se sentent pas en sécurité, et le rivage opposé ne représente pour eux qu'une « zone de la peur ».

La rivière ne peut leur apporter aucune nourriture d'appoint. Sur le cours supérieur de la Baliem et de ses affluents, on ne trouve pas de poisson, même lorsque les cours d'eau s'évasent en lacs : des rapides marquent la fin des plateaux rocheux et les poissons des régions marécageuses du Sud n'ont jamais pu atteindre la zone des montagnes. Le poisson, dans toutes ses variétés, la vallée ne l'a jamais connu, et le seul représentant d'une espèce aquatique que l'on y peut découvrir, plus communément dans les torrents des montagnes, est une écrevisse qui peut atteindre une longueur de dix à douze centimètres. Les jeunes garçons la cherchent en marchant dans l'eau boueuse en tâtant de la pointe du pied.

Parmi les trois types de terrains que connaissent les Akouni : les terres plates qu'ils cultivent, les forêts brumeuses des sommets, et les rives boisées des cours d'eaux, ce dernier leur est moins familier que les précédents. Ils descendent parfois au bord de l'Aïké pour se désaltérer ou pour couper certaines essences de bois, certaines espèces de lianes, mais en toute autre occasion ils prennent soin d'éviter le cours de la rivière. Elle est trop proche du Touraba, et le pont naturel, couvert d'une jungle d'épaisses futaies, et les crevasses de pierre suintante, d'où monte le grondement des eaux souterraines, sont des lieux que hantent les fantômes. Terrain aqueux où prolifèrent les lianes suspendues, des enchevêtrements de tiges qui luttent pour se faire place, des myrmécodias couverts de colonies de fourmis, de gras orchis et des fougères aux teintes délavées. Sous ce couvert, dans les sombres crevasses, des champignons sortent du terreau suintant, les liserons rampent sur les roches, et de minuscules bégonias, blancs et roses, fleurissent secrètement dans une ombre putride. Dans l'air immobile, seuls des vols d'éphémères traversent les résilles de taches lumineuses. Dans les écorces et sous les feuilles, travaillent les insectes des forêts humides, les scarabées aux pinces puissantes, les cigales aux élytres de parchemin, les mille-pattes caparaçonnés et les araignées aux rostres de crabe. Plus profondément enfoncé que les araignées et les autres insectes dans les couches d'humus de la forêt, se meut une variété de ver de terre d'un mètre vingt de long. On ne verra pas, sous l'ombre épaisse, des scinques qui se trouvent communément sur les espaces ensoleillés. Près de l'entrée d'une caverne rocheuse, on peut voir le squelette d'un chien.

La forêt est pleine de bruits divers. Des gobe-mouches vont et viennent avec des froissements d'ailes et des pépiements aigus, ainsi que des troupes de perruches, au plumage rouge, noir et doré, et d'éclatants et minuscules myzomélas. Dans le dais de feuillage qui couvre le cours de la rivière et sur les pentes boisées des hauteurs environnantes, perroquets et perruches foisonnent. Ils se risquent rarement en terrain découvert, et toujours par troupes, qui filent très haut dans le ciel au petit matin. Leurs appels rauques vibrent longuement dans l'air humide, puis ils disparaissent dans les brumes des montagnes qui, chaque matin, courent le long des pentes et que dispersent peu à peu les lueurs voilées du soleil levant.

Toukoum, le gardien de porcs, au visage de lutin et au ventre proéminent, criait à pleine gorge contre ses animaux, tandis que sa mère le réprimandait à l'unisson. Il n'était pas seul sur ce sentier avec son troupeau, des femmes et des fillettes avaient pris le même chemin. Tous se dirigeaient, à travers des terrains broussailleux, du côté des champs proches de la source de l'Homouak.

Toukoum a toujours son horim de travers, sur le côté du ventre ; ses cheveux sont toujours pleins de paille et sa peau couverte de poussière. Il marchait, tenant en main une demi-portion d'hipéri, et de temps à autre il poussait, lui aussi, une sorte de grognement, en enfonçant sa figure ronde dans son repas.

Bien qu'il aille les garder tous les jours, Toukoum ne peut pas souffrir les porcs et, quand il y pense, on voit ses grands yeux se remplir de larmes. Plus particulièrement à ces moments-là, il a l'aspect d'un lutin. Toukoum a près de quatre pieds de haut. Il grandira encore, mais sa forme est déjà bien déterminée. Toukoum n'a vraiment rien d'un porcher, par nature c'est un farfadet. Que peuvent faire les yeux noirs effarouchés, la silhouette fière et fantasque parmi les mouches et les porcs ? Et, mieux que des perspectives ensoleillées, lui conviendraient des sous-bois ombreux et les clairières tapissées de fougères.

Une nuit de mai, qui fut suivie d'un jour sans nuages, Ékapouwé accoucha d'une petite fille, dans son village de montagne de Lokoparek. Cela se passa très simplement, avec la seule assistance d'une vieille femme du village. Ékapouwé se saisit aussitôt du bébé et, dans la matinée, on pouvait la voir, assise dans son ébéaï, fumer ses feuilles de tabac en tirant sur un long tuyau, tout en bavardant avec autant de vivacité et d'entrain que n'importe quel autre jour.

A l'occasion d'une naissance, il est habituellement d'usage que le nami du bébé vienne lui ceindre le front d'une ceinture rituelle de cauris. Mais Lokoparek se trouvait fort loin dans la montagne, et la naissance d'une fille n'est pas considérée comme un événement important ; ainsi — ou pour quelque autre raison, car les Akouni ne sont pas très formalistes et, dans les circonstances mineures, se passent volontiers de cérémonial — cette enfant commença le cours de son existence sans avoir été protégée par une ceinture de coquillages. Elle demeura une ou deux semaines dans l'ombre de l'ébéaï, avant de se trouver installée, pour un temps indéterminé, dans le fond des filets d'Ékapouwé.

Cette fille était la troisième d'Ou-moué, qui n'avait pas encore de fils, mais qui ne s'en montrait pas moins, en cette circonstance, fort anxieux et agité, donnant sans cesse des ordres à contretemps, avec de grands éclats de voix. Ou-moué aime les effets dramatiques, et ce sont les plus bruyants qui lui paraissent les meilleurs. Qu'il se lamente, ou qu'il laisse éclater sa fureur, il a toujours l'air d'être dans son élément.

Ou-moué se mit à crier, en prenant une pose avantageuse, qu'il s'en irait dans la montagne d'où il ne reviendrait jamais — et tous les traits de son visage, rusé et mobile, exprimaient comiquement la douleur. Il jouit pleinement de telles circonstances, tout en faisant apparemment d'héroïques efforts pour refouler ses larmes, accompagnées de sons bizarres que l'on peut prendre aussi bien pour des sanglots que pour des rires. Quand il s'emporte, il crie et tourbillonne, tel un oiseau de paradis, mais il est, à sa façon, plein de gentillesse. On le voit souvent accompagner sa petite Nylaré ; marchant près d'elle, il lui parle en lui tenant la main. Les hommes en général traitent leurs filles avec plus d'égards, et avec cette sorte d'aimable gentillesse que les garçons n'attendent que de leurs namis.

Tout bouffon et grotesque qu'il soit, Ou-moué n'en est pas moins intelligent, le plus intelligent de tous les Akouni sans doute, un chef intrigant et rusé qui, en dépit de ses faiblesses, s'entend parfaitement à conduire les hommes de sa tribu, exigeant et obtenant d'eux une stricte obéissance. Tous reconnaissent l'intelligence d'Ou-moué et son assurance, ainsi que sa mémoire sans défaut en tout ce qui concerne les rites et les liens de parenté, et ils le respectent. Les traits du visage d'Ou-moué sont sans cesse en mouvement ; de temps à autre il paraît sourire à quelque pensée que les gens de sa tribu ne sauront jamais comprendre, et il garde en même temps une sorte de tristesse voilée dont il ne paraît pas lui-même saisir la cause.

L'espace de temps, qui va des lueurs de l'aube à l'apparition des premiers rayons du soleil, porte le nom de « matin des chants d'oiseaux » et se différencie du simple matin qui le suit. Un jour, parmi tous les autres bruits du « matin des chants d'oiseaux », le cri d'un pigeon se fit entendre dans les branches hautes d'un araucaria, et les guerriers, apparemment stimulés et entraînés par cet appel, partirent derechef en guerre. A grands pas, le kaïn de guerre Wéréklowé prit le chemin de la frontière, tandis que, derrière lui, trottait Yéké Asouk, le corps bariolé d'argile rouge. Il fallait un certain temps pour que les armées puissent se rassembler, et pendant les heures qui suivirent, alors que la chaleur se faisait plus forte, le silence retomba sur la prairie ; seul un rouge-gorge égrenait ses notes cristallines. Cette variété d'oiseaux semble toujours mêlée bizarrement à l'atmosphère des combats : ils aiment se poser sur la pointe des lances enfoncées dans le sol, ou au faîte des kaïos et, même aux heures chaudes du jour, on les entend chanter avant que le combat s'engage.

Lentement, les plus anciens guerriers s'avançaient vers le Tokolik. Se tenant par l'épaule, deux anciens aux membres osseux, dissimulés sous les feuillages d'un vert pourpre, observaient les hauteurs du Waraba. Les Wittaïa ne se montraient qu'en petit nombre sur la crête, et déjà il paraissait douteux qu'un véritable combat puisse s'engager.

Une heure passa et la tension se relâchait peu à peu. L'ennemi ne se montrait pas. Les kaïns repartirent à travers champs pour se rassembler autour d'un feu, sous le couvert d'un bosquet d'araucarias et sur une corniche escarpée que domine une pente couverte de fougères. L'emplacement est souvent utilisé pour tenir conseil, car il est situé à mi-distance des deux principaux groupes de villages du Sud, et il domine la source fraîche de l'Homouak. Des lichens moussus, qui pendent des branches des araucarias, sont mis à sécher dans une souche creuse, et servent à allumer les feux ; dans la souche se trouve encore toute une réserve de longues pipes garnies de tabac.

Des guerriers et des yégéreks s'affairaient ; mais Wéréklowé en personne alla ramasser sur la pente des brindilles et du bois mort. Wéréklowé est un homme plein d'énergie, qui veille à ce que l'on agisse toujours avec rapidité, mais il est certain d'autre part que les grands kaïns ne demandent pas à d'autres de faire pour eux ce qu'ils savent parfaitement faire eux-mêmes, qu'il s'agisse d'épouiller la tête d'un enfant ou de s'engager à fond dans un combat.

Les hommes discutaient calmement, à mi-voix, en exposant lentement leur point de vue ; de temps à autre, l'un d'entre eux tendait le bras pour saisir une branche ou un fagot qu'il jetait dans la flamme, la main retrouvant, comme d'instinct, l'emplacement du branchage. La flamme brûlait ainsi régulièrement et les hommes ne cessaient pas leurs palabres. C'est autour de ces feux que l'on se communique les nouvelles, que l'on discute de la guerre ou de la paix, que toutes les décisions sont prises. Le bruit de l'aspiration des fumeurs — une sorte de « *pchtt* » que produit la langue pressée vers le haut du palais pendant l'absorption de la fumée — rythmait la conversation, pleine de déférence et presque réduite à un chuchotement, mais en même temps attentive et tendue.

Le grand Limo, kaïn de guerre du clan aloua, réfléchissait, tout en faisant longuement grincer ses dents. C'est une habitude qu'ont les Akoumi mâles de faire grincer leurs dents dans les intervalles d'une conversation, mais bien peu sont capables de le faire aussi bruyamment et sur un rythme aussi rapide que Limo. Les jeunes guerriers Houonké et Asoukwan y sont également experts ; le bruit qu'ils font peut s'entendre à près de dix mètres de distance. Le bruyant Houonké, aux traits durs, aux regards fuyants, assiste à la réunion des kaïns, en gardant son air insolent et borné ; Houonké n'a jamais tué d'ennemi au combat, mais il a à son actif le meurtre d'une femme Siep-Élortak qui s'était aventurée près de la frontière.

Wéréklowé et Ou-moué étaient les deux principaux interlocuteurs, et à un moment les autres se mirent à tapoter leur horim du bout des doigts, en murmurant des

« *ou-youh* » exclamatifs, et des « *f-whe-oosch* » en interjections atténuées. Ce tapotement sur le horim accompagne les expressions exprimant la crainte ou l'étonnement, et quand un grand nombre d'hommes les partage, on entend un bruit semblable à celui que produirait une troupe de chardonnerets, ramageant parmi les tiges sèches d'un bosquet de bambou. A proximité du cercle de palabres, des hommes et des jeunes gens s'étaient assis en silence ; bien qu'il se trouvât parmi eux plusieurs képous, nul ne songeait à les éloigner. Il est rare que les kaïns fassent étalage de leur pouvoir et cherchent à se distinguer de la masse des Akouni par un ordre de préséance. Sauf lorsqu'il s'agira d'un conseil d'une importance exceptionnelle, un étranger, jeune ou vieux, passant par hasard dans la localité, pourra s'asseoir aux côtés de Wéréklowé, de Nilik, ou de Kourélou lui-même, et l'un des notables n'hésitera pas à rendre de menus services à ceux qui sont d'un rang moins élevé. Les traits caractéristiques des grands kaïns paraissent être la simplicité de manières et la générosité. Parmi les principaux kaïns kourélou, seul Maïtmo, du clan haïman, établi au Nord, sur les rives de l'Élokéra, prend soin de garder ses distances avec ses hommes. Batailleur et de petite taille, sa voix devient stridente quand il s'emporte, et à la différence des autres kaïns, il inspire beaucoup plus la crainte que le respect. Nilik, du clan walilo, est également un homme violent, et Wéréklowé et Polik s'emportent parfois, mais aucun d'eux n'abuse de son pouvoir ; les jeunes kaïns de guerre, Housouk et Weaklekek, de même que Kourélou lui-même, s'expriment presque toujours avec une grande modération. Kourélou n'est jamais las d'écouter et il observe, observe sans cesse, et, avec ses airs paisibles et inoffensifs, il demeure le plus respecté et le plus puissant de tous.

Quelque douze années auparavant, la tribu des Kourélou se trouvait divisée en deux fractions ennemies, habitant de part et d'autre de la rivière Élokéra. En ce temps, le même Kourélou ou Kout-ilou, « Le sage héron argenté », régnait déjà sur le territoire du Nord. Ce nom, qui devait être celui que porterait l'alliance qu'il parvint à réaliser, évoquait à la fois ses qualités spirituelles et la teinte très légèrement colorée de sa peau. En ce temps, les Kourélou du Sud étaient alliés aux Wittaïa ; d'anciens réseaux de fossés d'irrigation envahis par l'herbe, et les bananeraies des villages abandonnés, repris par la forêt sauvage, évoquent encore le souvenir de ce temps où cette limite du Waraba, avant de devenir la « zone de la peur », était couverte de paisibles jardins.

Ainsi, dans les territoires du nord de la vallée, les alliances sont menacées et passagères, et, d'une saison à l'autre, le groupe ami peut devenir l'ennemi ; d'un jour à l'autre, un enfant que toute une population considère et protège comme l'un des siens peut devenir l'ennemi, qui sera détruit sur place avant même qu'il ait grandi et se soit rendu compte que quelque chose avait changé. Malgré le mélange des clans dans les villages, tant au nord qu'au sud de la rivière Élokéra, des sentiments d'hostilité persistent d'un groupe à l'autre, et des hommes, qui fuient la colère ou l'inimitié de leurs proches, trouvent aisément asile dans l'autre camp. Weaklekek et le guerrier au regard impassible, Apéoré, font partie de ces gens du Nord, venus chercher refuge dans ce Sud, où se trouvent en plus grand nombre des hommes de leurs clans, Wilil ou Aloua.

Une querelle domestique, que redoutent les grands

kaïns et qui pourrait éclater à tout moment, affaiblirait leur alliance, en face des Wittaïa, et provoquerait en outre une guerre civile impitoyable, qu'attiseraient les vieilles rancunes. Les kaïns de guerre du clan haïman, Maïtmo et Amoli, toujours prêts à prendre la mouche, pourraient plus particulièrement provoquer ce genre de perturbations.

Le kaïn haïman, Amoli, dont le village d'Houlaïnmo est situé sur l'autre bord de la rivière Élokéra, a la réputation, tout comme Weaklekek, d'être un *hounouk palin*, un homme qui, au combat, fait preuve parfois d'une témérité folle et qui serait capable de tuer l'un de ses proches dans un moment de colère. Les hounouk palin, peu nombreux, sont bien connus de tous, et l'on a l'habitude avec eux de faire preuve de prudence. Parmi les Kourélou du Sud, outre Weaklekek, Apéoré, Polik, Tégéarek, Limo, Asikanalek et Housouk sont considérés comme des hounouk palin. Asikanalek et Housouk sont l'un et l'autre des hommes calmes et pleins de cordialité qu'il est surprenant de voir rangés dans cette catégorie, alors que n'y figure pas un combattant enragé comme Aloro.

A une exception près, tous ces hommes sont des kaïns de guerre et la plupart sont également chefs de leur village. Tégéarek, bien qu'il soit fort jeune et peu fortuné, partage avec Aloro la charge de diriger les forces des Wilil du Sud, cela du fait qu'Ou-moué ne tient nullement à se réserver lui-même ce rôle.

L'exception, c'est Apéoré, un homme, de bien des façons, singulier. Aloro et Apéoré sont, parmi les meilleurs guerriers wilil, les seuls qui n'habitent pas Woupéraïnma. Aloro réside à Aboulopak, qui fut autrefois le principal village du clan wilil et où se trouve encore le sili de son père, mais Apéoré a quitté son village d'origine pour celui de Lokoparek, situé beaucoup plus haut dans la montagne. Il n'a pas de famille et son unique femme a été enlevée par les Wittaïa. Ou-moué et Ékali vont à Lokoparek pour surveiller les porcs, mais Apéoré y habite. Il est en train de se tailler une propriété sur le versant sud de la pente forestière, et il y travaille jour après jour, sans arrêt, comme un possédé.

Apéoré ne ressemble à personne : le teint jaune comme un Mongol, au-dessus du front fuyant, les cheveux serrés par un filet qui lui tire la peau ; dans un visage glabre comme un crâne, les yeux sans sourcils sont froids et sans expression. La peau d'Apéoré est luisante de graisse, et l'on voit se dessiner au-dessous la forte saillie des muscles.

Il est très rare que l'on voie Apéoré monter la garde à un kaïo, et dans les opérations de guerre il n'apparaît pas fréquemment. Il ne se montre qu'en plein combat. On le voit alors surgir soudain, venant on ne sait d'où, les jambes barbouillées d'argile rouge, avançant seul, calmement, en terrain découvert jusqu'à la ligne d'affrontement. Voici longtemps qu'Apéoré a quitté sa région, et son nom qui signifie « le Mort étranglé » évoque la perte de son meilleur ami qui a été tué par les gens du Nord.

Vers le milieu du jour, les yégéreks, Soupouk et Toukoum, Ouwar et Kabilek, ramassaient du bois mort sur le bord du ruisseau qui passe à Aboulopak. Des voiles de gouttelettes dans l'atmosphère humide étaient dorés de soleil, et les trois milans qui hantent le sommet de la crête échangeaient dans la chaleur des cris injurieux. Près d'Aboulopak, un myrte était couvert de fleurs roses, et les pinsons, au bec bleu et à la tête noire, faisaient un bruit d'essaim dans les hautes futaies de bambous.

Soupouk grimpa dans un chêne touffu pour jeter bas des branches mortes. Dans les débris de branchages qui s'écrasaient au sol, se trouvaient une petite chauve-souris, encore engourdie de sommeil, et toute une couvée de gros œufs blanchâtres de reptile — en tout plus de trois douzaines. Quelques œufs étaient déjà éclos, et les serpents, suivant les branches et le tronc rugueux, se glissaient jusqu'au pied de l'arbre, mais la plupart des œufs étaient encore intacts, et quelques-uns s'étaient ouverts quand la branche avait touché le sol. De minces serpents noirâtres frissonnaient parmi les débris, comme des filaments nerveux brusquement tranchés.

Les reptiles sont relativement rares dans la vallée à cause sans doute du grand nombre de porcs qui fouissent le sol. On y voit cependant de nombreux scinques, couleur de bronze, des grenouilles et une variété de grand lézard forestier, mais ni salamandres, ni crapauds, ni tortues. Les Akoumi, qui sont friands de diverses espèces d'insectes, ainsi que de chair de tous les oiseaux et de tous les mammifères, y compris les rats et les cormorans, ne touchent ni aux reptiles ni aux batraciens.

Les yégéreks, qui redoutent les serpents, prirent garde de ne pas s'approcher de ce tas d'œufs brisés ; mais soigneusement ils enveloppèrent la chauve-souris de feuillage afin de l'emporter, car, en dépit de sa petitesse, il s'agit là d'un mets fort apprécié.

En courant en direction d'Homouak, sur le chemin du retour, Toukoum butta contre une racine et se contusionna le pied. Toukoum ne sait pas bien contrôler ses mouvements, et c'est chose fréquente de le voir mettre le pied sur une abeille ou trébucher sur un obstacle ; quand il veut vous montrer quelque chose qu'il vient de découvrir, il lui arrive, dans son excitation, d'ouvrir la main qu'il faudrait tenir fermée et de laisser s'échapper une grande cigale, ou un beau scarabée au casque tissé de soie rouge, ou un magnifique papillon des tropiques, aux ailes de métal brillant, ou quelque autre étonnante capture qu'il aurait bien voulu garder.

Déçu, Toukoum fait entendre un sourd grognement, ses yeux lancent des éclairs, et il se met à parler avec véhémence, d'un ton haletant. Il est sans cesse rempli d'étonnement et, dans son émoi, ses paroles entrecoupées font comme un bruit de soufflerie.

« *Mel... mel... mel...* », répète-t-il en bégayant. *Mel* est une interjection bouche-trou qui est couramment utilisée par ceux qui veulent se donner le temps de trouver une réponse adéquate. Il est bien rare que Toukoum parvienne à trouver la bonne réponse, et il termine la plupart du temps une longue série de *mel* par un mot qu'il affectionne particulièrement : *wélégat. Wélégat* peut signifier : « vieillerie », ou « au diable tout ça », ou « je ne pouvais pas savoir ».

Dès qu'il eut retrouvé l'usage de son pied douloureux, Toukoum se dirigea vers un pré, cueillit une longue tige d'herbe et, retournant à la racine qui l'avait meurtri, il attacha son herbe autour, en formant une sorte de nœud, destiné à signaler à tout passant l'existence de cette dangereuse racine.

Quelque temps auparavant, les gens du village d'Amoli, situé sur l'autre rive de l'Élokéra, avaient accusé Ou-moué d'avoir dérobé et mangé un de leurs porcs. Chez les Akouni, le rapt des porcs, pratiqué de tous temps, est loin de déshonorer son auteur, mais, s'il est découvert, celui-ci doit offrir une compensation. Ou-moué eut beau protester de son innocence, ses accusateurs demeurèrent incrédules, et comme il lui répugne de recourir à la violence, il leur abandonna un de ses animaux.

Ou-moué prétendit par la suite que le vol avait été commis par des Wittaïa, et un matin de bonne heure, il se mit en route, accompagné de Yéké Asouk et Hanoumoak, pour demander que son porc lui soit rendu. Les gens d'Amoli repoussèrent la demande, mais quelques heures plus tard un porc disparaissait à proximité de leur village, et bientôt, comme c'est souvent le cas, l'identité du responsable ne faisait de doute pour personne. Il s'agissait de Yéké Asouk qui, selon toute probabilité, avait été aidé par son ami Hanoumoak.

Un raid en territoire wittaïa, raid de représailles à la suite de la mort d'Ékitamalek, eut lieu le lendemain de ce rapt. Les guerriers de Woupéraïnma y prirent part, mais comme les gens d'Amoli faisaient également partie de l'expédition, Yéké Asouk et Hanoumoak demeurèrent chez eux.

Le soleil brillait dans le ciel quand une troupe guerrière, conduite par Nilik, kaïn des Walilo, marcha vers l'ouest jusqu'à un bois d'albizzia du pays des Kosi-Aloua. De là, se glissant à travers des fourrés et de basses futaies, ils se dirigèrent vers la pointe nord du Waraba. Quittant le couvert, ils rampèrent au bord d'un petit cours d'eau, dans la dépression qui sépare le Waraba du Siobara. Il y avait là près d'une centaine d'hommes, et notamment Housouk et les siens et des guerriers du clan wilil, commandés par Tégéarek. Siba était parmi eux, accompagné du froid et calme Touésiké et du boiteux Aloro.

Les femmes se mettent parfois à pleurer lorsque les hommes partent pour le combat d'embuscade qui est particulièrement dangereux ; et les hommes chantent alors ce couplet :

Nous partons en embuscade vers les prairies wittaïa,
Mais nous tremblons :
S'ils nous prennent, ils nous tueront.

Les guerriers s'avançaient, dissimulés dans les taillis et les touffes d'ajoncs, traversant les mares, grossies par les pluies d'avril, avec de l'eau jusqu'à la poitrine. Progressant au fond de la dépression, ils n'avaient pas été repérés par le poste de guet wittaïa qui domine la crête du Siobara, et ils demeuraient également hors de vue des sentinelles postées sur les collines herbeuses, plus au sud.

Le matin était calme et le ciel couvert. Les femmes kourélou travaillaient aux champs comme à l'ordinaire, et les guetteurs des kaïos demeuraient à leur poste. Dans les bois d'Homouak, un pigeon poussait son cri plaintif. On voyait ressortir dans le paysage un peu terne les nuages de fumée, la surface plombée des mares et les blanches falaises granitiques des hauteurs du territoire wittaïa. Dans la savane, entre les potagers et la source de l'Homouak, les yégéreks se poursuivaient à grands cris, en brandissant leurs lances d'ajoncs, mais les hommes demeuraient invisibles. En direction de l'ouest, près d'un bois qui avait brûlé quelques jours auparavant dans un brusque éclatement de flammèches orangées, deux hérons argentés, hôtes familiers de la « zone de la peur », se tenaient immobiles, comme de grandes corolles blanches.

Au début de l'après-midi, les Kourélou franchirent les limites du territoire wittaïa. Le gros de leurs forces demeurait dissimulé dans le sous-bois, tandis qu'une trentaine de jeunes guerriers, conduits par Tégéarek, avançaient en rampant. Leur objectif était un kaïo, ainsi que les cultures d'un village situé au sud du Siobara. Le guetteur du kaïo n'aperçut les assaillants que lorsqu'ils furent tout proches. Aucun guerrier ne se trouvait dans l'abri, mais un nommé Houwaï, qui travaillait aux champs, était en train de s'y reposer. Le guetteur dégringola de sa tour et s'enfuit en poussant des cris d'alarme. Houwaï ne fut pas assez prompt : le groupe armé, surgi de la brousse, fonça sur lui. Il fut jeté à terre et percé d'un coup de lance mortel par le fils du chef de guerre Wéréklowé, un fougueux combattant aux cheveux embroussaillés.

Le groupe d'embuscade regagna rapidement le couvert du bois, en escaladant les rochers du Waraba. Le reste de la troupe le rejoignit, tandis que d'autres Kourélou, venant des kaïos, s'avançaient, prêts à combattre.

Les Wittaïa ne tardèrent pas à paraître ; poussant des clameurs furieuses, ils défiaient les Kourélou et les invitaient à combattre dans une prairie située au pied de la pointe sud du Waraba. Bien qu'inférieure en nombre, l'avant-garde des Wittaïa combattait avec fureur ; elle repoussa les Kourélou parmi les rochers ; Kosi-Aloua eut le mollet traversé d'un coup de lance et Touésiké de Woupénaïnma fut atteint au ventre par une flèche qui pénétra à deux centimètres à droite du nombril. Attendant des renforts, les Wittaïa s'installèrent parmi les rochers du Siobara, tandis que les Kourélou prenaient position sur les rampes grises qui descendent en gradins depuis le sommet du Waraba. Les lances des guerriers des deux camps apparaissaient au haut des crêtes, comme de longues épines mouvantes sur l'horizon.

Ramené en arrière sur les robustes épaules de Siba, Touésiké fut déposé sur le sol, derrière une touffe de buissons, sur le versant nord de la hauteur. Il souffrait cruellement et ne tarda pas à perdre conscience. Siba, qui l'avait appuyé contre lui, lui soulevait la tête en le tenant par les cheveux. Touésiké n'avait plus son horim et le sang de sa blessure s'infiltrait dans l'herbe. L'hémorragie n'était pas très abondante car la flèche s'était brisée dans la plaie et la pointe était enfoncée trop profondément pour qu'on puisse la retirer immédiatement. Touésiké haletait péniblement et sa peau brune avait pris un ton grisâtre. Il était dans un demi-coma, et les autres hommes venaient le regarder avec des regards apitoyés et craintifs, comme des enfants regardent un compagnon de jeu qui vient d'être victime d'un accident. Les paupières de Touésiké, dont le nom signifie « Courbette d'oiseau », demeuraient closes.

Les Wittaïa continuaient à se rassembler sur les pentes du Siobara et sur l'espace découvert au pied du Waraba, jusqu'au kaïo près duquel Houwaï venait d'être tué. Un feu d'herbes avait été allumé sur cet emplacement pour faire disparaître les traces de sang. Wéréklowé et d'autres kaïns, postés sur le rocher le plus élevé, observaient, et les cris injurieux des Wittaïa leur arrivaient, confirmant la mort d'Houwaï. Les Kourélou répondirent alors par une grande clameur et se portèrent en masse vers l'ouest de l'arête. Quelques-uns s'avancèrent plus loin, jusqu'à mi-distance des positions de l'ennemi qu'ils provoquaient par des injures et des danses. Les Kourélou cherchaient le combat mais, chose bizarre, c'étaient les Wittaïa qui à présent s'y refusaient. Ils demeuraient silencieusement installés sur des rochers et ne relevaient pas le défi. En face, les Kourélou attendaient, postés sur les tertres du Waraba.

Le Waraba, éperon rocheux en forme de L, ressemble à un vaste jardin de rocaille, avec ses blocs erratiques entourés de fougères et d'orchis, et ses clairières lumineuses où pousse la canne à sucre sauvage. Parmi la libre végétation, on aperçoit encore les vestiges d'anciennes cultures, car, au temps des années de paix, dans l'angle dessiné par les deux branches du L, était installé un village. Se détachent parmi la végétation des frondaisons de bananeraies qu'on dirait couvertes d'un vernis éclatant, qui pâlit en tons argentés à mesure que le soleil baisse sur l'horizon.

Plus loin encore se dessinent les contours assombris des hauteurs que recouvre la dense forêt tropicale, dominés par de noirs contreforts que surplombent des cumulus orageux. Mais la tonalité sombre s'adoucit, avec les teintes plus légères des champs cultivés et le velours vert des étendues marécageuses. L'herbage, qui recouvre des champs anciens, prend sous la lumière des tons dorés, et des rayures se découpent dans le vert foncé de lointains horizons — éclats de blancheur, dispersés çà et là comme des touches neigeuses. A l'aube, certains jours, la vraie neige devient visible, la neige des glaciers raboteux du piton d'Arolik, qui se dresse à une hauteur de quatre mille cinq cents mètres, et se dégage parfois, quelques courts instants, de ses voiles de nuées. Des cercles de fumée blanche montent des feux allumés dans les champs de culture, aussi légers que les bandes de brume qui flottent sur les pentes lointaines. Plus proches, aux flancs du Siobara, ce sont d'éclatantes coulées de sable, les statues d'albâtre des hérons argentés et les nappes colorées des rhododendrons.

Silencieusement les Wittaïa s'étaient dressés et ils s'éloignaient.

A cette vue, des clameurs reprirent, plus violentes. La danse sauvage de l'étaï commença — mêlée tourbillonnante d'hommes bondissants, tantôt frappant les talons contre le sol, tantôt les pieds immobiles, les jarrets pliés, puis brusquement détendus, chaque épaule à son tour levée puis rabaissée, tandis que les bras imitent la détente des reptiles : danse de joie, dans un rythme à la fois satirique et érotique, où s'exprime le plaisir d'avoir tué un ennemi et d'être, pour le reste du jour, libéré de tout danger.

Tous aiment la guerre, mais rares sont ceux qui, comme Aloro et quelques autres, ont le goût du risque. Seul parmi les guerriers qui entouraient Touésiké, Aloro s'était dressé aux premiers cris qui saluaient la retraite des Wittaïa, et il avait pris son arc, comme pour chercher encore un combat qui ne s'engagerait pas ce jour-là.

Levant la forêt de leurs piques, les Kourélou refluèrent à l'arrière du plateau rocheux, avec un sourd piétinement, poussant de grands cris vers le ciel : « *O-o-A-i-i-A-y-y-WOU ! O-o-A-i-iO-o-WAH !* » Et d'autres voix, en écho, rugissaient : « *WOUA, WOUA, WOUA !* » Les bâtons emplumés et les marottes de casoar tourbillonnaient comme des insectes affolés dans la lumière, et les rayons du soleil couchant faisaient étinceler la blancheur des plumes, des coquillages et des défenses de sangliers. Les yégéreks couraient tout autour de cette vague mouvante, mettant le feu aux herbes sèches avec des torches de paille. Çà et là se détachait le rouge éclatant d'un panache de plumes de perroquets ou d'une couronne tressée des fleurs pourpres du gingembre : tourbillon de coloris vifs sur les verts et les gris passés du paysage immuable.

Soudain un cri s'éleva, et Weaklekek et deux de ses hommes se mirent à courir, dévalant la pente du Waraba. Ils traversèrent le marais et se frayèrent un chemin à travers les roseaux en bordure du Tokolik, puis accélérèrent leur course à travers champs en direction de Pouakaloba. Une fois de plus les Wittaïa avaient mis le feu à l'abri qui était en train de flamber. Puis l'ennemi avait dû être pris de panique car le kaïo demeurait debout.

Les guerriers cessèrent à nouveau leurs danses. Les uns se mirent à courir en cercle, tandis que d'autres, hésitants, se balançaient d'un pied sur l'autre, en hurlant à qui mieux mieux : « *Way-o-way-y-YO, lay-o-lay-y-AH !* » dans une assourdissante confusion de cris sauvages. Au centre d'un groupe, resplendissant de la blancheur de ses parures, Ou-moué, immobile, appuyé sur sa lance, observait l'horizon lointain : au milieu de l'enthousiasme et du plus grand tumulte, il savait garder la tête froide.

Quelques femmes, qui venaient des champs, commencèrent une danse lente et provocante, pliant tour à tour les genoux tandis que les épaules tremblent et que les bras frémissent, les paumes tournées vers le haut, tendues dans le geste d'appel.

Une femme de haute taille, une coquille de mikak sautant sur sa gorge, dansait, nettement détachée de tous ; sa forme superbe apparaissait sur une butte herbeuse, entre le groupe des femmes et celui des hommes. C'était l'épouse du fils de Wéréklowé, l'homme qui avait tué Houwaï. Wéréklowé vint danser à ses côtés, mais il s'écarta bientôt, et cette silhouette féminine, comme profondément enracinée dans cette terre, inséparable du paysage, poursuivit une hallucinante ondulation.

Bientôt les guerriers dévalèrent la pente, dépassant les buissons derrière lesquels Touésiké demeurait allongé, ils franchirent les terrains marécageux qui s'étendent entre les hauteurs du Waraba et le Tokolik. Ils se regroupèrent sur le Tokolik et de nouveau se mirent à danser, avant de gagner une prairie qui est réservée à l'étaï et qui porte le nom de Libérek.

Touésiké fut placé sur une civière. Des hommes de son pilaï — Siba, Asok-méké, Tégéarek — le portèrent, aidés par quelques jeunes comme Siloba et Yonokma. Siloba grimaçait de douleur, tout comme le blessé, car quelque temps auparavant, il avait été lui-même blessé par une flèche à l'épaule gauche, et on lui avait fait plusieurs incisions à la poitrine pour laisser écouler la suppuration ; la plaie était guérie, mais les incisions étaient encore infectées et douloureuses.

Les hommes, soulevant de concert le brancard, descendirent vers les terres basses. Touésiké était encore inconscient et on lui avait couvert le visage d'herbe fraîche. Le cortège avança lentement parmi les flaques noirâtres du marais, puis il traversa le Tokolik, retrouvant des terrains familiers. Il disparut à nouveau au milieu de fourrés d'ajoncs, pour reparaître un moment plus tard, tout près du kaïo qui protège la lisière des champs cultivés. Déjà, sur la prairie du Libérek, les danses de joie avaient commencé ; et de tous les villages, au pied des montagnes, s'élevaient sans cesse les chants de triomphe qui se prolongeraient fort avant dans la nuit.

Le lendemain matin, les hommes du village d'Ou-moué firent toilette. Ils procédaient avec soin, en prenant tout leur temps. Yéké Asouk et Hanoumoak, qui sont tous deux célibataires, s'y appliquaient tout particulièrement. L'un et l'autre se piquent d'élégance, et un étaï est d'autre part une occasion de paraître devant les femmes à son avantage, et de préparer ainsi liaisons ou enlèvements. Les femmes vont elles aussi se parer de leur mieux, et tout particulièrement les épouses insatisfaites que la perspective d'être enlevées a de quoi séduire.

Yéké Asouk, qui est encore fort jeune, a déjà eu trois épouses et n'est pas très pressé d'en trouver une quatrième. Les trois premières l'ont quitté, moins parce qu'elles ne tenaient pas à lui que du fait qu'il ne s'occupait guère d'elles et semblait poursuivre encore une existence de célibataire. Hanoumoak, quant à lui, a toujours été trop pauvre pour pouvoir s'offrir une épouse, et il vit au pilaï d'Ou-moué depuis qu'il s'est querellé avec son frère. Il possède cependant un magnifique serre-tête, orné de plumes de paradisier ; les grandes plumes noires s'élèvent à un mètre au-dessus du bandeau frontal, en fibres de pandanus. Il prend grand soin de cette coiffure, et ne manque pas de veiller à ce qu'une partie de son abondante chevelure demeure visible au-dessous des plumes. Il s'applique ensuite, sur le visage et les épaules, de la graisse de porc fraîche, et il fait flamber à la flamme des tampons de paille qu'il ramasse sur le sol du pilaï ; avec le pouce, il mélange les cendres à la couche de graisse, noircissant ainsi un front qui est naturellement de teinte brune, et traçant une raie noire qui coupe le nez et les joues sur une largeur de deux centimètres environ. Hanoumoak est beau garçon, mais ses traits manquent un peu de fermeté, et la bande noire, qui accuse l'éclat dur du regard, lui sied.

Yéké Asouk est loin d'être beau, et son crâne énorme est surmonté d'une extraordinaire touffe de cheveux. Il a longtemps porté une aigrette de plumes de casoar, mais cette parure a cessé de lui plaire, et il la remplace ce jour-là par sept plumes blanches de héron argenté. Tout comme Hanoumoak, il s'enduit le visage de graisse et trace, au travers de ses joues, une barre noire ; mais il traite avec un soin particulier le front proéminent sur son visage de dogue. Il prend un morceau d'argile rouge séchée qu'il frotte contre une pierre, et il mouille la poudre qu'il obtient pour avoir la teinte qu'il désire. Cette couleur ocre, dont il cerne finalement ses yeux, lui donne un air passablement terrifiant.

Yéké Asouk et Hanoumoak ont revêtu l'un et l'autre leur pectoral de coquilles d'escargots ; en outre, Yéké Asouk a fixé dans ses cheveux une dent de verrat. A la ceinture de joncs qui entoure sa taille, il attache une longue feuille de tradescantie qui, derrière le dos, lui remonte entre les fesses ; ainsi accoutré, il sort du pilaï en marchant à quatre pattes.

S'étant munis de leurs lances, Yéké Asouk et Hanoumoak se dirigèrent vers une colline qui domine Aboulopak — la première partie du cérémonial y avait déjà débuté. Le lieu avait été choisi à dessein pour que tous les Wittaï qui n'assistaient pas aux funérailles de Houwaï puissent suivre parfaitement un festival qui célébrait cette mort. De là, au début de l'après-midi, les guerriers gagneraient le Libérek.

Au cours de la matinée, de jeunes garçons et des

femmes s'étaient rassemblés sur le Libérek. Housouk et ses guerriers, passant par les villages des Kosi-Aloua, parvinrent à un kaïo proche de la frontière et se mirent à danser, comme faisaient les autres guerriers sur la colline près d'Aboukoumo. La chaleur du soleil pesait lourdement sur l'atmosphère chargée d'humidité, et un grand busard aux ailes grises tournait paresseusement au-dessus des buissons.

Le soleil arrivait au plus haut de sa course lorsque arriva un long cortège de femmes, conduit par la grande et jeune épouse du fils de Wéréklowé. Superbe fille, avec un étrange regard perdu dans le vague, elle s'était vêtue pour l'étaï comme un jeune guerrier. Elle portait encore le mikak qu'elle avait la veille, lors de sa danse dans le crépuscule du Waraba, mais elle y avait ajouté une parure de plumes noires et rouges d'oiseau de paradis. Au lieu du rigide pectoral masculin, des rangs séparés de coquilles d'escargots ondulaient gracieusement entre ses seins aux premiers mouvements de la danse. Comme si elle cherchait à trouver le rythme, elle tournait lentement sur le sol herbeux du champ de l'étaï, tout en scandant : « *Wé-Ré-A-Ré-Way ! Wé-Ré-A-Ré-WOUAH !* » Une autre femme répondait dans la tonalité pure et perçante du chœur, et d'autres alors, s'avançant, reprenaient ensemble. La plupart des femmes n'avaient d'autre ornement qu'une couche épaisse de terre jaune ou grise sur le corps, mais quelques-unes portaient des couronnes de plumes, ou des pectoraux de coquillages, ou de petits mikaks. Les yeux noirs étincelaient, profonds et hallucinants, dans ces masques d'argile. Guidé par la jeune femme, le groupe compact avançait et reculait, exécutant un tour rapide à la fin de chaque laisse chantée : « *Wé-Ré-A-Ré-WOUAI ! Wé-Ré-A-Ré-WOUAH !* » Le tour s'accomplissait au moment du *WOUAI* ou du *WOUAH*. De temps à autre, elles poussaient un cri aigu et s'élançaient d'un pas lourd, les seins tressautant, puis tournaient en rond, de plus en plus vite, comme si elles cherchaient à échapper à une douleur lancinante. Des fillettes aux jupes de jonc sautillaient désespérément autour de leurs mères jusqu'à tomber d'épuisement un peu à l'écart — petits tas immobiles sur l'herbe de la prairie.

Les femmes s'arrêtaient enfin, reprenant souffle avec des rires, jusqu'à ce que l'une d'elles, d'abord avec une lente douceur, ouvrant et refermant langoureusement les bras, retrouve le chant et la cadence. Les autres suivaient et, d'un bout à l'autre de la prairie, reprenaient le tourbillon de la danse, tandis que les filets flottants découvraient les rondeurs, durement serrées par le cordon des jupes de fibre. A l'un des bouts de la prairie, les vieilles femmes, ouvrant leurs bras desséchés et crispant leurs jambes maigres, dansaient avec la même ardeur. Parmi elles, se trouvait la vieille mère d'Ou-moué, Anéaké, qui poussait des clameurs sauvages.

A l'extrémité ouest de la prairie, les jeunes gens et les vieillards s'étaient groupés sous un abri. Les uns s'épilaient mutuellement la lèvre supérieure, en se servant de petites pinces faites de branchettes d'araucaria ; la plupart des hommes portent une barbe courte, mais la moustache leur paraît très laide et ils ne la laissent pas pousser. Les jambes, les hanches, le pubis, étaient également épilés, afin d'obtenir une peau sombre, uniformément lisse et luisante. Un vieil homme sortit d'un fourré, arborant ce sourire indécis de ceux qui sont presque incapables de voir. Il fut accueilli avec des témoignages d'affection et un jeune guerrier vint s'occuper de sa coiffure. D'autres guerriers s'étaient rassemblés, et beaucoup plus loin, autour du kaïo, les Kosi-Aloua se regroupaient, se préparant à faire leur entrée sur le Libérek.

Les femmes continuaient leurs danses, profitant des derniers instants où elles disposaient seules de l'espace de la prairie. Deux d'entre elles portaient chacune un enfant sur l'épaule, et le front d'un de ces enfants disparaissait sous un serre-tête d'homme, orné de plumes blanches de héron argenté. Sa silhouette se confondait avec celle de la mère, et l'on croyait voir une sorte de géant poursuivi par des créatures de moindre taille.

Wé-a-AY O-o-Aia-OH

Les hommes, venus simultanément de deux directions différentes, arrivèrent vers le milieu de l'après-midi. Se groupant à une extrémité de la prairie, ils s'élancèrent soudain, dans un grand mouvement où ondulaient les panaches de plumes et les lances pointées vers le ciel. Faisant aussitôt demi-tour, ils poussèrent à nouveau une puissante clameur : « *AY-A-WO-AI* », puis, rompant leurs rangs, formèrent en criant un grand cercle. Quelques femmes, accourues des limites de la prairie, cherchaient à se mêler à la masse des hommes. Le groupe tournait, tournait, de plus en plus vite, et avec les hommes, elles luttaient de vitesse, les corps aux teintes soufre perdus dans l'ensemble, et distincts encore pourtant par les formes accusées des seins et des hanches. « *Ay-HOO-ay-HOO* », s'égosillaient les femmes, dont la voix se perdait dans la tumultueuse clameur masculine. De même que leur douleur s'était exprimée plus vivement pendant les funérailles, elles s'abandonnaient plus complètement à l'ivresse de joie de l'étaï, comme si tous les sentiments et les émotions, concentrés en elles au cours de longues journées monotones, se libéraient enfin à ces instants d'abandon.

La mort du fils de Yoroïck avait été vengée, et celui-ci était de ce fait l'invité d'honneur à la fête rituelle. Il ne portait aucun autre ornement qu'une couche de terre jaune dont il s'était abondamment couvert le front et les épaules. Ses longs cheveux de patriarche étaient eux-mêmes d'un blanc jaunâtre, et dominant les autres de sa haute taille, il ressemblait à l'un de ces farouches ermites qui s'en vont vivre nus dans le désert. Il alla s'accroupir devant un feu allumé non loin de l'abri, et, en compagnie d'autres vieillards, commença de se lamenter en rappelant la mort de son fils. Parmi le tumulte des chants de victoire, le murmure de ces plaintes prenait un étrange relief. Devant la lueur pâle d'une flamme invisible, dans la clarté solaire, ces anciens demeuraient assis, courbant leurs échines osseuses.

Yoroïck se dressa soudain, avec un cri rauque. Saisissant sa lance, il s'élança au milieu des danseurs stupéfaits. Les danses cessèrent tandis que s'élevait une sorte de gémissante clameur. Les Kosi-Aloua avaient repris leurs lances pour suivre Yoroïck.

L'attitude du rusé Ou-moué était la cause de ce mouvement d'indignation. Venant de la colline proche du village d'Homaklep, Ou-moué avait rencontré aux abords du Libérek un des hommes qui, quelque temps auparavant, s'était emparé de sa plus jeune épouse. Ou-moué, qui se trouvait en compagnie de quatre de ses meilleurs guerriers, avait vu là une excellente occasion de se venger de cet outrage. Une rixe s'engageait à proximité de la prairie de l'étaï ; mais Yoroïck, qui avait vu, s'élança avant que nul n'ait été blessé.

Yoroïck est un homme paisible par tempérament, si paisible que sa répugnance à prendre part aux combats est connue de tous. Mais pénétré en ce jour de l'importance de son rôle, il était prêt à s'enflammer. Dans ces dispositions d'esprit, il a pris pour une grave offense personnelle l'intempestive et méchante querelle d'Ou-moué. Yoroïck, qui voulait tuer Ou-moué, en fut empêché, autant par l'intervention de ceux qui l'entouraient que par le fait qu'Ou-moué lui-même s'esquiva. Les guerriers, ayant calmé Yoroïck, le ramenèrent à la prairie de l'étaï.

Les guerriers de Woupéraïnma suivirent le mouvement, mais ils ne paraissaient pas très à l'aise et demeuraient un peu à l'écart du cérémonial de célébration. Yéké Asouk, en particulier, évoluait avec une surprenante circonspection, et Tégéarek, avec deux autres guerriers, ne le quittait pas d'un pas.

Plus de cinq cents personnes se trouvaient rassemblées dans leurs atours de gala. Toukoum, le gardien de porcs, arborait un maigre mikak usagé et quelques cordons de coquillages. Les coquilles donnaient un son creux en rebondissant sur son ventre rond, bien garni de patates douces, et cela le faisait rire. D'autres jeunes garçons, le corps bariolé de bandes blanches, brandissaient des arcs et des flèches. Cinq yégéreks s'étaient ceint le front de couronnes tressées de fleurs jaunes de rhododendron.

Le fils de Wéréklowé, qui avait tué le Wittaïa en le perçant de sa lance, ne pouvait se déplacer sans soulever une sorte de murmure attentif et respectueux. Sa chevelure était divisée par plusieurs raies tracées à la craie blanche. Un homme, portant une couronne de fleurs de gingembre rouges, s'était assis près d'un autre qui avait paré ses tempes de deux touffes de plumes rouges, pointant comme des cornes baissées. Limo arborait les longues plumes à rayures d'une espèce de grand épervier ; il s'était assis et observait en silence, et les expressions de son beau visage, qui rappelle celui de Kourélou, allaient de la tendresse jusqu'à la férocité. Nilik se balançait, d'un pied sur l'autre, en regardant les danseurs. Il portait d'épais bracelets de fourrure, bruns et lustrés, et une perruque rouge et noire, faite de petites graines tressées en cordons. En tant qu'instigateur politique du raid victorieux, Nilik tenait particulièrement à ce que sa présence soit remarquée.

Une pluie venant des sommets se mit à tomber, tandis que le ciel se brouillait dans la lumière adoucie du crépuscule. Les plus âgés dans l'assistance commencèrent à s'égailler dans la savane sur le chemin du retour, mais les danseurs, aussi ardemment, continuaient à bondir de toutes parts avec des cris rythmés. Deux filles, près du groupe le plus dense, l'une, le corps teint en rouge vif, l'autre en gris sombre, caracolaient comme de jeunes pouliches. Un peu en arrière, la jeune femme du fils de Wéréklowé, accompagnée d'une autre fille et de deux guerriers, piétinait la prairie, avec une ardeur sans cesse renouvelée. Elle avait dansé tout l'après-midi dans une sorte de ravissement extatique, et elle dansait encore lorsque Yoroïck, craignant peut-être d'être oublié, se mit à proclamer à grands cris qu'il fallait qu'Ou-moué et les siens soient exterminés par les Kosi-Aloua. Hanoumoak qui, tout en étant le frère cadet de Yoroïck, n'entendait pas se dissocier de ses amis, commença, d'un air embarrassé, à se diriger vers le couvert. Mais les Kosi-Aloua n'étant pas d'humeur à suivre l'avis de Yoroïck, les cris peu à peu s'apaisèrent.

Aloro demeurait seul à l'écart, regardant les danseurs.

Il restait la jambe gauche repliée, comme un héron, le corps prenant appui sur la droite, plus valide, et penchant à gauche sur le soutien de la lance, hampe appuyée au sol. Il s'était, lui aussi, paré de plumes d'épervier à rayures, et il avait tracé autour de ses yeux des cercles blancs. Il semblait éviter les regards, honteux de ne pouvoir danser.

Le regard d'Aloro semble retourner à son for intérieur, et sa bouche demeure grande ouverte avec un rictus de fauve. Les yeux toujours fixés sur les danseurs, il tourne lentement la tête, comme un rapace qui observe, cherchant à ne rien perdre du tumulte qui l'entoure. Avec ses cernes blancs autour des yeux, et les dents saillantes dans une immuable grimace, il a l'air d'un fou perdu dans son délire.

Le lendemain de l'étaï, les hommes du pilaï de Touésiké descendirent celui-ci de la pièce dortoir au niveau du dessous. Le pilaï est la propriété d'Asok-méké ; y habitent également Siba, Tégéarek et Tekman Bio, ainsi que le fils d'Asok-méké, le jeune Toukoum. Touésiké fut adossé contre un des piquets du foyer, et des tresses de joncs furent attachées à deux autres piquets, afin de lui soutenir la tête. Il respirait fablement et avec peine et on pouvait penser qu'il allait mourir.

Toukoum se glissa dans la case et s'assit auprès de lui pour lui présenter un morceau d'hipéri. Pendant un long moment, le blessé prit de petites bouchées, mastiquant avec lenteur et s'arrêtant fréquemment du fait qu'il n'avalait qu'avec peine. Il toussait par instants, d'une toux nerveuse et sèche, qui le faisait se tourner, en regardant ceux qui se trouvaient là d'un air de surprise douloureuse.

Le regard demeurait vitreux, et sans pouvoir parler à ceux qui venaient s'asseoir près de lui, Touésiké, le dos réchauffé par les tisons du feu matinal, ne cessait pas de fixer un coin assombri de l'intérieur de la case. Asokméké était en larmes. Il pleurait sur son ami Touésiké, mais il pleurait en même temps de joie parce qu'un autre ami, un Siep-Kosi qu'il n'avait pas vu depuis longtemps, était venu lui rendre visite : on verse habituellement des larmes en semblables occasions.

Dans les montagnes, le tonnerre commença de gronder comme un bruit lointain d'avalanche, et la pluie se mit à tomber. Un vieil homme tissait sans se lasser les ceintures de coquillages qui servent à l'occasion des funérailles, et dans l'obscurité, accoté contre un mur, Aloro tirait de sa harpe de bambou une mélodie d'un autre monde. D'autres hommes assis, quatorze en tout, étaient en train de fumer. Absorbés dans le bien-être et la certitude de leur présence commune, ils regardaient calmement les flaques de boue qui se formaient dans la cour du sili.

Quelques jours plus tard, l'état de Touésiké s'était grandement amélioré, et au début de l'après-midi, il demeurait assis, sans aucune aide, faisant face à l'entrée. Il n'était pas guéri, mais les souffrances avaient cessé. Deux incisions avaient été pratiquées, près de la plaie de pénétration, afin de permettre l'écoulement du sang ; quant à la longue pointe de la flèche, elle se trouvait à présent au-dessus de la tête du blessé, sur une tablette fixée au bâti du foyer, où chaque visiteur pouvait l'admirer. On pouvait y voir également une autre pointe de flèche qui provenait d'une blessure qu'avait reçue Tégéarek à une date plus ancienne.

Touésiké s'était senti beaucoup mieux depuis la capture d'un mulot et d'un rat qui avaient été écorchés.

Aloro s'était chargé de l'opération, tranchant à l'aide d'un couteau de bambou la peau des deux animaux vivants. Si la dernière membrane du derme avait été déchirée, laissant se répandre les intestins, cela eût signifié que la blessure reçue par Touésiké était mortelle ; mais les entrailles des deux animaux étant demeurées intactes, il était alors hors de doute que celles du blessé devaient être en aussi bon état. L'épreuve du rat, pratiquée seulement au cas où quelqu'un se trouve entre la vie et la mort, avait rassuré tout le monde, et il est probable que si la main d'Aloro s'était montrée moins sûre, Touésiké aurait senti disparaître toute sa volonté de survivre. Les deux animaux se trouvaient encore derrière lui, suspendus par le cou au bâti du foyer. Les dents du rat saillaient et sa queue pendait, raide, comme s'il essayait encore de grimper pour ronger son lien d'attache.

Siba, ce matin-là, confectionna un fétiche. Il prit une tige de bambou, d'une longueur d'un mètre environ, à laquelle il fixa des plumes à l'une des extrémités et sur toute la longueur. Touésiké s'était traîné jusqu'à l'extérieur de la case, et l'on agita longuement au-dessus de sa tête la tige de bambou, ainsi qu'un bottillon d'herbe *loukaka* que l'on y avait attaché. Aussitôt après ce traitement, Touésiké fut installé et maintenu debout sur le sentier qui conduit à Woupéraïnma ; les herbes furent roulées dans des feuilles *pavi* et déposées à ses pieds. Le terme pavi signifie à la fois ennemi et ordure, mais le choix d'une feuille de ce nom n'était pas délibéré en ce cas : il n'y avait pas d'autre feuillage à proximité que celui d'un arbre pavi. D'autre part le bottillon d'herbe est presque toujours utilisé comme un moyen d'entrer en relation avec les esprits.

Un homme gravement blessé, atteint dans son intégrité corporelle et spirituelle, se trouve particulièrement exposé aux malfaisantes pratiques des fantômes. Le fétiche déposé aux pieds de Touésiké, face au territoire ennemi, devait montrer au fantôme d'Houwaï que les Kourélou étaient avertis de ses intentions et que toutes les précautions avaient été prises pour les prévenir. Le bottillon d'herbes, pareil à celui que l'on place au pied d'un kaïo nouvellement construit, devait signaler que l'on était sur ses gardes.

Siba était bien certain que cet avertissement suffirait à tenir le fantôme à distance ; et, de ce fait, Touésiké commença de se sentir mieux. Toussant légèrement, il palpait les cataplasmes de feuilles appliqués sur ses blessures. Il était devenu très maigre. Il tendit l'oreille, écoutant, dans le silence de l'après-midi, le bruit que faisait un porc — on aurait dit des coups assourdis plutôt que le grognement d'une bête vivante — tandis que se prolongeait le paisible bourdonnement des mouches, toutes les mouches de l'été, un été qui n'aurait pas de fin.

Dans une bataille entre yégéreks avec leurs petites lances de roseau, Ouwar fut blessé à l'œil droit. Ce genre d'accident est assez fréquent, ce qui explique que les borgnes soient nombreux parmi les Kourélou mâles. Il s'en fallut de bien peu que l'œil d'Ouwar ne soit perdu. Tout en larmes et sérieusement atteint, il retrouva cependant la tige de roseau qui l'avait frappé et la rapporta au pilaï d'Ou-moué. A moins d'être vraiment chanceux, il recevra un jour dans un combat contre les Wittaïa une blessure du même genre ; et la blessure proviendra cette fois de la pointe aiguë d'une flèche de bambou, qu'un autre guerrier ramassera sans doute pour la rapporter au village.

Au village d'Aboukoumo, bâti sur un mamelon, entre Homaklep et la rivière Aïké, se trouve un sili qui fut abandonné à la suite d'un différend survenu entre ses occupants. Le petit jardin du sili a été envahi par les touffes d'amarantes et de marguerites, et sous le poids des toitures de chaume pourries, les cases tombent en ruine et disparaissent peu à peu sous les herbes. Trois frères résidaient autrefois au sili. L'aîné, Yoroïck, quitta le sili pour aller vivre parmi les Kosi-Aloua, à la suite de l'affront que lui avait fait son frère cadet Wéréné en séduisant une de ses femmes. « Wéréné » signifie « Perroquet » et « Yoroïck », « Pigeon ». Or « Pigeon » en avait usé avec « Perroquet » de la même façon que « Perroquet » en usait à son égard : un prêté pour un rendu. On évite généralement en des cas semblables d'avoir recours à la violence, et la réciprocité de l'offense procure le moyen de défense le plus légitime.

Sur quoi, Wéréné ne tarda pas non plus à quitter le sili. Il descendit au bas de la colline pour s'installer à Homaklep, emmenant avec lui son frère plus jeune, Hanoumoak, encore presque un enfant. Quelques années plus tard, Hanoumoak refusa un jour d'obéir à Wéréné qui lui commandait d'aller travailler au jardin. A cause de cette querelle, Hanoumoak quitta le sili de Wéréné pour venir habiter le pilaï d'Ou-moué, à Woupéraïnma.

A côté du sili abandonné, s'en trouve un autre où habitent un képou et son père malade, et Asikanalek est occupé à en remettre en bon état un troisième. Asikanalek, qui aime vivre en solitaire, est un jeune et très courageux kaïn de guerre du clan aloua. Son nom — « l'Arc silencieux », ou plus exactement « Siké-Ané-Lek », « l'Arc ne résonne plus » — fait allusion à la cessation des combats contre les Siep-Kosi. Il a déjà construit un mouveau pilaï où son vieux père pourra terminer paisiblement ses jours, et il a, en ce début de mai, commencé la construction d'un abri-cuisine. Aidé par un voisin, il est en train de creuser le sol dur, une véritable terre à poterie, rouge et durcie par les feux anciens, et il la découpe morceau par morceau à l'aide de son bâton à creuser, tandis que son compagnon émiette ces mottes dures sur le terre-plein de la vieille cour.

Ayant terminé les fondations du nouvel abri, il disposa deux troncs creux de pandanus en longerons parallèles. A l'avant et à l'arrière, ainsi qu'aux deux extrémités de cette structure, quatre parois furent construites. Ces parois étaient faites d'une double épaisseur de lattes de chêne et de hêtre, profondément enfoncées dans le sol. D'autres lattes, disposées au sommet en parallèle, furent engagées entre les précédentes, à grands coups d'une masse de bois, et tout l'ensemble fut solidement attaché avec des câbles de jonc. Afin de serrer les nœuds, Asikanalek, un pied vers le haut de la paroi, se suspendait aux joncs, tirant ainsi de tout son poids.

Deux solides poteaux furent enfoncés, chacun au centre des deux plus petits côtés du rectangle, et une poutre transversale, de la longueur de l'abri, y fut fixée. La charpente du toit, en double pente, fut alors construite, faite de lattes appuyées à la poutre. Une couche intermédiaire de tiges de roseaux fut disposée sur ces planches, avant que le tout soit recouvert de chaume. Aux deux extrémités, entre le sommet du mur et l'angle du toit, des ouvertures avaient été prévues pour l'aération ; et dans cette structure lâche des jours existaient un peu partout qui devaient permettre à la fumée de s'échapper. L'emplacement des foyers était prévu au centre, entre trois poteaux soutenant le toit. L'abri-cuisine sera utilisable à la prochaine lunaison ; et bientôt y régnera cette forte odeur que l'on retrouve à l'intérieur de toutes les habitations de la vallée.

Dans le pilaï, assis devant le feu, le père d'Asikanalek soutenait son vieux corps perclus, en s'accrochant à un câble de jonc, tendu entre deux poteaux. Cet homme, ancien guerrier redouté, comptant trois têtes d'ennemis à son actif, touchait au dernier stade de la décrépitude. La peau flasque révélait l'indécente saillie des os du squelette, et les ongles sans soins grandissaient encore, comme grandissent ceux des cadavres — griffes de corne jaunâtre de plus de deux centimètres de long qui grattaient, entre les pieds, quelques feuilles de lisanika. La couleur de la peau, devenue terne et sans vie, contrastait avec l'éclat lustré des roseaux du plafond, noircis par la fumée. Cette peau était couverte de plaques dartreuses qui peu à peu en obstruaient tous les pores. Les yeux n'étaient plus, dans ce visage, que des fentes humides et sans paupières, privées de tout éclat.

Mais cette forme savait encore entendre et voir, et sourire, et même bouger. Il approcha de ses lèvres une feuille de lisanika, car en la touchant il s'était souvenu du goût du tabac. La feuille de lisanika se mouille de salive avant que l'on y roule un peu de tabac. Les gencives abandonnant la feuille, les ongles jaunâtres firent, en l'égratignant, un bruit de souris. L'intérieur de la bouche était entièrement sec, et le vieillard oublia la feuille dès qu'elle lui eut échappé. Il dut sentir que ses pieds avaient froid, car il déplaça lentement en direction de la flamme le talon osseux de sa jambe droite.

Namiliké, petite-fille d'Asikanalek, entra. Les filles et les femmes ne doivent pas pénétrer dans le pilaï, mais on y tolère parfois la présence de très jeunes enfants de l'un ou l'autre sexe, et Namiliké ne doit pas avoir plus de quatre ans. Elle porte, comme toutes les autres petites filles, une minuscule jupette d'herbe, faite d'un cordon soutenant des tigelles de jonc qui retombent sur l'entre-cuisse, et elle possède son petit filet. Namiliké a de grands yeux et de grands cils, et des lèvres qui ne cessent de sourire. C'est la plus charmante des fillettes kourélou de cette région du Sud. Elle s'assied auprès du grand-père, posant sur le genou desséché une menotte à laquelle il manque deux doigts, et elle ne paraît même pas remarquer sa présence, comme s'il s'agissait d'un objet qui a définitivement trouvé sa place parmi les gerbes de paille noircies de fumée et des feuillages flétris qui pendent des solives sombres, comme des chauves-souris.

Wolouklek a un large sourire béat et des yeux effarouchés, et il est presque toujours absorbé. C'est un solitaire, comme Apéoré, Touésiké et Asikanalek. Mais tandis qu'Apéoré et Asikanalek apprécient la solitude, et que Touésiké s'isole par excès de timidité, Wolouklek demeure isolé parce qu'il ne ressemble à personne et que la solitude fait partie de sa condition. Il n'est pas, comme les trois autres, un guerrier redouté, mais ce n'est pas un képou, en ce sens que le courage ne lui fait nullement défaut. Au combat, Wolouklek se trouve souvent au point le plus dangereux, mais ses initiatives sont irréfléchies et sans but précis, comme si son chemin l'avait conduit par hasard sur la ligne de combat, et que, dans sa surprise, il ait oublié l'existence d'un danger. Mais rien n'est simple avec lui. On dirait que depuis les jours ensoleillés de son enfance, il s'est détourné du monde réel et vit dans un monde de rêve. Il se laisse bercer par lui, sans avoir plus souci de la vie que de la mort.

En ce moment, il se déplace avec lenteur dans la pénombre de la forêt à flanc de montagne, parmi les formes indistinctes. Il se baisse de temps à autre pour voir ou pour prendre, puis il avance un peu plus loin. Il n'a pas d'objectif précis, de destination réelle ; c'est son attitude habituelle, et c'est ce qui fait de lui un être isolé et à part.

Sur le front et la poitrine, Wolouklek ne porte aucun ornement ; mise à part la blancheur de ses larges pupilles, il est aussi noir que la terre nue à l'ombre d'un rocher ; cependant, au cordon qui soutient son horim, il suspend par-derrière une fougère de forme bizarre. A force de se trouver prises sous le poids du corps assis de travers, les feuilles de fougère se sont pliées et collées ensemble, au lieu d'onduler gracieusement comme l'aurait voulu celui qui s'en est paré avant d'avoir oublié leur présence.

Le soleil matinal filtre à travers les feuillages où brillent les fruits rouges du pandanus. Les tiges de bambous géants montent vers la lumière, ou courbent jusqu'au sol leur raideur affaiblie, avant de darder leur pointe, comme une tête de serpent en chasse. Les troncs des bouleaux et des myrtes luisent dans l'épaisseur des taillis, avant de se perdre dans l'énorme dais de verdure. Çà et là, autour du tronc d'un grand arbre abattu, une végétation foisonnante lutte farouchement pour se faire place dans la brèche ensoleillée : des lianes, des fougères rampantes, et les grandes tiges de gingembre sauvage, aux fleurs rouges.

Des essaims d'oiseaux siffleurs s'ébattent dans les fourrés, leur ramage se confondant avec le ruissellement sourd d'un torrent. Wolouklek s'accroupit à nouveau et ramasse pour le manger une variété de champignon à ombelle. Assis sur les talons, Wolouklek se trouve à l'aise, et lorsque d'autres se tiennent debout, il prend souvent cette position, comme si, vues sous cet angle, les choses prenaient pour lui un aspect nouveau.

Il descend la pente, suivant la piste de sable blanc, creusée par le lit du torrent, jusqu'aux prairies de la vallée. En un point où la piste sableuse passe sous un éperon de roche, un indigène, qui s'est abrité d'une averse, a dessiné avec son talon, dans le sable, le cours sinueux de la rivière Baliem. Wolouklek prend plaisir à suivre et observer le dessin, puis, à son tour, il modifie avec son talon le tracé de la rivière Baliem.

Non loin du premier éperon de roches, deux autres se creusent en voûte, sous laquelle le sentier zigzague au fond d'une crevasse. Dans ce sombre passage, rarement visité, mousses et fougères retombent des failles suintantes dans la roche, et un pandanus solitaire, aux branches tordues et rampantes, s'efforce en vain, par la poussée désordonnée de son feuillage, de se frayer un passage vers le soleil. Là, sur une plate-forme étroite, que de courtes stalactites jaunâtres protègent des rejaillissements d'eau, gisent les ossements de deux Wittaïa.

Il y a bien des années que ces ennemis ont été tués et que leurs corps ont pourri. Ont-ils été placés sur l'entablement de la voûte pour que les lentes retombées de pétales et de feuilles mortes à travers la déchirure de soleil ne puissent les ensevelir, et qu'ils demeurent ainsi, à jamais, privés de repos ? Wolouklek ne s'explique pas clairement sur ce point, tout en affirmant que la chair des ennemis n'avait pas été mangée. Les Akouni ne mangent pas leurs semblables, mais ils savent bien que cette pratique est assez courante, plus au sud, parmi des peuplades de la vallée. Quelques mois auparavant, un groupe d'embuscade d'une tribu proche du territoire des Aso-Lokopals avait été encerclé et exterminé par les Hisaro. Plus de vingt hommes périrent, et tous, après avoir été rôtis dans un four creusé dans la roche, ont été dévorés. Les ossements furent emportés dans la forêt et placés dans un emplacement wisa qui, depuis ce temps, passe pour être particulièrement dangereux, du fait du grand nombre de fantômes qui le hantent.

Wolouklek passe sans s'attarder près de la plate-forme où demeuraient les deux squelettes et descend vers la vallée ensoleillée. En passant près d'un rhododendron, il cueille un bourgeon prêt à fleurir. Il en mord l'extrémité et le creuse, puis l'applique contre sa lèvre inférieure, et, en soufflant, il émet un sifflement aigre et perçant.

Wéréklowé observe, du faîte de son kaïo, en plein centre des champs de culture, comme un grand oiseau sur son perchoir. Au-dessus de lui, dans l'abri, ses guerriers réparent les flèches ou tressent des bracelets. Tout comme Kourélou, Wéréklowé se pare très simplement. Alors que les kaïns de rang moins élevé ont toujours des ornements d'une blancheur éclatante, Wéréklowé se contente de colliers plats et sombres faits d'intestins de porc, et d'un bracelet de tresses dorées qu'il fixe à son poignet gauche.

Cette étendue des champs, au nord du kaïo, est à lui, et les femmes qui travaillent, et les hommes, et le kaïo lui-même, tout cela lui appartient — et d'un grand geste, il rassemble tout autour de lui. « *An-méké* » — « C'est à moi », dit-il, en empoignant son horim. Et Wéréklowé sourit de son sourire fascinant et sauvage qui, sans cesse, creuse de rides profondes son visage maigre — un sourire de joie farouche et sans pitié.

Wéréklowé signifie « Celui qui ne travaille pas aux champs », ce qui avait à l'origine un sens dépréciatif, mais Wéréklowé ne s'est jamais soucié de faire mentir cette appellation. A présent qu'il a dix hommes tués de sa main à son actif, nul ne s'aviserait de le faire travailler aux champs. Avec ses sept épouses, ses douze porcs et ses huit beaux enfants, il est le chef du clan aloua et le grand kaïn de guerre de toute la tribu. Un seul homme possède un plus grand nombre d'épouses que Wéréklowé : Kourélou, qui en compte dix.

Sans doute est-il le seul de sa tribu à avoir tué autant d'ennemis. Mais il existe un kaïn hisaro — peuplade du sud de la vallée — qui passe pour avoir plus de cent têtes à son actif. Cas célèbre parmi tous les peuples de la vallée, même parmi ceux qui, comme les Kourélou, n'ont aucun contact avec sa tribu. Il semble incroyable qu'au cours d'une vie ordinaire, quelqu'un puisse tuer cent personnes au combat ou dans des embuscades, mais il s'agit d'un homme peu ordinaire. En période de guerre, il se bat avec frénésie, et il n'hésite pas à faire des incursions solitaires en territoire ennemi, afin d'exterminer tous ceux qu'il pourra surprendre. Un jour, il trouva sur son chemin une femme isolée qui, pensant que l'étranger avait l'intention de la violer, s'allongea sur le sol avec résignation ; les deux corps n'étaient séparés que par la longueur d'une lance, mais l'homme transperça la femme de son arme au lieu de l'étreindre. Une autre fois il s'était introduit dans un sili à un moment où il était sûr de ne trouver que des femmes, des enfants ou des malades. Un jeune malade l'invita à se reposer dans la pièce du dessus en attendant le retour des hommes. Tandis que son hôte le précédait pour lui montrer le chemin dans l'obscurité, l'homme se jeta sur lui et l'étrangla avant de disparaître.

En dépit de la liste glorieuse de morts ennemis qu'un tel personnage a pu mettre à son actif, les Akouni comprennent mal ces excès sanguinaires, dont les gens de sa tribu éprouvent eux-mêmes une certaine gêne. De tels actes sont jugés criminels, et son auteur, au contraire de Wéréklowé, est méprisé autant qu'il est redouté.

Les kaïns du clan aloua comprennent, outre Wéréklowé : Polik, Weaklekek, Limo et Asikanalek, kaïn du village d'Aboukoumo ; le clan aloua est le plus important de ce groupe des Kourélou du Sud.

Le kaïn le plus important, après Wéréklowé, est le chef des Hallouk, Polik. Polik est un homme âgé et de haute taille, pourvu d'une abondante chevelure, dont les tresses, raides comme des cordages, lui retombent sur les épaules. Il porte parfois un superbe couvre-chef de fourrure, et il ne se sépare jamais de sa longue lance blanche de cinq mètres cinquante, terminée par une lame tranchante.

Dans sa jeunesse, Polik s'est comporté parfois de façon bizarre ou brutale. Il lui est arrivé, dit-on, de tuer des gens de son entourage. Il reçut alors, en raison de la crainte qu'il inspirait, le nom de Mokat, qui signifie : Fantôme. Aujourd'hui encore, on l'appelle fréquemment Mokat, avec une nuance de respect : « *Mokat kaïn kokméké* » ou : « Mokat est un grand kaïn ! » Sa dénomination plus récente peut se traduire par : « Celui qui vint à la rescousse. » Elle évoque le souvenir d'un combat assez ancien où il s'était illustré : attaquant l'ennemi à revers, il avait sauvé la vie d'un guerrier qui se trouvait encerclé. Au combat, Polik ne laisse sa place à personne et on l'entend pousser de formidables cris de guerre pour stimuler ou pour avertir les siens.

Polik est fier de sa voix puissante qu'il fait résonner à l'occasion des funérailles aussi bien qu'au combat. Il trouve surtout à chanter un plaisir particulier. Quand il chante, tous ses traits se détendent dans un sourire extasié, et sur un rythme lent, sa tête oscille de droite et de gauche, tandis que les tresses de ses longs cheveux flottent d'une épaule à l'autre. Il chante la guerre et l'embuscade, l'amour, les jardins ; mais parfois les paroles font défaut, le chant n'est plus qu'une mélodie sonore qu'il va lancer du sommet d'un roc, sur une pente ensoleillée :

Yé-wé-o *Ya-wo-o-lo*
Ma-ya-oum
Wé lé-lé-é *Ko-lo-lo*

A la fin du mois de mai, une nuit où la grenouille géante, à gueule jaune et aux yeux rouges, poussait ses sinistres appels au faîte d'un araucaria couronné d'étoiles, un tremblement de terre secoua le sol de la vallée. L'alerte fut brève ; et après deux rapides convulsions, le sol reprit son immobilité et la grenouille géante son chant lugubre.

Les régions volcaniques se situent aux deux extrémités de la grande île, mais il n'existe aucun volcan dans la partie centrale, où les secousses sismiques sont fort rares. Dans ce climat équatorial, sans différences de saisons, où les vents alizés soufflent de façon constante et maintiennent quotidiennement les alternances de soleil et de pluie, la nature semble moins violente qu'indifférente et inaccessible à la pitié. La sécheresse, les grands vents, les pluies torrentielles de la mousson côtière y demeurent presque inconnus ; et c'est pourquoi sans doute les Akouni, qui jouissent de la douceur de ce climat, n'ont nullement l'idée d'attribuer à la malignité de puissances surnaturelles des secousses sismiques ou des tornades qui se produisent très rarement. Les peuplades de ces régions ne sont guère superstitieuses. Pour elles, l'éclair n'est que le sang d'un homme, tué par ses ennemis, et qui jaillit vers le ciel, et le ciel lui-même est conçu comme un territoire où habitent d'autres tribus. Une corde reliait autrefois le ciel à la terre, mais comme les tribus du ciel utilisaient cette corde pour venir leur dérober des femmes et des porcs, les leurs ont tranché cette corde. Asikanalek prétend que c'est Kourélou lui-même qui a tranché la corde ; mais Ou-moué n'est pas de cet avis ; pour lui la corde a été tranchée en des temps très, très anciens.

Cette nuit, quand la terre a tremblé, les hommes du pilaï d'Ou-moué sont descendus de la pièce surélevée où ils dorment et se sont groupés pour fumer. Ils ont parlé avec quelque inquiétude du tremblement de terre, en se demandant ce qui a pu se produire ; mais ils ont regagné bientôt la pièce où ils ont l'habitude de prendre leur repos.

La période de la pleine lune commença vers la fin mai, et en même temps, éclaircie par les vents alizés du sud-est qui soufflent de mai à octobre, l'atmosphère devint plus sèche. Des troupes de hérons bleus ou gris et d'aigrettes argentées apparurent, évoluant au-dessus du territoire de la vallée. Aux bandes de canards au plumage sombre, grossies des jeunes de la couvaison printanière, venait se joindre une variété de canard sauvage des montagnes, de petite taille, au plumage noir et blanc, au bec d'un jaune éclatant. Tous venaient se poser dans l'après-midi pour barboter ensemble dans les fossés et sur les creux d'eau des champs de culture.

Voici un million d'années que les vols de canards des montagnes s'abattent sur ces territoires ; on n'en trouve nulle part ailleurs que sur les hautes terres. Il est probable que l'espèce s'est répandue à la période glaciaire, au temps où la vallée était couverte d'un immense lac d'où émergeaient des roches et des saillants calcaires. Dans la tiédeur des matins, autour des saillants rocheux, cernés par les eaux et les marécages, les canards s'ébattaient librement, loin de toute présence humaine. Mais la barrière calcaire, attaquée par l'érosion, a laissé filtrer l'eau des lacs. Dressé comme une pyramide sur le sol de la vallée, le Siobara fut sans doute un de ces anciens saillants, tandis qu'une des rives d'un grand lac est devenue le terre-plein du Tokolik. Une partie des marécages, qui entourent le Siobara, sur le fond du lac ancien, a été transformée en terre fertile, grâce au réseau des fossés de drainage.

A cette période, qui remonte à quelques millénaires, jusqu'à près de deux mille cent mètres d'altitude, les terres émergées étaient couvertes de forêts de chênes et de châtaigniers, coupées de futaies d'araucarias. Ce sol que couvraient les forêts était un sol fertile, et les hommes qui s'installèrent dans ces régions commencèrent d'y pratiquer les premières coupes. L'introduction de la culture des patates douces ne manqua pas d'accélérer ce processus ; il paraît cependant impossible d'en situer dans le temps l'origine, qui peut remonter à trois siècles, ou tout aussi bien à trois millénaires. La culture de l'hipéri provoqua un important accroissement de la densité de peuplement, ainsi qu'un déboisement intensif. Au cours des siècles, les cultures ont entaillé de larges saignées les pentes forestières, tandis que se développaient également le drainage et l'exploitation des terres basses de la vallée. Ces terrains à culture ont une existence éphémère : dès que récoltes et plantations renouvelées ont épuisé le sol, la parcelle est abandonnée et, en brûlant la végétation, on commence à défricher un nouvel emplacement.

L'appauvrissement des sols est rapide. Les sédimentations alluviales, consécutives à l'érosion des massifs montagneux, forment un composé assez pauvre de calcaire et de sable granitique. Le terrain calcaire, lavé par les pluies, comporte une mince couche de terre arable, qui se dissout peu à peu et laisse en fin de compte un résidu sec de quartz blanc. Depuis longtemps sont apparues, sur les flancs du Siobara et sur les hauteurs lavées de pluie, de grandes coutures sableuses, mettant à nu l'ossature de roche d'un sol anémié.

Ainsi, après un, deux, trois ans au plus, il faut abandonner les terrains de culture à la savane. La savane se compose presque en totalité de ces terres devenues stériles. A l'exception de petits rongeurs, que les indigènes pourchassent pour les sacrifier dans des cérémonies rituelles, on n'y trouve à peu près pas de gibier. Dans l'herbe s'abritent une espèce de petite caille, une sorte de râle à plumes grises, et diverses variétés d'oiseaux chanteurs, comme le rouge-gorge tarier, le roitelet et le tisserand à tête noire. Le petit nombre des espèces d'oiseaux qui font leurs nids dans la savane semble indiquer que les Akouni se sont installés à une époque relativement récente sur le territoire de la Baliem, car c'est à partir de cette arrivée que les régions boisées se sont peu à peu transformées en prairie. Mais les Akouni demeurent incapables de situer dans le temps ce moment de leur histoire ; ils parlent de l'arrivée d'un aïeul, le père de leurs pères, autrefois, il y a longtemps, très longtemps. Les maisons des villages ont pourri, les ossements des morts ont brûlé sur les bûchers, et rien ne reste d'une histoire qui s'est résorbée dans le sol.

En ces jours clairs de la pleine lune, on vit apparaître en contrebas de Woupéraïnma, sur le fond asséché d'un ancien étang, les contours d'une tache sombre : Tégéarek et Wéréné défrichaient là un morceau de jardin. Le travail était rude, car taillis et arbustes étaient solidement implantés ; d'épaisses touffes de racines s'enchevêtraient dans le sol. Sur les tracés d'anciens fossés de drainage, à demi comblés, s'emmêlaient les roseaux et les hautes herbes.

Les deux hommes, qui défrichaient deux parcelles contiguës, travaillaient parfois de concert. Chaque jour, suivant les intrications complexes des obligations et de la parenté, de nouveaux compagnons venaient leur prêter la main. Chaque travailleur utilisait un fort bâton à creuser qu'il enfonçait dans la terre lourde et glaiseuse. L'outil, en attaquant le sol, faisait un bruit sourd, suivi des craquements et raclements des racines arrachées. A voir le monceau de racines et de débris de piquets durcis au feu qui s'amoncelait sur le sol autour des hommes pantelants d'effort et d'essoufflement, on pouvait penser qu'ils peinaient en vain. D'épais taillis tout proches semblaient, au moindre signe de défaillance, prêts à ressaisir la parcelle conquise : des racines rampaient avec lenteur sous les floraisons et la verdure luisante, et, dans les calices fleuris, le soleil mûrissait les semences pour des progressions prochaines.

Wéréné, « le Perroquet », cracha du côté du soleil. Homme simple et rangé, à la mine inquiète, il porte autour du front un bandeau fait d'une espèce de graines bleu pâle, les « larmes de Job ». Bien tourné, comme son frère cadet Hanoumoak, Wéréné a un air morose et sans énergie, comme s'il savait d'avance qu'il n'aura jamais le courage qu'il faudrait pour réaliser ce qu'il ambitionne de faire.

Une jeune Siep-Kosi était venue en visiteuse dans ces villages du Sud, et Weaklekek décida de la prendre comme épouse. On l'envoya donc travailler dans les champs proches de Pouakaloba, où Weaklekek pouvait facilement surveiller ce qu'elle faisait.

Ou-moué, informé de cette arrivée, voulut également s'approprier la fille, et demanda aussitôt qu'on lui fasse savoir qu'il s'agissait d'une *witaa* ou d'une *waïa.* Tous les habitants de la vallée sont classés dans l'un ou l'autre de ces deux groupes, selon l'ordre de descendance patrilinéaire, en vue de légitimer les unions. Si le waïa Weaklekek s'était uni à une femme waïa, on aurait pu les mettre à mort l'un et l'autre et laisser leurs corps pourrir sans sépulture. L'interdit a des origines lointaines, si lointaines que nul ne saurait maintenant les expliquer ; les Akouni ne le rattachent en aucune façon à l'inceste. Lorsque deux clans sont associés, l'un est obligatoirement classé comme waïa et l'autre wita, pour permettre les mariages inter-groupes. Quand deux hommes partagent le même sili, l'un est déclaré waïa, l'autre wita ; car si, par exemple, ils étaient tous deux waïa, chacun se trouverait libre de faire l'amour avec les épouses de l'autre. Les Wilil sont wita, les Haïman waïa ; les Walilo wita, et les Aloua waïa. Weaklekek avait tout de suite déterminé le groupe auquel la fille devait être rattachée : c'est là la première question que l'on pose à un étranger que l'on n'a pas l'intention de supprimer — il s'agissait d'une wita. Le wilil Ou-moué était également wita, et devait de ce fait renoncer à toute prétention. Mais quelques jours plus tard cette question n'avait plus d'objet : la fille en effet s'était enfuie pour revenir chez les Siep-Kosi.

Un groupe de guerriers de la tribu des Asouk-Palek, conduits par un chef du nom de Torobia, tenta un jour une attaque surprise contre les potagers des Kourélou du Sud. Les Asouk-Palek, qui vivaient autrefois dans cette région des environs de Woupéraïnma, en ont été chassés depuis assez longtemps. Un grand nombre d'entre eux furent tués en cette occasion, d'autres eurent les oreilles coupées, et d'autres encore allèrent s'établir en territoire wittaïa. C'est en ce temps qu'ils reçurent le nom d'Asouk-Palek — « Oreilles coupées », et ce nom leur est resté.

Les Asouk-Palek s'approchaient du kaïo lorsqu'ils furent surpris par l'arrivée de trois Kourélou, puis, peu après, par celle de deux autres, venant d'une direction différente. Les Kourélou s'aperçurent aussitôt de leur infériorité numérique, tandis que la bande de Torobia pensa être tombée dans une embuscade. Des deux côtés on prit la fuite. Polik et ses hommes, qui se trouvaient à proximité, se lancèrent à la poursuite des Asouk-Palek.

Ils blessèrent l'un d'entre eux et s'emparèrent de Torobia : tandis que plusieurs hommes le maîtrisaient, d'autres le transpercèrent de leurs lances. Les guerriers n'oublièrent pas de prélever sur le corps des touffes de cheveux. Il est assez rare que l'on parvienne à s'emparer du corps d'un ennemi, et la chevelure est considérée de ce fait comme un précieux fétiche.

La célébration de cette victoire commença à Aboulopak, lieu de résidence de Wéréklowé et de son allié Polik. L'étaï débute toujours à Aboulopak, centre le plus important de la région Sud. L'agglomération, qui comprend l'ancienne place forte du clan wilil, se compose de deux villages mitoyens. A quelques exceptions près, les kaïns importants et les meilleurs guerriers habitent soit à Aboulopak, soit à Woupéraïnma. Parmi ces exceptions, on trouve Weaklekek à Homaklep, Asikanalek à Aboukoumo, et Apéoré à Lokoparek. Les autres villages de la région sont considérés comme képous du fait qu'ils n'abritent aucun kaïn ou guerrier renommé.

Dans les intervalles des clameurs, s'élevait la stridulation aiguë des cigales. Ce chant des cigales se fait entendre à la tombée du crépuscule, à l'instant même où chaque soir les feuilles de fougères se replient. La nuit tomba, et sous le ciel qu'éclairait la lune à son dernier quartier, les clameurs montèrent longtemps après que se fut apaisée la stridulation des insectes. Un hibou apparut au-dessus d'Homouak, ululant tristement dans les intervalles du vacarme, et les vols des grandes chauves-souris, des roussettes aux ailes membraneuses, rasèrent les contours sombres des arbres. Un opossum glapit, et le crapaud volant, ses favoris tombant autour du bec large ouvert, lança son cri lugubre — cet étrange tok-tok, comme un heurt de coquillage sur un tronc d'arbre creux, coupé de sourds coassements. Tantôt s'élevait l'appel des grenouilles vertes grimpeuses, tantôt celui des chiens noirs, étranges animaux, dont le son de voix tient à la fois de l'ululement et de l'aboiement, plaintes surprenantes, non plus d'animaux mais d'esprits captifs, qui montent des formes indistinctes des villages, jusqu'aux masses énormes des montagnes, faiblement éclairées par la lune.

Au petit matin, Polik se rendit à Homouak. Face à l'emplacement du feu, dominant la source, il lança son appel : « *A-OH, A-OH.* » Au nord comme au sud, les villages l'entendirent ; la longue journée de l'étaï, célébrant la mort de Torobia, commençait.

Pourtant, le soleil n'avait pas encore surgi au-dessus de la ligne des sommets, qu'une troupe de guerriers apparut, les traits alourdis encore de sommeil, la lance à la main, se hâtant à travers le sous-bois. L'un d'entre eux lança un appel à Polik, et celui-ci, avec un grognement de fureur, courut se joindre à eux. Les Wittaïa, enragés de prendre leur revanche, s'étaient avancés au-delà du Tokolik et avaient incendié un abri, près d'un kaïo des Kosi-Aloua. Dans les potagers voisins, ils avaient détruit une petite plantation de tiges de tabac et déraciné des pieds de patates douces.

Les guerriers traversèrent les futaies basses, en contrebas de Woupéraïnma et d'Homaklep, franchirent la butte herbeuse d'Anélarok où les femmes de Lokoparek n'iraient pas danser ce jour-là en se rendant au Libérek. Afin de prévenir une attaque provenant du Touraba, ils coururent en direction de la rivière Aïké, et huit d'entre eux furent même détachés en éclaireurs sur les pentes du Touraba, pour y déceler tout mouvement suspect.

Le beau temps de la pleine lune se poursuivait et un ciel bleu, dégagé de nuages, s'étendait au-dessus de la vallée. Du sud-est au sud-ouest se découpait la nette bordure de la crête dentelée. Seuls, vers le nord, les plus hauts sommets se perdaient dans une blancheur brumeuse. De légères charpies de brouillard s'étiraient entre les arbres, comme des toiles d'araignée, détachées au moindre souffle. Chose rare dans les territoires de la vallée, il n'avait pas plu depuis quatre jours, grâce au souffle sec des alizés, venus de la mer invisible, très loin au-delà de la barrière des montagnes. Pour la première fois depuis le début d'avril, le soleil apparaissait, au-dessus des crêtes, dans un ciel dégagé. Colorant de légers flocons de nuages, ses rayons étincelaient sur le plumage roux et la tête blanche d'un milan qui glissait d'un vol rasant, près des potagers de Weaklekek.

Les Wittaïa apparurent sur le Tokolik, et des villages au bas des montagnes, une grande clameur s'éleva. D'autres Wittaïa, rassemblés sur les pentes proches du Waraba, attendaient en silence. Polik, suivi d'autres guerriers, s'avança vers le kaïo principal qui se dresse sur une large plate-forme naturelle, au milieu des champs de culture. Touésiké également se trouvait là. Ces jours derniers, il avait commencé de s'occuper à de menus travaux, et il entendait reprendre sa place parmi les guerriers, mais ses gestes étaient encore mal assurés et il ne faisait pas preuve de la même ardeur qu'auparavant.

Cependant, les quelques Kourélou placés en éclaireurs sur le Touraba s'étaient serrés les uns contre les autres pour mieux se protéger du froid matinal. Ils n'avaient pas allumé de feu pour ne pas dévoiler leur présence. Ils s'attendaient à voir paraître les Wittaïa du côté de leur frontière, et faisant face à l'ouest, ils eurent un sursaut de surprise en voyant un homme surgir sur leurs arrières. Ils avaient cru d'abord qu'il s'agissait de Tekman Bio, mais en entendant la voix de l'homme, ils reconnurent un ancien et redoutable guerrier kourélou qui, quelques années auparavant, avait dû fuir la colère des siens et s'était réfugié chez les Wittaïa. Connaissant de façon parfaite les moindres replis de terrain, l'homme avait réussi à prendre à revers le groupe avancé. Connaissant aussi les hommes qui se trouvaient là, il savait qu'il n'avait pas affaire à forte partie. Il n'avait que deux hommes avec lui, mais dont il était sûr, et il n'hésita pas à se lancer à l'attaque, tout en sommant les Kourélou de quitter le territoire wittaïa au plus vite.

Le groupe des éclaireurs, à l'exception d'Hanoumoak, ne se le fit pas dire deux fois ; pensant que des Wittaïa se trouvaient en nombre derrière les rochers, ils décampèrent sur la pente du Touraba, sans prendre le temps de saisir leurs arcs et leurs lances, si promptement que le gros Woknabin se foula la cheville. Hanoumoak, le seul vrai guerrier de la bande, s'était posté dans les rochers un peu à l'écart et les Wittaïa ne l'avaient pas découvert ; et au lieu de fuir, Hanoumoak demeurait caché, soucieux de ne pas abandonner sa lance. Une bonne lance, gravée avec soin, est un objet de valeur, et une bonne demi-douzaine venaient d'être ainsi perdues. Les Wittaïa, découvrant les arcs et les lances, se mirent à les brandir avec des cris de triomphe. Les éclaireurs cependant avaient donné l'alarme et les échos lointains des falaises retentissaient d'une épouvantable clameur.

Polik, suivi de toute sa troupe, s'élança en direction de la rivière Aïké ; leur course, foulant la prairie, laissait un large sillage grisâtre. Beaucoup plus loin apparaissaient d'autres bandes, conduites par Yéké Asouk et Weaklekek, qui accouraient à la rescousse. Un groupe compact de Wittaïa — une bonne centaine de lances — dévala le long des pentes du Touraba, et d'une rive à l'autre, séparées par les eaux silencieuses de la rivière Aïké, les deux tribus commencèrent d'échanger hurlements et insultes. Hanoumoak, profitant de la confusion, se glissa de blocs en blocs jusqu'au point où les eaux torrentueuses s'enfoncent sous une arche naturelle du sol rocheux.

L'ennemi, enragé de ses récents échecs, réclamait le combat à grands cris. Les Wittaïa avaient perdu, au cours des dernières semaines, Houwaï et Torobia et au moins quatre autres guerriers morts des suites de blessures reçues au combat, cependant que les Kourélou ne perdaient qu'un seul des leurs. L'audacieuse apparition des Wittaïa sur le Tokolik, et à présent sur le Touraba, ainsi que le fâcheux épisode des lances perdues, irritaient les Kourélou, si bien que l'affrontement était devenu inévitable. Les Wittaïa descendaient par longues files sur les pentes du Waraba, et les Kourélou accouraient en nombre vers leur frontière. Les Kosi-Aloua, qui s'étaient rassemblés pour prendre part à l'étaï, portaient les ornements de parade. Ils prenaient position sur le Tokolik, au lieu de se rendre à la prairie de l'étaï. Un important groupe de Wittaïa observait leur approche depuis les pentes du Waraba.

En plusieurs files, les Kourélou s'avançaient avec circonspection sur le terrain marécageux, en se dissimulant dans les roseaux. Se voyant inférieure en nombre, l'avant-garde wittaïa céda du terrain et se replia vers la crête dans l'attente de renforts. Progressant sur la pente, les Kourélou saluèrent cette retraite de grandes clameurs. En quelques minutes, ils s'emparaient de la ligne de crête et repoussaient l'ennemi vers l'extrémité ouest du plateau en forme de L. Au cours de ce bref engagement, Tégéarek fut blessé aux reins par une flèche, et l'un des fils de Maïtmo, kaïn des Haïman, fut également touché.

Sur le Tokolik, Nilik, kaïn des Walilo, rassemblait ses hommes. Nilik, homme de haute taille, aux yeux perçants dans un visage d'oiseau de proie, dispute à Kourélou la suprématie du pouvoir. La querelle présente portait sur la propriété de l'*ap-warek* — littéralement « les cadavres » — autrement dit, le butin provenant du raid d'embuscade et du combat qui avait coûté la vie à Torobia. L'ap-warek, qui devient propriété des grands kaïns, était antérieurement attribué à Kourélou ; mais en cette occasion il a été conservé par Nilik, qui entend le partager avec Yoroïck, son parent, du fait que la première expédition avait été entreprise en représailles de la mort du fils de ce dernier ; et Nilik a également l'intention de s'attribuer les dépouilles de Torobia. Il harangue en ce moment un groupe d'anciens et de kaïns de second rang qui sont en train de fumer, assis sur leurs talons. Nilik a le crâne couvert d'un serre-tête brun, ajusté, ressemblant à une casquette ; il a pour seul ornement une couche d'argile jaune soufre qu'il a répandue sur ses épaules.

Vers le milieu du jour régnait un silence total. Les Wittaïa avaient allumé un grand feu sur le versant ouest du Siobara pour annoncer à leurs alliés qu'une bataille allait se dérouler. Des mouches bourdonnaient paresseusement autour des hommes qui attendaient, groupés auprès des abris, non loin des kaïos de la ligne frontière. Ils auraient préféré pour la plupart les réjouissances de l'étaï, et un petit nombre seulement venait se joindre aux guerriers qui s'étaient emparés de la crête du Waraba. Sous le grand araucaria, en bordure du Tokolik, Asok-méké aiguisait, une par une, la pointe de ses flèches. Asok-méké est trop vieux pour se battre en première ligne, mais il est encore fier de faire partie de la réserve. De temps à autre, un oiseau des prairies lançait son appel — note désenchantée et solitaire, qui venait souligner ce calme insolite. Sous un ciel qui demeurait pur, une sorte d'attente oppressante alourdissait l'atmosphère. Les ailes d'un papillon, posé sur l'épaule d'un vieil homme, s'ouvraient et se refermaient comme pour suivre le rythme de son haleine.

Venant de la rivière Aïké, une troupe, conduite par Weaklekek, traversa le Tokolik et s'avança sur le terrain marécageux. Encouragés à cette vue, les hommes se dressèrent pour la suivre en direction du Waraba ; seuls les plus âgés demeurèrent en arrière. Les Wittaïa occupaient la branche longue du L, les Kourélou le côté le plus court. Le point d'affrontement se trouvait à l'angle de jointure des deux branches ; et le combat s'engagea presque aussitôt.

A cette jonction du L se trouve également le point culminant du plateau, une sorte d'arête broussailleuse, s'élevant à quelque vingt-quatre mètres au-dessus de la surface du marais. L'avant-garde des Kourélou s'y trouvait groupée : Housouk, qui s'était couvert les épaules de terre grise, et Limo et Weaklekek, et avec eux bon nombre de guerriers d'inégale valeur. Le gros des forces kourélou se tenait sur le versant nord, tandis qu'un groupe de pointe, constamment renouvelé, combattait sur la ligne d'affrontement. Cette ligne, à partir d'une dépression herbeuse, dans l'angle du L, en contrebas du tertre, s'élevait jusqu'aux amoncellements de blocs rocheux du sommet de la crête. Le combat était encore plus mimé que réel, en dépit de quelques échanges de flèches. De part et d'autre, les hommes bondissaient, les lances pointées, en feinte d'attaque, puis revenaient en arrière. Les parures des Kourélou étaient moins éclatantes que celles des Wittaïa : l'un de ceux-ci arborait de longues plumes noires et rouges, et des dents blanches de verrats, retroussées de chaque côté du visage ; un autre, une sorte de cape, en plumes de héron argenté qui lui retombaient jusqu'au bas du dos.

Tous faisaient de leur mieux pour se distinguer, mais plus particulièrement les Wittaïa, tandis que les Kourélou, inférieurs en nombre, semblaient être moins agressifs. Les Wittaïa étaient arrivés par centaines, et de fortes concentrations de guerriers avaient pris position sur le plateau, à l'arrière de la ligne d'affrontement, tandis qu'au pied du Siobara se tenait en réserve une compagnie de près de deux cents hommes — carré sombre, hérissé de pointes de lances.

Des Kourélou, groupés sur un monticule, suivaient avec un sourire d'indulgence des démonstrations téméraires du jeune Siloba qui bondissait en avant, puis se retournait pour être bien sûr qu'on admirait son audace. Siloba n'est pas très habile et il est assez fréquent qu'il soit blessé. Un hurlement s'éleva tandis que trois guerriers intrépides bondissaient parmi les rochers pour s'emparer d'une lance Wittaïa. Asikanalek s'en saisit, mais pour se trouver aussitôt aux prises avec au moins huit Wittaïa, en train de descendre la pente escarpée ; mais il ne perdit pas son sang-froid, et se retira pas à pas entre les rochers, tenant ses adversaires en respect jusqu'à ce qu'ils aient perdu l'avantage du nombre. Une acclamation se fit entendre : du haut du tertre, les spectateurs hochaient la tête en riant aux éclats.

Seuls Nilik et Maïtmo paraissaient surexcités : l'un

cherchant à se mettre en vedette pour imposer sa suprématie, l'autre voulant venger la blessure reçue par son fils dans la matinée, ainsi que la perte de trois de ses épouses, tuées récemment par les Wittaïa. Parmi les kaïns, Maïtmo se montrait depuis ce jour le plus enragé de combattre. Mais les guerriers n'étaient guère disposés à écouter leurs sauvages appels, et nombreux déjà étaient ceux qui commençaient à se retirer, marchant à travers les marécages, en direction de la prairie de l'étaï. Seul un petit nombre demeurait sur la ligne frontale, combattant avec acharnement. On voyait parmi eux Woloukiek, ainsi qu'une poignée de jeunes fous, mieux pourvus en bravoure qu'en panaches de plumes, avec de courtes lances mal assurées, ou des volées de flèches sans précision. Siloba, blessé à la jambe, se retirait fièrement en boitant bas, crispant la main sur la pointe d'une flèche que quiconque pouvait voir ; il prenait une attitude faussement modeste et affectée — l'air de dire : « Eh bien ! moi, vous voyez : j'ai fait de mon mieux ! » Wolouklek semblait s'offrir comme cible, avec une témérité inconsciente ; souriant de toutes ses dents, il ramassait les flèches de l'ennemi, comme des noix tombées d'un arbre, et oubliait de les renvoyer. Weaklekek, Apéoré, Hanoumoak et Walimo tenaient solidement sur la ligne d'attaque, tandis qu'Ou-moué, demeuré plus en arrière, brandissait sa lance en poussant des cris menaçants. Walimo, qui avait teint d'argile rouge toute la partie inférieure de son corps, semblait porter un collant. Il fit une extravagante gambade pour éviter un coup de lance qui lui frôla la cuisse ; mais il reprit aussitôt le combat, avec des bondissements frénétiques et superflus, comme s'il se grisait de son audace. Cependant les Wilihiman-Walaloua se refusaient, pour la plupart, à prendre part au combat ; et Maïtmo qui allait sans cesse de l'arrière à l'avant leur criait en vain son mépris.

Au bas de la pente, Aloro, portant une pitoyable couronne de plumes blanches défraîchie, combattait côte à côte avec des Kosi-Aloua. A peine dix jours auparavant, au cours d'un combat sur la frontière nord, il avait eu le bras traversé d'un coup de lance ; mais n'en avançait pas moins hardiment, cherchant à prendre l'ennemi à revers, tirant ses flèches, en appuyant l'arc à sa hanche. Il lui faut une arme pour que ses gestes retrouvent de la grâce, et dans la détente de l'arc son corps acquiert l'équilibre. Tenace comme un chasseur qui poursuit sa chance, Aloro montait et redescendait la pente. Pendant tout l'après-midi, alors que Weaklekek lui-même revenait au tertre prendre quelque repos, il demeura sur la ligne d'engagement. Ses flèches, effleurant la cime des rochers, maintenaient l'ennemi plaqué au sol. Au plus fort du combat, on voit toujours Aloro se mouvoir paisiblement, l'air un peu ensommeillé.

Mais sans se soucier des appels de défi des Wittaïa, les Kourélou ne quittaient pas la pointe nord du Waraba. Vers la fin de l'après-midi, ils commencèrent à célébrer l'étaï, se groupant en cercle en chantant. Quelques-uns d'entre eux se retiraient déjà à travers le marais lorsque les Wittaïa, déçus et hurlant, se lancèrent en avant. Ils étaient supérieurs en nombre, et surtout, plus nombreux étaient parmi eux ceux qui désiraient se battre. En quelques minutes, la ligne de défense fut rompue et ils s'emparèrent du tertre. Surpris par les clameurs furieuses, un myzoméla, égaré sur le champ de bataille, prit de la hauteur, et un rayon du soleil couchant éclaira un instant ce sillage rougi, avant qu'il se perde dans les verdures sombres.

Les Kourélou s'étaient repliés dans les marécages, à l'exception d'un petit groupe de guerriers, conduits par Housouk et par Weaklekek. Une horde de Wittaïa bondissants descendait la pente. Dans la pénombre du crépuscule s'élevait une immense clameur, grossie sans cesse comme un roulement de tonnerre ; et de toutes parts les pentes se couvraient de Wittaïa, parés de plumes et de défenses blanches, qui bondissaient ou rampaient, tandis que des reflets s'accrochaient à la pointe des lances : magnifique et effrayante vision des corps luisants, courbés, croisant leur course, pointant l'arme d'un élan farouche, dans l'étrange clarté de la nuit tombante.

Non moins impressionnants, les Kourélou avaient fait front pour soutenir le choc. On n'entendait plus ni défis ni injures, la bataille farouche faisait rage. Les volées de flèches se croisaient, plus rasantes et plus drues quand les groupes étaient presque au contact. Un Wittaïa et un Kourélou, se heurtant presque, à l'improviste, se dégagèrent en s'escrimant de la lance. De part et d'autre, les guerriers avançaient courbés, pour éviter la blessure au ventre ou à la poitrine qui a de grandes chances d'être mortelle. Ils progressaient sur les pentes, pliés en deux et bondissant soudain, comme des araignées géantes. Parmi ses guerriers, Housouk allait de l'un à l'autre, touchant chaque homme de la main pour le raffermir. Mais déjà des blessés se repliaient. Un homme crispait sa main sur une flèche qui s'était enfoncée dans sa cuisse, et Wakilou de Soulaki s'efforçait d'en soutenir une autre qui l'avait touché, juste au-dessous de l'aine. Wakilou était allongé sur le sol, non loin de la ligne d'affrontement, et tout en cherchant à extraire la flèche, des hommes regardaient autour d'eux avec inquiétude. La flèche extraite, un flot de sang jaillit, et les hommes, soulagés, éclatèrent de rire avant de se replier en hâte. La blessure de Wakilou ne paraissait pas très grave, mais la plaie devait s'infecter et Wakilou mourut deux lunaisons plus tard.

Un homme se repliait après avoir reçu une flèche qui avait traversé le sommet du crâne, près de la tempe, et dont la tige oscillait à l'avant comme un plumet grotesque. Une autre sortait, rigide, de la fesse droite d'un jeune guerrier qui, piteusement, se replia vers l'extrémité de la crête et se pencha à quatre pattes tandis qu'un vieil homme tirait de toutes ses forces pour l'extraire. A chaque tentative, le blessé poussait un grognement sourd, et il eut un pâle sourire de soulagement quand l'opération fut terminée. D'autres blessés encore se repliaient, en boitant bas, et, parmi eux, le bruyant Houonké qui, pour une fois, n'avait pas eu de chance. La cuisse traversée d'un coup de lance, il se hâtait piteusement vers l'arrière, en jetant par-dessus son épaule des coups d'œil inquiets. Walimo était blessé à l'épaule et Hanoumoak avait été touché à la hanche, mais ni l'un ni l'autre n'étaient gravement atteints. On ne comptait encore aucun mort sur le champ de bataille dans les deux camps ; mais un Wittaïa avait eu le corps transpercé d'un coup de lance, et un Kosi-Aloua était grièvement atteint à la poitrine. Siba, arrivé tardivement, n'en fut pas moins touché au sein droit au cours d'un ultime engagement.

Les Kourélou comptaient une quinzaine de blessés et se battaient avec moins d'acharnement. Une dernière attaque des Wittaïa leur permit d'occuper entièrement le sommet du plateau. Tout le long de la crête, les Wittaïa poussaient des cris menaçants, entraînés par deux redoutables guerriers qui, tout le jour, avaient combattu en première ligne. L'un, jeune et agile, souriait calmement, l'autre, qui grimaçait avec fureur, avait des tresses de cheveux, longues comme des cordages, qui lui fouettaient les épaules à chaque bond : les deux silhouettes, avec leurs lances frémissantes, se découpaient sur les fonds teintés des lueurs du soleil couchant.

Tirant de concert une volée de flèches, les Kourélou reprirent une bande de terrain sur le Waraba ; mais la nuit était proche, et déjà les Wittaïa commençaient de chanter victoire avec des bonds triomphants. Les deux camps esquissèrent une brève danse victorieuse : les Kourélou, refoulés, n'en étaient pas moins fiers de s'être aussi bien comportés devant un ennemi supérieur en nombre.

Kourélou en personne se trouvait là. L'air sombre et préoccupé, il s'était assis à l'écart dans l'herbe haute, comme s'il venait d'apprendre à l'instant même que Nilik voulait s'approprier le butin de guerre.

Parmi les guerriers blessés sur le Waraba, Walimo était le seul à se montrer satisfait. En raison de certaines circonstances et contrairement à son habitude, il s'était fait remarquer ce jour-là par sa témérité et par une parure éclatante. Il avait été averti par Housouk que ce pouvait être là un bon moyen de sauver sa vie. Peu de temps auparavant, Walimo avait franchi la rivière Baliem pour aller chez les Houwikiak rendre visite à des hommes de son clan. Les Houwikiak étant alliés aux Wittaïa, ce voyage était on ne peut plus stupide et inopportum. Ne voyageant que de nuit, Walimo rentra cependant sans encombre. Les kaïns prirent fort mal la chose, qualifiant de traîtrise ce genre de rapport avec l'ennemi. Les traîtres sont passibles de la peine de mort, et il n'était pas question de tenir compte du caractère irréfléchi de ce comportement et de la pureté de ses intentions. Wéréklowé et Maïtmo avaient décidé de le mettre à mort, et le coupable ne pouvait être sauvé que par la fuite, ou par une action d'éclat, le rachetant avant qu'il ne soit trop tard.

Les châtiments infligés au nom de la société sont relativement rares chez les Akouni, mais généralement mortels, et fort rudes dans tous les cas. Quelques années auparavant, un homme de la tribu des Mokoko, sur l'autre rive de la Baliem, accusé d'avoir mis le feu aux récoltes, fut châtié par les habitants de son village. L'homme appréciait la chair des mulots et des rats, qu'il capturait en faisant brûler l'herbe qui dissimule l'ouverture de leurs terriers. Ses voisins lui interdirent cette pratique, dangereuse pour les récoltes. Mais le goût et les habitudes prises furent les plus forts chez le délinquant, si bien qu'il se fit surprendre et que ses voisins lui maintinrent le visage au-dessus du feu qu'il venait d'allumer.

Cet homme est bien connu de part et d'autre de la Baliem. Il porte un mikak magnifique et un énorme panache de plumes blanches qui encadre un visage défiguré de façon horrible, où l'on n'aperçoit plus ni nez, ni bouche. Une fente étroite permet d'introduire la nourriture, et laisse passer parfois des sons étouffés, qui semblent venir du fond d'une tombe.

Le lendemain fut célébré l'étaï en l'honneur de la mort de Torobia. Les habitants de Woupéraïnma s'y associèrent sans grand enthousiasme, du fait que la veille trois de leurs meilleurs guerriers avaient été blessé. Au matin, quand il voulut se mouvoir, Hanoumoak esquissa une grimace de douleur : il boiterait pendant quelques jours.

Tégéarek s'était mis placidement à coudre un pectoral de coquillages : même quand une flèche lui a labouré le dos, il n'est pas homme à se laisser prendre au dépourvu. Derrière lui, à l'emplacement même où se trouvait Touésiké deux semaines auparavant, Siba était assis. Il s'en tirerait lui aussi mais, en ce moment, il souffrait terriblement. Tout son torse était entouré de feuilles de taro, si fortement serrées par des lianes qu'il pouvait à peine respirer, et il avait les yeux exorbités ; son horim, qui avait éclaté sous le choc comme un os creux, n'avait pas été remplacé. Tout à coup il bascula sur un côté, étreignant son corps en gémissant. Il se traîna ensuite péniblement vers la paroi sombre et se replia sur le sol, le visage contre le mur. Un second accès de gémissements suivit, exprimant plus de crainte encore que de douleur, tandis que ses camarades se regardaient l'un l'autre avec inquiétude.

La plupart des guerriers portaient encore leurs parure de la veille — même Weaklekek, un des rares pour qui la parure ne compte guère. Il se contente de son modeste pectoral usagé, et on ne le voit guère porter d'autre ornement. Weaklekek fait peu de cas de la richesse ; tout ce qu'il acquiert, il s'en défait aussitôt.

Weaklekek a la dignité et la générosité du véritable chef, et en tant que kaïn de guerre du clan aloua, il n'a pas moins de prestige que Limo ; mais s'il était moins téméraire et plus impitoyable, il aurait de meilleures chances de survivre et de tenir un jour la place d'un des grands chefs ; mais Limo, son émule, survivra sans aucun doute. Le matin du jour de l'étaï, le grand Limo, les regards pleins d'une méprisante énergie, s'était assis dans le pilaï de Weaklekek, où il mangeait l'hipéri avec moins d'entrain et de plaisir que son hôte, mais avec une arrogante certitude que révélait son maintien, la façon dont il fumait sa longue pipe, et aussi son large pectoral de coquillages, le plus grand que l'on puisse voir en pays kourélou. Le visage attire et l'on est surpris par le regard froid et profond.

Près des deux kaïns étaient assis Asoukwan et les autres guerriers du pilaï, parés avec plus de recherche que Weaklekek lui-même. Assis sur ses talons et raclant une patate douce, Weaklekek prenait plaisir à plaisanter avec tous à propos des moindres choses. De temps à autre, il se saisissait d'un horim vert encore, et soufflait à travers la tige creuse d'un air satisfait.

Weaklekek, qu'entraînait Asoukwan, partit pour le tertre d'Anélarok où se déroulait le cérémonial préliminaire de l'étaï. Les hommes s'y étaient rassemblés vers la fin de la matinée et avaient commencé à chanter. Tekman Bio, d'une étrange voix pointue, conduisait le récitatif, et tous reprenaient en chœur. Tekman Bio portait un panache dominé par l'aigrette bleu veiné d'un oiseau de paradis, fixée à une longue plume noire, provenant de la queue d'une autre variété d'oiseau. Il épilait, tout en chantant, le duvet des fesses et des cuisses d'un guerrier couché à plat ventre sur le sol ; un homme, assis de l'autre côté de ce corps, l'aidait dans cette tâche. Les Kourélou, qui considèrent les poils comme inesthétiques, se prêtent mutuellement assistance pour se débarrasser de ceux qui se situent sur les parties du corps d'un accès difficile. L'épilage du dos, comme le peignage de la barbe et l'épouillement réciproque des chevelures, sont des occupations importantes et rituelles. Au matin d'un étaï, Asok-méké est certes le seul à ne pas s'en soucier. Tout son corps, trop velu, demeure couvert de bizarres petites touffes, comme de la bourre de laine noire. Asok-méké chantait avec les autres, émettant une sorte de grognement furieux et prolongé, et l'homme allongé sur le ventre chantait également, les fesses soulevées à intervalles réguliers par l'effort rythmique.

Le chant fut interrompu par les cris aigus des femmes de Woupéraïnma. L'épouse de Tégéarek venait de s'enfuir et se dirigeait vers le territoire de Siep-Kosi. Les autres femmes ne devaient pas avoir beaucoup d'amitié pour elle pour dénoncer ainsi sa fuite.

La piste qu'elle suivait s'enfonce dans la montagne, au-delà d'Homaklep et d'Aboukoumo. Tégéarek se mit en route sans trop de hâte pour lui couper ce chemin. L'ayant ramenée de force à Woupéraïnma, il commença de la battre. Elle poussait de longs cris perçants qui traversaient par intervalles le chant de triomphe de l'étaï ; mais les cris, exprimant surtout la honte et le regret, étaient aussi pour une bonne part des cris rituels.

Nilik était arrivé très tôt sur le Libérek, portant la charge du butin de guerre. Il se composait de sept ou huit superbes lances, quelques arcs avec des flèches, un plumet de casoar, et un petit paquet d'herbe, contenant les touffes de la chevelure de Torobia. Ces « cadavres » furent suspendus à un poteau, enfoncé dans le sol à une extrémité de la prairie ; et au-dessous, à la place d'honneur, devant le feu, Nilik alla s'asseoir. Il portait sa perruque faite de dix mille graines rouges et noires, et au-dessous de la perruque, un panache de plumes de héron argenté. Chaque fois qu'il se dressait pour crier et pour danser, la perruque flottait au vent, et elle lui couvrait parfois le visage, comme une cagoule tressée à travers laquelle luisaient les yeux perçants.

Tout à coup les danses cessèrent, et les hommes de Polik — ceux-là mêmes qui avaient tué Torobia —

s'approchèrent du feu, saisirent les trophées et, s'élançant au centre de la prairie, les présentèrent au bout des bras levés. Une immense clameur s'éleva, et tous les hommes, en rangs serrés, s'élancèrent comme une avalanche : « *O-way-y-O.* »

Polik aussi était présent, sous sa coiffure monumentale. Il souriait avec douceur, de son étrange sourire distrait : mais à la fin de l'après-midi, il interpella Nilik, sur un ton vif et rude, apparemment comme s'il entendait lui disputer les « cadavres ». Nilik lui répondit d'un air courroucé, et finalement il s'approcha du mât, détacha les trophées qu'il déposa entre les mains de deux de ses hommes ; puis, à pleins bras, il arracha le poteau du sol. Les deux hommes s'éloignèrent suivis de Nilik, portant le poteau sur l'épaule, et à grands pas le groupe prit la direction des montagnes.

Ékapouwé, seule au village de Lokoparek, se promenait de long en large dans la cour du sili, et, tout en marchant, elle chantait une berceuse à son bébé endormi, invisible, dans le dernier repli de son filet. Le filet était neuf, tissé dans une trame teintée de rouge et de bleu. Ékapouwé avait envie de marcher, et sa marche berçait le bébé. Elle fumait quand elle était lasse de chanter, se servant d'une longue tige qui, en dépit de ses chevilles épaisses et de ses seins tombants, lui donnait un air d'élégance. Dans le lointain, au pied d'une falaise abrupte, des Kosi-Aloua abattaient des arbres, et le bruit de la hache de pierre résonnait régulièrement à travers l'épaisseur de la forêt.

Bientôt le bruit cessa. L'appel au combat avait retenti vers la frontière nord-ouest et les bûcherons étaient partis. Housouk était venu chercher Wéréklowé ce matin-là et d'autres guerriers les avaient suivis. Oumoué, qui défrichait une nouvelle parcelle dans le bois de pandanus de Lokoparek, n'avait pas répondu à l'appel. Pour rompre le silence, Ékapouwé lança des appels en direction de son mari, mais elle attendit vainement une réponse.

Un après-midi, Akou, qui peut avoir connu huit printemps, parcourait les collines en compagnie de ses amies, Éken d'Homaklep, et Wérekma, la charmante fillette de Lolilouk. On voyait chacune des minces silhouettes d'enfants se pencher pour cueillir un bouquet de fleurs éclatantes, surtout de rhododendrons jaunes, les *nektamouk,* mais aussi le gingembre rouge, *éroaloali,* les corolles plus petites du rhododendron blanc, *wamasi,* au pénétrant parfum d'épices, le burmannia, *lé,* d'une étrange teinte bleu pâle, et deux variétés d'orchidées sauvages, l'une petite, aux floraisons pourpres, l'autre, plus large, aux tons bruns, blancs et bleu lavande.

Les fillettes, les fleurs à la main, allaient et venaient, non loin de la source de l'Homouak, dans l'ombre fraîche des sous-bois. Un peu plus haut, les kaïns de guerre, assemblés autour du feu, face à la pente de fougères, tenaient conseil ; et les enfants demeuraient à l'écart sur la lisière des arbres, les mains tenant les fleurs, croisées sur la jupette de joncs, ne quittant pas des yeux les farouches anciens. On venait d'apprendre qu'une femme ennemie s'était noyée dans la Baliem. Des suicides de ce genre se produisent de temps à autre, mais cette fois on n'en connaissait pas la cause. La mort d'une femme a moins d'importance que celle d'un homme ; cependant c'était là une bonne nouvelle.

Les enfants remontèrent la pente boisée. Ils n'avaient plus souvenir de ce qui les avait poussés à cueillir des fleurs qui ne servaient pas et, se regardant l'un l'autre, ils se mirent à rire à l'étouffée, en mettant leur poing sur la bouche. Puis Akou, Éken et Wérekma éparpillèrent toutes les fleurs qu'elles avaient cueillies, et comme la pluie tomba la nuit suivante, toutes les fleurs éparses étaient encore fraîches le lendemain matin.

Avec la fin de la pleine lune, une pluie lente tombe à nouveau, couvrant de buées grises les horizons de la vallée. Les courants d'air frais des alizés du sud ne soufflent plus depuis le retour des pluies et les tapis jaunes de gardénias ont presque disparu. Sur la rivière Aïké, encombrée de troncs d'arbres morts après la brève période de sécheresse, de jeunes canards se rassemblent par troupes, et les martinets des bois, le temps de la couvaison achevée, volent en petits groupes autour des branches des araucarias.

Weaklekek et son épouse, en quête des feuilles fraîches de lisanika, sont partis dans la montagne et dépassent la limite des chênes forestiers. Les hommes, pour la plupart, travaillent aux champs ; Tégéarek toutefois a passé une partie de sa matinée à pourchasser un petit serpent qui se faufilait dans les fossés d'un champ voisin ; il était heureux de cette diversion et poussait des cris en battant le terrain, comme si cette capture était pour lui une question de vie ou de mort. La parcelle de terrain qu'il a défrichée est beaucoup plus réduite que celle de Wéréné qui a commencé son travail en même temps que lui.

Ékali, avec quelques hommes de Woupéraïnma, a pris le chemin des territoires de la tribu yali, à quatre jours de marche dans la partie nord-ouest de la vallée. Il s'agit de procéder à des échanges commerciaux : Ékali et ses compagnons emportent des filets et des haches de pierre et reviendront dans quelques jours avec un assortiment de magnifiques plumes d'oiseaux.

Ékali suit la piste de montagne qui domine pendant deux heures de marche le territoire des Kourélou du Nord ; elle longe ensuite les puits de sel d'Ilouéraïnma, franchit un col, conduisant à la vallée du Défilé, et de là peut conduire en trois jours de marche au débouché du Yalimo, dans la vallée du Yaki. A la différnce de la Baliem, seul bassin aux étendues plates de la région des hautes terres, le pays de Yalimo est escarpé et encore presque entièrement couvert de forêts ; ses habitants sont des chasseurs réputés. Sans tout à fait ignorer la culture, ils s'y montrent moins experts que les peuplades de la Baliem, et ils possèdent beaucoup moins de porcs.

Les gens de la Baliem sont contraints de se procurer parmi les tribus yali certains articles dont l'abattage des forêts a provoqué la disparition. Les tribus yali sont les fournisseurs de la plupart des grandes plumes ornementales, en particulier celles des différentes varités d'oiseaux de paradis. Les fourrures sont également importées de la vallée du Yali : des animaux comme le couscous et le kangourou des arbres, dont les peaux décorent les serre-tête, les horims et les bracelets, sont si rares dans les bois du pourtour de la Baliem qu'il n'y a plus qu'un unique vieux chasseur pour partir à l'affût les nuits de pleine lune. Des essences de bois, communes autrefois dans la vallée de la Baliem, sont à présent importées de la vallée du Yali : le *bial,* un bois dont on fait de belles lances blanches, le *wio,* dans lequel on taille des arcs noirs, et un grand nombre d'autres. Un bois de laurier, qui sert à fabriquer des lances, pousse encore dans la vallée de la Baliem, mais les tiges, recherchées, ont à peine le temps de croître. Cette essence disparaîtra bientôt dans la vallée, et déjà les plus belles lances de laurier sont un article d'importation, provenant de versants lointains.

En compagnie de ces articles : plumes, fourrures, bois rares, les Kourélou apportent des haches de pierre, des coquillages, des tissus de fibre. Encore tout récemment, Yéké Asouk a fait l'acquisition, chez les peuplades yali, d'un serre-tête d'opossum et d'une lance de bois fin, en échange d'une hache et de divers autres articles. La hache seule avait une valeur équivalente à celle de la fourrure.

Les haches sont taillées dans une pierre verte et noire, qui sert également à la confection d'objets fétiches et qu'on ne trouve pas sur le territoire de la Baliem. Elle y parvient par une filière très complexe de pistes commerciales qui franchissent les chaînes montagneuses des régions de l'Est, et la matière première, provenant des lointaines régions montagneuses de Papouasie, a dû parcourir des centaines de kilomètres et cheminer pendant de nombreuses années. Les coquillages passent également de tribus à tribus, le long des pistes commerciales qui partent des rivages du Sud. La mer est si lointaine que les Akouni en ignorent l'existence et sont incapables de se la représenter. Les coquillages, constituant la principale monnaie d'échange, ne cessent pas de circuler, passant d'un palaï à un autre, d'une ceinture à une autre, avec de longs intervalles d'un mois, de dix ans, d'un siècle parfois, entre deux changements de mains.

Ouwar et Kabilek sont fort adroits au jeu de *sikoko,* qui se joue avec des cerceaux de lianes et de petites lances de jonc. Les garçons gardent leurs cerceaux dans le pilaï, parmi les quelques objets qui leur appartiennent. Il existe un grand nombre de jeux, mais les objets qui servent de jouets sont très peu nombreux. On trouve parmi ceux-ci une sorte de crécelle faite d'une planchette qui émet un bourdonnement sourd quand on la fait tourner au bout d'une corde, une balançoire simplifiée, faite d'une liane fixée au centre d'un morceau de bois, et le gros bulbe pourpre du bananier qu'on attache aussi à une corde pour le faire tournoyer dans l'air, ou qu'on traîne derrière soi. C'est cette dernière méthode qui a la préférence du petit frère d'Ouwar, Natorek, rondouillet comme un ballon.

La règle du jeu de sikoko est simple, mais c'est le jeu qui est difficile. Un garçon lance les cerceaux sur le terrain, l'un après l'autre, tandis que son compère envoie des lances se pointer dans le sol, à travers les cerceaux qui continuent à tourner autour des hampes. Le lanceur jette les cerceaux de toutes ses forces pour les faire rebondir de façon désordonnée, et le pointeur néanmoins manque rarement son coup. La plupart des yégéreks se placent sur la trajectoire des cerceaux et attendent qu'ils passent tout près pour placer les jets de lances, mais Ouwar et Kabilek se tiennent à bonne distance et, d'une brusque détente, ils piquent de loin au centre du cercle. Ouwar est le seul pointeur à lancer de la main gauche. Les garçons lancent parfois les cerceaux à Homouak, parmi les racines des araucarias ; ou encore, ils jouent sur un sentier en pente, au-dessous du village de Woupéraïnma. Dans ce cas, Natorek, qu'Olouma suit toujours comme son ombre, vient assister à la partie. Les deux petits, tout ronds, sont pleins de résolution et d'ardeur — à trois ans, personne ne leur en remontre — on les voit faire les mêmes gestes, et toujours au même instant. Aujourd'hui Natorek est allé dans les broussailles, se soulager d'un petit besoin, et Olouma ne l'a pas quitté ; épaule contre épaule, ils se sont accroupis ensemble, vifs comme des oiseaux, et les deux têtes rapprochées observent le monde de leurs yeux arrondis, par-dessus les hautes herbes.

Comme la plupart des enfants et de nombreux adultes, Olouma et Natorek ont les narines et la lèvre supérieure couvertes de mucus séché — symptôme d'une affection des voies respiratoires, très répandue parmi cette race de couleur, vigoureuse cependant et de constitution robuste. On voit très souvent des filaments de mucus sur le visage des Akouni ; ils montent et descendent au rythme de la respiration, car se racler la gorge, expectorer ou se moucher sont considérés comme des actes particulièrement grossiers.

Avec leurs grands yeux bien ouverts, le dessin ferme des traits, caractéristique chez certains Akouni, Ouwar et Kabilek sont physiquement beaux, ce qui n'est pas le cas pour Natorek et Olouma ; mais la gaieté libre et farouche d'Ouwar s'oppose à l'expression de tristesse songeuse de Kabilek, qui a toujours l'air de désirer quelque chose qu'il n'a aucune chance de connaître.

Ouwar et Kabilek, les seuls yégéreks du sili d'Oumoué, se trouvent très souvent ensemble, mais il y a entre eux de telles différences qu'on ne saurait dire qu'ils forment une paire d'amis. Chaque fois qu'ils jouent au sikoko, le jeu se termine assez mal : tandis que Kabilek se montre accommodant et s'incline facilement, Ouwar est d'une intransigeance farouche, et, sans cesser de sourire à pleines dents, il se conduit de telle sorte qu'il n'y a plus qu'à abandonner la partie. Il lance les cerceaux avant que Kabilek soit prêt, ou il se met à jouer nonchalamment, d'un air dégoûté, et finit par jeter le cerceau au visage de son partenaire ou de l'un des enfants qui les regardent. A ces moments-là, toute entente avec lui devient impossible. Ouwar a des qualités exceptionnelles, et les autres enfants, et les adultes mêmes, ont de la considération pour lui, mais il n'est pas vraiment aimé : il est fait pour commander et se soucie peu de se faire des amis. Ouwar porte le nom de la rivière Ouwar, qui traverse le territoire des Siep-Kosi, son pays d'origine ; après sa naissance, sa mère, qui s'était rendue en pays kourélou, fut épousée par Lolilouk. Celui-ci, petit homme timide, que l'on voit errer çà et là à travers le sili, ne paie guère de mine. On dit cependant qu'il a tué cinq hommes, et les circonstances dans lesquelles il s'est défait de deux d'entre eux lui ont valu de porter son nom, qui signifie : « Ossements laissés pour compte » et évoque le jour où, après la mort d'une de ses filles, il s'enfuit dans la montagne avant même que les funérailles soient terminées, et là, en territoire ennemi, au-delà de Lokoparek, il tua deux hommes afin de soulager son chagrin.

Ékali, le père de Kabilek, n'a rien non plus d'un foudre de guerre. De haute taille, la voix forte et les traits rudes, il ne se sent pas sûr de lui, il a peur de combattre, sans pouvoir se résigner à sa couardise — il fanfaronne. Ékali habita quelque temps chez les Siep-Kosi, mais il y fut si peu apprécié qu'il reçut le nom de « Lan-i », « Va là-bas », au sens de « retourne chez toi ». Le nom qui lui fut attribué après son retour et qu'il porte maintenant, vient d'une réaction spontanée de sa jeune épouse en le voyant s'introduire dans l'abri-cuisine pour s'y emparer des meilleurs morceaux, au lieu de partager dans le pilaï avec d'autres convives — Ékali signifie : « Quelle honte ! »

Ékali est intelligent, et grâce à ses expéditions commerciales parmi les peuplades yali, il possède plusieurs porcs. Néanmoins, du fait que le père ne jouit pas d'une très bonne réputation, son fils Kabilek se trouve dans une certaine mesure désavantagé par rapport à Ouwar, son camarade de jeu.

Hier, les Kourélou, qui avaient décidé de s'occuper des travaux des champs, ont refusé de se mesurer aux Wittaïa qui leur proposaient le combat. Mais aujourd'hui les Wittaïa, voulant prendre leur revanche de ce raid au cours duquel Houwaï avait été tué, ont lancé une expédition contre les jardins potagers. Vers midi, une forte bande a atteint en rampant un petit bois en forme de croissant, situé entre le Tokolik et le kaïo d'Ou-moué. Des femmes, çà et là, travaillaient aux champs mais aucune d'elles ne s'est approchée du lieu de l'embuscade. Vers la fin de l'après-midi, les Wittaïa, exaspérés, sont sortis du bois et avant de se retirer sur le Tokolik, ont mis le feu à l'abri d'Ou-moué. Répondant par des clameurs à leurs brocards et leurs insultes, les Kourélou se sont rués vers la frontière. Ou-moué se trouvait à Homouak et, dès la première alerte, il a bondi en poussant des cris perçants. Bien que la perspective d'un combat le fasse généralement réfléchir, il avait deviné, au bruit des clameurs discordantes, que son propre abri était visé, et il a couru chercher sa lance. Déjà des bandes de jeunes guerriers s'élançaient à la queue leu leu sur les pistes, entre les carrés pourpres de patates douces, et la silhouette brun pâle de Yéké Asouk se détachait d'autres corps plus sombres dans les lueurs du soleil couchant.

Toute une volée de yégéreks grimpait à quatre pattes la pente herbeuse, à l'arrière des araucarias. Toukoum a été piqué au pied par une abeille. Il s'est assis sur un rocher, comme un petit troll malheureux, tenant son pied à deux mains. Ouwar, derrière lui, avait déjà repéré dans l'herbe la petite habitation de l'insecte : un cube minuscule de parchemin gris, contenant une larve blanche. Sans se soucier de partager avec celui qui l'avait découverte, Ouwar s'est saisi de l'alvéole et l'a avalée, se frottant le ventre d'un air satisfait.

L'abri n'était plus qu'un panache de flammes sur l'horizon du crépuscule, et la fumée montait blanche jusqu'à la couronne de nuages autour des crêtes de l'Arolik.

A travers le petit bois proche du Tokolik, les guerriers avançaient avec circonspection : ils savaient que chaque buisson pouvait dissimuler un ennemi aux aguets. Un héron mokoko s'est élevé comme une ombre grise, en poussant son cri lugubre, tandis que des guerriers arrivaient en renfort du Libérek. Presque aussitôt, avec de grands cris sauvages, le combat s'est engagé, et l'on voyait de loin les plumets, comme détachés des corps, entrecroiser leurs ballets dans l'ombre grandissante du sous-bois. Les escarmouches n'ont duré que quelques minutes, mais les Wittaïa, au nombre d'une centaine, ont réussi à faire quatre blessés dans les rangs des Kourélou, encore inférieurs en nombre. De part et d'autre, on s'est replié dès la nuit tombée, car les fantômes seuls s'affrontent dans l'obscurité. Les Wittaïa ont allumé un grand brasier, à l'orée du Tokolik, mais ils s'en sont écartés bientôt et sont rentrés chez eux.

Le Kosi-Aloua que les coups de lance de Tégéarek et Yéké Asouk avaient touché le mois précédent a été atteint à nouveau, cette fois du côté droit et près de la gorge. Quant à Yéké Asouk, qui combattait à proximité, une flèche s'est plantée dans son dos. Aloro a retiré la flèche, mais a été lui-même blessé à la cuisse peu de temps après. Aloro est plus fréquemment touché que quiconque, non pas qu'il se montre téméraire ou imprudent, mais parce qu'il se trouve sans cesse sur la ligne frontale. Un jour la blessure sera mortelle.

Les Wittaïa sont repassés à l'attaque deux jours plus tard, s'avançant hardiment jusqu'au terrain boisé situé entre le Tokolik et les restes de l'abri d'Ou-moué. Les Kourélou se sont avancés à nouveau à leur rencontre, mais ils ne semblent pas être en nombre suffisant pour livrer bataille. Groupés à l'extrémité du Tokolik, ils regardent les ennemis s'avancer, en rangs serrés, au nombre de plusieurs centaines. Weaklekek, Asikanalek et Housouk circulent, avec quelque appréhension, parmi les groupes de jeunes guerriers, appelés à relever le défi des Wittaïa ; et d'autres forces ennemies se massent encore sur les pentes du Waraba. Un bref engagement eut lieu, au cours duquel Housouk a lancé et perdu sa superbe lance noire. Très affecté, on le voyait marcher sans arme, en première ligne, croisant les mains derrière le dos. Il était évident que les Kourélou mettaient tous leurs espoirs dans la pluie qui, sur la ligne des sommets, au nord-est, tombait déjà en épais rideau. Ils cédaient du terrain, malgré les efforts de Maïtmo qui, avec son ardeur combative habituelle, s'élançait en hurlant de toute sa force pour les rallier.

Les Kourélou ont vu soudain apparaître, sur leur flanc gauche, une troupe wittaïa qui, venant du Waraba, s'était approchée en rampant dans les marais. Une clameur s'est élevée et les Kourélou se sont enfuis. Les Wittaïa n'ont pas entamé la poursuite. Le vent d'ouest, tournant au nord, avait fraîchi, poussant la pluie sur la vallée. Les guerriers des deux camps se sont retirés en courbant le dos. Le vent du nord, qui souffle rarement, est un vent froid.

Pour rentrer chez lui à Homaklep, Asoukwan est passé par Homouak. Chemin faisant, tout animé et gesticulant comme un enfant, il décrivait au simple Woknabin ses actions d'éclat. Woknabin l'écoutait d'un air effrayé, tout en boitant, car à deux reprises il avait été touché par des flèches en combattant sur le Tokolik. Woknabin, brave géant, borgne, un peu simplet, est un guerrier courageux bien qu'assez peu redoutable. Dans son enfance, chaque fois que sa mère s'éloignait du sili, il se mettait à trembler, pensant qu'elle l'abandonnait pour toujours. Le nom de Woknabin, qui signifie « Emmène-moi », convient parfaitement à l'expression de tristesse implorante de son visage.

Entrée à la hauteur de la clavicule droite, la flèche qui avait blessé Yéké Asouk s'était enfoncée vers le centre du thorax, atteignant l'*étaï-éken,* « la semence du chant » — autrement dit, l'énergie vitale, l'âme. L'*étaï-éken* se situe dans la région du diaphragme et ses dimensions varient en fonction du développement intellectuel de l'individu, mais chacun est pourvu d'un *étaï-éken,* à l'exception des très jeunes enfants. Les porcs ont également leur *étaï-éken*, mais les chiens n'en ont pas, pas plus que les autres animaux.

A l'aide d'un couteau de bambou, on pratiqua, sur le

ventre de Yéké Asouk, plusieurs incisions, qui devaient permettre au « sang noir » de s'écouler, puis, à l'aide d'une aiguille d'os de porc, on lui fit une saignée à la veine du bras ; tout son buste fut ensuite enveloppé d'un cataplasme de feuilles de taro, maintenu par des ligatures fortement serrées. Le blessé put dormir, mais dans la matinée, ses souffrances étaient très vives. On l'aida à descendre de la chambre commune, et des hommes vinrent alors nombreux lui rendre visite. Touésiké et Houonké à la voix forte l'aidèrent à se tenir assis et appliquèrent sur la plaie saignante des feuilles d'hipéri mouillées, puis ils ligaturèrent de nouveau le buste avec des lanières pourpres qu'ils découpaient dans des feuilles fraîches de bananier. Yéké Asouk était sérieusement blessé, mais son état ne semblait pas encore nécessiter la capture de petits animaux pour le test du dépouillement.

Au-dehors, un feu brûlait dans la cour, et Ou-moué, accroupi dans la fumée, confectionnait des fétiches pour son frère. L'état où se trouve Yéké Asouk interdit son transport à l'extérieur, c'est pourquoi Ouwar et Kabilek, l'un et l'autre agitant dans l'air un fétiche, passent et repassent devant l'entrée du pilaï. Ils repartent ensuite en courant vers le fond de la cour, et croisent les deux tiges de bambou de façon à former une sorte d'ogive. Les deux fétiches sont ensuite plantés dans le sol, à l'extérieur du village, sur la piste qui conduit en territoire wittaïa. Comme les fétiches confectionnés pour Touésiké, ils sont placés là pour avertir les esprits d'avoir à se tenir à l'écart.

Femmes, porcs et enfants poursuivaient tant bien que mal leurs activités quotidiennes. L'hipéri et la *toa,* une succulente feuille verte, cuisaient sous le hangar, et la fumée s'échappait par tous les interstices du chaume humide du toit. Ékapouwé était rentrée de Lokoparek la nuit précédente et elle accueillait tous les visiteurs avec amabilité. Holaké, une petite fille avec une tignasse de poupée rousse tout emmêlée, se dressait fièrement sur la pointe de ses orteils, en maintenant fermement sur son front l'attache de son filet. Dans le filet se trouvait le petit bébé d'Ékapouwé. De temps à autre, Holaké allait faire une promenade, traversant la cour de long en large, et le bébé invisible, qui n'avait presque jamais encore quitté le fond d'un filet, émettait un murmure de satisfaction, pointant un petit doigt vers le soleil comme un pâle bourgeon. Auprès d'Holaké, se tenait son petit frère, le rondelet Olouma, ami de Natorek et son *alter ego*. Holaké et Olouma sont les enfants de Wéréklowé ; du fait des corrections trop fréquentes qu'elle recevait de son époux, leur mère est venue vivre au sili d'Ou-moué. La mère paraît plus vieille qu'elle n'est en réalité, mais on voit par instants se dessiner sur ses lèvres un sourire de joie timide qui rappelle celui de son lutin de fille. Bien que Yéké Asouk passe pour avoir toutes ses faveurs, elle ne paraît nullement inquiète de voir son amant en danger.

Un goret jaune arriva en grognant du potager aux cougourdes. Bousculant des pelures de légumes et de fruits qui s'amoncelaient devant le pilaï, il s'attaqua, en remuant la queue et en reniflant de plaisir, à un petit tas de patates douces mises au rebut. Une seule chose au monde l'intéressait : satisfaire son appétit. Tout en mangeant, il surveillait d'un œil noir, enfoncé comme dans une plaie, l'arrivée possible d'un intrus, homme ou porc, qui viendrait troubler son festin.

Les hommes étaient entrés dans le pilaï pour manger de larges portions d'hipéri apportées du hangar-cuisine. Polik, venu en visite, appréciait, d'un œil connaisseur, une superbe ceinture de cauris. Il l'étendit sur toute sa longueur entre les poteaux du foyer. En prenant son pectoral de coquillages, suspendu au mur, Hanoumoak aperçut le pectoral de Yéké Asouk, beaucoup plus grand que le sien, et il l'essaya. Il surprit le regard de Houonké qui l'observait et qui esquissa un rapide sourire ; Hanoumoak eut en retour un sourire assez froid. Il enleva le pectoral de coquillages du blessé et remit le sien.

Un après-midi, Weaklekek reçut en cadeau un beau porcelet. On ne mange habituellement du porc qu'à l'occasion de cérémonies rituelles, mais pour peu qu'on le désire, il est aisé de trouver une justification de cette espèce ; et Weaklekek tira une flèche à travers la poitrine du porc, qui s'enfuit à travers la cour en criant de douleur, mais fut bientôt repris, et Palek le maintint sous son pied contre le sol jusqu'à ce qu'il ait rendu le dernier soupir.

Weaklekek fit roussir le poil du porcelet sur un des feux du hangar. Assisté d'Asok-méké, il dépeça la bête avec un couteau de bambou et une hachette de pierre avant de la présenter sur un lit de fougères. Asok-méké retira les entrailles et les tendit au jeune Soupouk, qui alla les laver dans l'eau du torrent. A l'autre bout de l'abri, l'épouse de Weaklekek, Lakaloklek, avait allumé un grand feu, afin de chauffer des pierres. La vieille mère de Lakaloklek se tenait tassée et immobile dans la fumée épaisse, comme si, ayant vécu là tant d'années, la fumée était pour elle un élément vital ; elle observait la préparation du porc avec cette gourmandise paresseuse des personnes âgées. De retour des champs, la dernière et la plus jeune des épouses de Weaklekek vint se joindre aux autres femmes, après avoir déposé dans un coin de la pièce son filet rempli d'hipéri et de cougourdes. Elle se déchargea également de sa fille qu'elle déposa auprès de la vieille femme. Cette petite fille, enfant gâtée de Weaklekek, portait deux brillants cauris et un collier de coquilles d'escargots. La vieille femme caressa le bébé en lui montrant un petit porcelet qu'elle portait dans son immense filet. La jeune mère reprit alors le bébé, et tout en lui donnant le sein, elle fumait, en se servant d'une longue tige creuse, le menton appuyé sur le front du bébé.

Soupouk rapporta les entrailles, mais Lakaloklek le chargea aussitôt de faire rentrer les porcs dans leurs enclos, et l'enfant obéit de suite, sans protester. Poitrines tressautantes et cheveux flottants, Lakaloklek, la jeune épouse et la mère de Soupouk tournaient parmi la fumée, comme trois sorcières ; saisissant les pierres brûlantes à l'aide de longues pincettes de bois, elles les disposaient dans la fosse à cuisson.

En dépit de la barre de graisse noire qui coupe transversalement son visage et des mèches qui lui retombent sur les yeux, Lakaloklek n'est pas dépourvue d'une sorte de grâce mutine. Vive et gaie, très libre de ses mouvements, elle n'a pas l'air de souffrir de sa condition de femme. La mère de Soupouk est une femme bien en chair, dans le fragile épanouissement de la maturité ; et la jeune épouse, quinze ans à peine, est charmante : les seins déjà bien formés, les attitudes nonchalantes, comme une fleur en attente de s'épanouir. Les trois femmes riaient au milieu de l'intolérable fumée.

La plus jeune épouse avait été, à l'origine, promise au père de Soupouk ; mais elle tomba amoureuse de Weaklekek dès son arrivée au sili, et celui-ci, philosophiquement, accepta de la garder à son foyer, puisqu'elle refusait de suivre Palek, et avec non moins de philosophie, Palek dut accepter cette solution, puisqu'on ne lui laissait pas d'autre choix.

Le fils de Palek, Wamatoué, un tout petit gars aux cheveux roux, fit son apparition. Cette teinte rouille, fortement accentuée, est très fréquente chez les jeunes enfants, et quand le soleil baisse sur l'horizon on voit, au-dessus des visages noirs, cette chevelure briller comme une auréole. Le costume de Wamatoué se compose de bracelets de fougères aux poignets et d'un minuscule horim. Cet horim, du diamètre d'une flèche, est trop petit, même pour Wamatoué, et, sans son attache, il se balance de part et d'autre du nombril. Dans l'ombre de l'entrée, Wamatoué, qui est d'un naturel peu hardi, faisait de son mieux pour qu'on ne le remarque pas, mais on finit par s'apercevoir de sa présence, et il pénétra dans la case.

Pendant près d'une heure, le porc rissola en répandant une odeur alléchante, tandis que le babil des oiseaux-mouches, dans les casuarines entourant le village, faisait place aux stridulations des cigales à la tombée du crépuscule. Weaklekek s'était assis, prenant contre lui sa petite fille ; il la tenait ainsi avec une joie silencieuse, et, à un moment, il effleura de ses lèvres le front de l'enfant dans une sorte de baiser muet. Rien n'a jamais effrayé Weaklekek, et dans ses yeux sans arrière-pensées, on voit étinceler librement toutes les forces de la vie.

Asoukwan, efflanqué et plein d'indolence, arriva juste à point pour aider à retirer du foyer le chaume bruni. Cela fait, il s'assit pour attendre le repas. Wamatoué était assis près de lui, épaule contre épaule, et, par jeu, Asoukwan donnait de grandes tapes dans le dos du petit gars. Pour attirer l'attention de sa mère, Wamatoué se mit à pousser des cris, mais comme celle-ci ne se souciait pas de lui, il se tut.

Le repas fut servi sur des feuilles de bananier, seul élément que comporte le couvert, à part les couteaux faits d'une éclisse de bambou, et un morceau d'écorce, allongé et creux, qui sert à recueillir les reliefs. On trouve en abondance dans la vallée de la glaise de diverses teintes, mais l'art du potier y est encore inconnu : les Akouni se contentent de leurs filets tressés, de leurs plats de feuilles, et de leurs petites gourdes à eau fraîche.

L'invité, Asok-méké, l'air peu aimable, découpait la viande. Les hommes recevaient les meilleurs morceaux, tandis que les femmes, dispersées et assises dans l'ombre, n'obtenaient que quelques reliefs. Dédaigneusement, Asok-méké lança les entrailles du côté des yégéreks, qui mangeaient en outre les fougères tachées de sang qui avaient enveloppé la viande pendant la cuisson. Tous les convives mangeaient de l'hipéri, de la toa et des feuilles de mallow, qui ressemblent aux épinards et qui se mangent saupoudrées d'un sel gris, provenant des puits d'Ilouéraïnma : le précieux assaisonnement était contenu dans un long tube, fait d'une feuille de bananier roulée. Tous mangeaient en silence, sans gloutonnerie et sans hâte.

Les hommes se retirèrent dans le pilaï, et les femmes dans les cases de la rangée opposée, cependant que Lakaloklek, occupée à tresser un nouveau filet, demeurait assise près des braises du foyer. Ses gestes experts maniaient un ruban de fibre, qui s'allongeait de la main aux phalanges manquantes jusqu'aux orteils. Tout en travaillant, elle fredonnait avec un sourire, satisfaite d'elle-même et de son univers. Mais bientôt, elle aussi se retira et le feu s'éteignit.

Au-delà des montagnes, dans les profondeurs du ciel nocturne, scintillaient les lueurs d'étoiles qui brillent en des siècles disparus. C'était l'heure du repas de toutes les bêtes de la nuit, qui paraissent quand s'éteignent les dernières lueurs des feux allumés par les hommes. Sous le hangar, rats et souris sortaient des orifices des parois, avec de petits cris aigus, et des vols de chauves-souris aux ailes membraneuses tournaient autour du village : la petite noctule, au cri bref et strident, et la roussette, qui passe sans crier, dans le bruissement rapide d'ailes d'un mètre cinquante d'envergure. Les chauves-souris tournaient au-dessous des étoiles, dans l'air vibrant des stridulations des grillons et des appels des crapauds grimpeurs. Sous les vents plus frais de la nuit, de longs frissons, terminés par de secs claquements de feuilles, parcouraient les bananiers, et sans cesse les grandes chauves-souris à têtes de dogues passaient et repassaient, heurtant avec des bruits de clapotements les fruits suspendus dans les arbres.

La quête de nourriture devenait moins âpre à mesure que la nuit s'avançait et que la fraîcheur descendait des montagnes. Les chauves-souris disparurent et les rongeurs reprirent le chemin des terriers humides. Les moustiques eux-mêmes cherchaient des recoins où ils pourraient s'engourdir du sommeil obscur des insectes.

Dans le pilaï, le murmure des voix avait cessé, et seul Weaklekek sortit pour aller retrouver Lokaloklek à son ébéaï. La terre roulait sous les étoiles, et dans la nuit Weaklekek poussa son cri, un cri douloureux et pur, et tout redevint silencieux.

Lasse de son avide chasse aux insectes, la hulotte

commençait sa digestion en grommelant sous les futaies sombres. Elle commença lentement son tok, tok... tok, réglé comme un métronome jusqu'à la fin de la nuit. Weaklekek, sortant de l'ébéaï, retourna au hangar-cuisine ; pour se réchauffer, il alluma un feu de paille et se mit à fumer. Il commença de masser, du bout des doigts, son mollet enflé où une pointe de flèche brisée demeurait profondément enfoncée. Récemment encore il avait beaucoup souffert de cette vieille blessure.

Aux premières lueurs, des masses vert sombre émergèrent lentement des fonds grisâtres, dessinant des lignes de contours boisés. Perchée sur une branche, la hulotte ébouriffait ses plumes froissées et voilait ses gros yeux jaunes. Comme un énorme insecte camouflé dans le feuillage, elle demeurait immobile jusqu'au retour de la nuit. Rousseroles et oiseaux-mouches commençaient à leur tour leurs ramages dans « le matin des chants d'oiseaux ».

Devant son feu de brindilles, Weaklekek soupira. Il demeurait accroupi, et, dans les reflets éclairant les murs, sa silhouette immobile se détachait comme une statue de basalte sombre. Une femme apparut et il échangea avec elle quelques paroles aimables ; mais elle revint bientôt à ses propres réflexions imprécises et prépara son propre feu. Quand la flamme s'éleva, elle alla prendre des patates douces dans un filet suspendu au mur et les tassa sous la cendre.

Un pigeon des montagnes lança son appel, et le jour parut.

Ce matin-là, dans un myrte couvert de fleurs roses, Toukoum découvrit un nid d'oiseaux. Le nid avait la forme d'une petite conque, faite d'herbes soyeuses, entourées d'une mousse verte, la sphaigne. Deux minuscules oiseaux, jaune et vert olive, s'y trouvaient ; et, bien qu'ils ne se fussent jamais exercés avant que Toukoum les eût découverts, ils étaient capables de voleter sur de courtes distances.

De toute la matinée, Toukoum ne se sépara pas du nid, et il fit voler les petits oiseaux. Ils partaient selon une ligne oblique, dirigée vers le sol, et inévitablement, ils le rencontraient. Toukoum prenait plaisir à regarder les oiseaux ; il leur parlait et les encourageait, mais il faisait cela sans réfléchir, sans se rendre compte de ses sentiments, pas plus qu'Akou, Éken et Wérékma n'avaient compris pourquoi elles avaient cueilli des fleurs. Dans l'après-midi, Toukoum rapporta les oiseaux à la maison pour les manger.

Très haut, près de la source de l'Élokéra, dans les forêts couvertes de nuées, se dresse un hêtre immense, et très haut, vers le faîte de l'arbre, un grand faucon noir a fait son nid. Ce faucon, dont les plumes ont une grande valeur, Weaklekek voulait l'abattre. Muni de son arc et de ses flèches, il partit reconnaître le nid dont on avait longuement parlé dans la vallée. Il emmenait avec lui Asoukwan, le jeune guerrier de son pilaï, qui a la vue perçante et qui passe pour bien connaître les oiseaux. Toukoum, qui ne saurait se flatter d'avoir de l'expérience en quoi que ce soit, les accompagna néanmoins.

Suivant le lit d'un petit affluent de l'Élokéra, ils remontèrent vers le haut de la vallée, pataugeant dans les flaques d'eau calme au bas des rives, ou sautant d'une roche moussue à une autre. Oiseaux-mouches et paradisiers jacassaient à leur passage, et les pigeons des montagnes s'envolaient, avec le battement sonore de leurs ailes lourdes sur l'air humide. Montant encore, ils s'écartèrent du cours d'eau, coupant à travers des champs abandonnés ; dans les futaies des hauteurs, de petites troupes de perroquets, battant leurs ailes pourpres, se renvoyaient d'un arbre à l'autre leurs cris consternés et stupides.

Regardant, en bordure de la piste, un point où l'herbe avait été foulée et aplatie, Asoukwan éclata de rire. Pointant le petit doigt d'une main, il le fit passer entre le médium et l'index de l'autre, et Weaklekek hocha la tête en esquissant une grimace : Toukoum également grimaça, d'un air gêné.

Dans la forêt des hauteurs, au sol boueux et noirâtre, aux longues lianes retombantes, garnies d'épines, les fûts pâles des arbres soutenaient un dôme feuillu, qui s'étage jusqu'aux crêtes bloquant l'horizon. Le long du sentier apparurent des palissades branlantes, et l'on entendait le grognement sourd de porcs invisibles dans l'herbe épaisse des pâturages. Çà et là, dans une roche argileuse, se creusaient des puits profonds ; l'un d'eux, qu'entourait une barrière, s'enfonçait à plus de trente mètres et le bas de la barrière pourrissait, rongé d'humidité. Asoukwan lança une pierre dans le puits, et le temps qu'il fallut attendre pour que revînt le bruit fit se récrier les trois compagnons. Demeuré en arrière, Toukoum lança une autre pierre, mais le son cette fois lui revint aussitôt, car le projectile, dépassant à grand-peine la barrière, était tombé sur un rebord du pourtour. Toukoum jeta vers le puits un coup d'œil inquiet et s'éloigna en trottinant.

Un peu plus haut encore, dans une clairière en pente, un nouveau village, avec ses porcheries, s'est installé sur un tertre boueux. De légers papillons bleus voltigeaient comme des pétales de gentiane, et tous parfois, se posant ensemble, semblaient disparaître sur la boue luisante et noire ; ce ne sont plus, les ailes fermées, que d'imperceptibles taches grises. Et quand les papillons reprennent ensemble leurs danses incertaines, le bleu éclate à nouveau. Toukoum ne pouvait s'empêcher de rire en épelant leur vrai nom : *sigisigit.*

Un homme du village se joignit à leur groupe, et tous quatre montèrent vers la forêt haute. Un faucon noir planait dans la grisaille du nuage qui dominait la forêt, et Weaklekek se mit à l'appeler à voix basse, en lui faisant signe de venir plus bas. Mais d'un vol glissant, le faucon s'écarta et disparut, et quand les chasseurs parvinrent au pied de l'arbre qui portait le nid, aucun oiseau ne se montra. Weaklekek grimpa plus haut sur la pente, mais sans pouvoir arriver à la hauteur du nid. Finalement, il lui fallut se résigner, et sur le chemin du retour, déçu, il gaspilla une de ses flèches en visant un perroquet vert.

La saison avait changé et les nuits étaient à présent claires et froides. Les Akouni demeuraient dans les cases tièdes jusqu'à une heure avancée de la matinée, et dans l'air frais du dehors, ils faisaient flamber de grands feux de broussailles. Les taillis n'étaient plus que des enchevêtrements de tiges sèches où s'attachaient quelques feuilles jaunies, et les grands feux brasillant dans les pinèdes évoquaient l'automne, tandis que de longues barres de lumière filtraient jusqu'au sol couvert d'aiguillettes récemment tombées. Mais à la lisière des bois, le soleil demeurait chaud, et parmi les verdures éclatantes de la vallée, des buissons fleurissaient sous un printemps perpétuel.

Une ou deux fois l'année, une cérémonie rituelle est célébrée dans le cadre du clan ; son but est de raviver le pouvoir des pierres sacrées qui protègent et augmentent la force des guerriers qui les détiennent. Le lavage de ces pierres avec la graisse de porc sacrée, *wam wisa*, est la plus importante des cérémonies rituelles chez les Akouni.

Au début de juin, dans le hameau adjacent au centre principal d'Aboulopak, le clan wilil accomplit le rite des pierres sacrées. Ce lieu est plus éloigné de la frontière que Woupéraïnma et les pierres ancestrales y sont confiées à la garde de l'épais Woknabin, seul guerrier du clan à n'avoir pas quitté le pilaï.

En sa qualité de chef politique des Wilil du Sud, Ou-moué est le personnage le plus important de la fête rituelle. Ou-moué arriva au sili, assez tard dans la matinée, amenant avec lui trois des porcs qui allaient être sacrifiés. Il était accompagné de Weaklekek, et il s'était arrêté, en passant, à Aboulopak pour inviter Wéréklowé et Polik. Aucun des trois n'appartient au clan wilil, mais la coutume veut que l'on invite à la cérémonie les kaïns, les parents, les principaux guerriers et des jeunes garçons de tous les autres clans, en se référant à des liens d'amitié ou de parenté.

D'autres Wilil arrivaient au sili, et la cérémonie commença par des chants de bienvenue, avec des récitatifs criards, rappelant le thrène des funérailles. Au bout de dix à quinze minutes, des palabres animés succédèrent aux modulations criardes. Le but de cette partie du cérémonial est de permettre aux membres du clan de renoncer à leurs querelles et à leurs ressentiments, en créant une atmosphère d'amitié.

Derrière le pilaï, Aloro et quelques compagnons procédaient au nettoyage d'une cour, enlevant les déchets et arrachant les herbes, en raclant le sol avec les bâtons à creuser. Cette cour est agréablement ombragée par des bananiers, des casuarines et des pandanus : on y avait apporté dans la matinée de l'hipéri en grandes quantités, du bois, des pierres de cuisson et des feuillages. Ékali avait fait don d'un porc, Apéoré et plusieurs autres avaient apporté des fagots de bûches fendues. En procession, ils firent le tour du sili avant d'entasser le bois sous les arbres de la petite cour. D'anciennes cavités de cuisson furent dégagées et on en creusa de nouvelles. Lolilouk parut et entra dans le pilaï, suivi du vieil Élomaholan. Élomaholan portait son assortiment habituel de sachets et de petits morceaux de fourrure. Les vieillards sont seuls à porter de petits sacs de ce genre qui pendent à la ceinture, soutenus par un cordon de fibre passé sur l'épaule. Élomaholan a une voix aiguë et fluette que l'on entend à peine, et les jeunes guerriers s'amusent à lui faire des niches, en s'embusquant au bord d'un sentier et en imitant le cri de guerre des Wittaïa. Élomaholan est un *wisa-koun*, un « sorcier-guérisseur ». Les wisa-kouns soignent les malades et ce sont eux d'autre part qui doivent accomplir le rite des pierres sacrées.

Ou-moué qui, en cette occasion, avait graissé de frais ses épaules et une partie de son visage, revint de la cour et rentra au pilaï où les salutations larmoyantes reprirent à nouveau. Ou-moué commençait une phrase, et tout un chœur, guidé par Wéréklowé, la poursuivait en un long murmure plaintif et faiblissant. Tous, portant la main à leur visage et pinçant les narines, émettaient une sorte de chuintement.

Le pilaï lui-même, véritable antre de sorcier, est tout encombré d'objets hétéroclites. Des murs et des poutrelles pendent d'obscurs fatras, des calebasses aux formes étranges, des gerbes d'herbes séchées, des plumes, de vieilles flèches. De multiples couches de graisse ont donné au plafond une sorte de poli luisant. Ce n'est plus un pilaï de guerriers. Les hommes robustes qui l'habitèrent sont depuis longtemps partis. Quelques années auparavant, les Wilil d'Aboulopak n'étaient pas en bons termes avec les membres des autres clans, et de toute façon, afin d'affirmer sa suprématie, Ou-moué désirait établir un nouveau sili. La plupart des Wilil le suivirent à Woupéraïnma ; quelques-uns cependant, comme Aloro et Woknabin, demeurèrent dans les anciens villages.

De grosses racines d'hipéri et des feuilles de bananiers furent apportées dans le pilaï, et les feuilles furent répandues au fond de la case, devant une sorte de placard, aménagé dans la paroi. Élomaholan retira de ce placard huit petits paquets plats, bien enveloppés, qu'il disposa sur les feuillages : il s'agissait des pierres sacrées, et il entrouvrit chaque paquet pour les identifier une par une. Il alla ensuite se rasseoir et se mit à tapoter de la main deux énormes tubercules d'hipéri qui avaient été placés entre le foyer et les pierres. Un moment plus tard, il se leva et décrocha un arc et des flèches qu'il emporta dans la cour. Ou-moué s'en servirait pour tuer les porcs. Dans tout le voisinage aucune femme ne se montrait.

Les hommes s'étaient rassemblés devant le pilaï et s'étaient assis au soleil sur une banquette de paille. Aloro empoigna le premier porc. Tandis qu'il le maintenait par la tête, Woknabin souleva l'arrière-train et Ou-moué transperça d'une flèche la poitrine de l'animal. Pour chacun des porcs se répétait le même processus. On voyait Ou-moué se mordre la lèvre inférieure en faisant effort pour bander son arc, et entre chaque tir, comme pour marquer sa satisfaction, il grimaçait un sourire rapide.

Tégéarek et Apéoré s'efforçaient de persuader une énorme truie de demeurer en bonne position pour recevoir le coup fatal, tandis qu'Ou-moué, un genou à terre, attendait. Mais la truie à plusieurs reprises leur échappa, et finalement huit solides guerriers durent joindre leurs efforts pour s'emparer d'elle et la maîtriser. Les hommes riaient tandis que la bête se défendait farouchement contre le groupe. Une latte, serrée sous la gorge, maintenait la tête de l'animal, qui ne cessait pas de crier et de frissonner de tout son corps pour se libérer. Ou-moué, avec précautions, lança son trait, mais la bête s'échappa d'un soubresaut, éparpillant les hommes dans sa fuite. Ou-moué prit un air vexé en entendant les grognements et les rires. On lui amena d'autres porcs, de moindre taille ; blessés à mort, ils cherchaient encore à fuir, et quand ils tombaient leurs pattes continuaient de s'agiter, comme s'ils étaient encore en train de courir.

La grosse truie fut reprise et jetée à terre. Tégéarek appuyait son talon sur la gorge, mais la bête avait été sérieusement blessée et Aloro prit sa lance pour l'achever. La gorge épaisse palpitant encore, les soies sanglantes, hérissées dans la lumière, elle fut traînée jusqu'à l'extrémité de la cour. Neuf porcs au total avaient été sacrifiés, chacun portant une marque qui servait à l'identifier, et chacun d'eux était connu de la cinquantaine d'hommes qui se trouvaient là et qui connaissaient non seulement ceux qui les avaient amenés, mais l'origine et la parenté de chaque animal ; et ils savaient déjà qu'un tel se verrait attribuer une certaine portion, et qu'une autre portion bien définie irait à tel autre, car le monde des Akouni est soumis strictement aux règles protocolaires de la coutume ; et les menus détails, qui n'ont pas été réglés de temps immémorial, le seront, après de longs et difficiles palabres, autour de la flamme des foyers.

Apéoré et Tégéarek soulevèrent, roulèrent et retournèrent longtemps la truie devant le feu avant de passer la peau au racloir. Déjà la préparation et le découpage des huit porcs de plus petite taille, chacun aux mains d'une équipe de deux ou trois hommes, se trouvait en bonne voie. Tandis que ses gens, le dos courbé, s'affairaient, Ou-moué, ses noires épaules couvertes d'une fraîche aspersion d'argile dorée, surveillait la scène de sa hauteur, avec une dignité toute royale.

Pendant ces préparatifs toute agitation dans le sili avait cessé. On n'entendait que quelques bruits de voix étouffées sous les ombrages et le crissement des lames de pierre attaquant l'os. Derrière le pilaï, des hommes préparaient un grand feu, haut comme un bûcher. Au sommet ils entassaient des pierres de cuisson, tandis que d'autres, sur la pente qui domine le sili, faisaient encore rouler des pierres qui rebondissaient à travers les arbres.

A l'arrière du feu, sous l'ombre d'un pandanus, dans un étroit et paisible espace, résident les esprits des morts. Pour bien assurer aux esprits qu'on se garde de les négliger, le sol de l'emplacement a été désherbé et tassé, et les palis anciens ont été remplacés par des lattes fraîchement coupées. Au milieu du cercle s'élève un piquet de bambou d'où pendent des tiges de fougères sèches : ces tiges avertissent qu'il est interdit de profaner ce lieu.

Aloro et Tégéarek accrochaient à une saillie, contre la paroi du pilaï, des quartiers de viande saignante. Les deux guerriers, les bras rougis, saisissaient de temps à autre une calebasse pour y boire de l'eau à longs traits, puis ils s'essuyaient les mains avec des fougères.

Apéoré était descendu dans une excavation creusée pour la cuisson ; il en tapissait l'intérieur de longues herbes, fraîchement coupées ; et le sommet des tiges dépassait de quelques dizaines de centimètres le niveau du sol, comme une exubérante floraison. Pareilles à des sépales verts autour de la corolle herbeuse, des feuilles humides furent disposées sur le pourtour, non loin des hipéris, répandus en taches pourpres. Dans le brasier, une des pierres chauffées explosa avec un craquement sec. A l'aide de longues pincettes, les pierres furent retirées des flammes et disposées tout autour de l'excavation en un cercle brûlant ; on les recouvrit alors d'herbe humide et une grande quantité d'hipéri fut mise à cuire dans la vapeur. Ou-moué s'avança pour donner des ordres, mais, dans un affairement euphorique, tout le monde criait à qui mieux mieux. Les cris ne servaient à rien, car chacun savait ce qu'il convenait de faire et nul ne rechignait à la besogne. On apportait de l'hipéri et toujours de l'herbe humide. Au centre de l'excavation, on déposait encore des pierres, et Polik, au milieu des autres, tirait sur les longues tiges d'herbe. Polik a beau être un kaïn plus âgé et de plus grand renom qu'Ou-moué, il n'hésite jamais à travailler côte à côte avec des guerriers, voire même des yégéreks. Les hommes aux longues pinces, poussant des soupirs de damnés, allaient et venaient, de l'excavation au brasier, du brasier à l'excavation, et leurs instruments de deux mètres claquaient furieusement sur les pierres. Au bord du creux de cuisson, dans les dégagements de vapeur, Apéoré bondissait comme un démon.

Encore des pierres, et des herbes, et un énorme paquet, entouré de feuilles de bananier, contenant des morceaux des porcs du sacrifice. Des pierres toujours, des pierres qui éclatent, et le rude Houonké qui hurle, atteint au visage par un fragment. Des herbes encore, puis un monceau de fougères qu'on apporte en grosses gerbes et qui sont arrosées d'eau avec une calebasse toute dorée de soleil. Tégéarek accourt, portant la dépouille entière de la grosse truie, dont il couvre les fougères. D'autres morceaux, ficelés dans des fougères, sont disposés tout autour. Des pierres, des fougères, des aspersions d'eau, en étincelles dans la lumière du crépuscule — soudain, un cri qui reprend le signal d'un lointain kaïo : « *Kaïo ! Kaïo !* » Quelqu'un a crié, et le cri est suivi d'une brusque rumeur, mais personne n'abandonne le festin. Ce jour-là les hommes des autres clans peuvent s'occuper de l'ennemi.

Les tiges d'herbe dépassant de l'excavation furent rabattues sur le sommet pour envelopper l'édifice, et comme une meule, tout l'ensemble fut entouré de ligatures de joncs. Remarquable ouvrage, fruit d'une expérience immémoriale, édifié dans un grand bruit de paroles, mais avec des gestes toujours précis et adaptés.

Aloro vint prendre des quartiers de viande, qui avaient été réservés et déposés sur un entablement, pour les suspendre dans le pilaï. Ils seraient consommés pendant la deuxième journée de la fête rituelle. Nilik arriva, traversant tranquillement la cour. Son nom rappelle une habitude qu'il a prise de longue date : ne jamais manquer un repas de porc. La présence de cet insatiable convive semblait avoir quelque chose d'inquiétant, et comme prévoyant cette arrivée, le ciel s'était depuis peu assombri. Le vent d'ouest fraîchit et un frémissement d'appréhension secoua, au-dessus des cases, le faîte fantomatique des frondaisons. Nilik, impassible, salua au passage Asikanalek et quelques guerriers qui, profitant du répit de la cuisson, allaient s'enquérir de ce qui était arrivé aux kaïos.

A la fin de l'après-midi, le brasier fut découvert, et les fougères brunies répandues en une couche épaisse devant le pilaï. Plus d'une centaine d'hommes se trouvaient maintenant rassemblés, assis pour la plupart autour des fougères dont ils consommèrent une bonne partie. Sur ce qui restait furent étalés les quartiers de viande. On apporta la couenne grasse de la grosse truie qu'Ou-moué découpa en bandes minces. Les morceaux étaient répartis aussitôt, et apparemment chaque homme et chaque groupe recevait son dû, car il n'y avait pas la moindre contestation. Les guerriers mangeaient la viande avec un évident plaisir, mais sans gloutonnerie et sans hâte, mettant de côté, pour s'en oindre le corps, des morceaux de couenne chaude et grasse. La graisse des porcs, sacrifiés selon le rite, a de multiples vertus : elle donne à la fois vigueur et beauté. Vers la fin de la soirée, tous les corps noirs luisaient, frottés de cet onguent. L'arrière-train de la truie et quelques autres bons morceaux furent portés dans le pilaï où étaient entrés Ou-moué et les kaïns les plus anciens. Avec soin, on y enduisait de graisse wisa des colliers de fibre que les hommes portent pour se rendre invulnérables dans les combats. Les colliers furent ensuite distribués aux guerriers qui avaient le plus grand besoin d'une protection renouvelée, comme Yéké Asouk, par exemple, qui avait été tout récemment grièvement atteint. Yéké Asouk distribua ensuite le reste des colliers qu'attendaient, à l'entrée du pilaï, des mains avidement tendues.

Les pierres sacrées, enrobées dans leurs sachets, étaient encore alignées dans le fond du pilaï sur une feuille de bananier. La purification des pierres devait avoir lieu le lendemain matin. Les anciens mangeaient bruyamment dans la pénombre de la case, et, derrière eux, dans les fentes de lumière des parois, des gouttelettes de sang tombaient avec lenteur des quartiers de viande fraîche suspendus aux solives.

Les Wittaïa, qui n'avaient pas réussi à tuer un seul Kourélou, au cours des derniers combats et des raids sur le Tokolik, projetaient un nouveau raid matinal, dans le secteur de la rivière, au bas de la pente du Touraba. Les Akouni prévoyaient cette tentative, et Aloro, Housouk et d'autres guerriers étaient venus renforcer la garde du kaïo de Weaklekek, afin d'être en mesure de prendre au piège les attaquants. Quelques alertes se produisirent, mais il n'y eut pas de véritable combat.

Le matin où devait avoir lieu le festin du clan wilil, les hommes ne partirent pas au kaïo. Aloro était un Wilil de marque, et Weaklekek un de leurs principaux invités, et Housouk s'en allait combattre sur la frontière nord. Le kaïo fut abandonné pour la journée, et il fut interdit aux femmes de s'en aller travailler dans les champs environnants. La frontière de l'Aïké, dominée par l'imposant Touraba, a toujours été un secteur dangereux, et l'absence de Weaklekek, comme tout ce qui est important, étant bien connue de tous, on pouvait penser que rien de fâcheux ne se produirait.

Il faisait chaud cependant, et le solitaire Wolouklek

voulut, dans l'après-midi, descendre à la rivière pour se désaltérer. Ces gens qui ne boivent que de l'eau finissent par se lasser du liquide vaseux et stagnant des mares, et, par temps sec, ils parcourent parfois de longues distances pour atteindre la rivière, où, penchés sur la rive, ils se désaltèrent tranquillement pendant de longues minutes. Wolouklek emmena avec lui trois jeunes garçons qui jouaient aux alentours de Mapiatma.

L'un d'entre eux, Weaké, avait eu son père tué l'année précédente, dans un combat sur le Waraba. Quelque temps après sa mère s'était enfuie chez les Wittaïa, et c'était son oncle, le guerrier Houonké, qui l'avait maintenant sous sa garde. Ce mince yégérek était un ami de Toukoum, et ses grands yeux, ses sourcils épais lui donnaient cette beauté que l'on découvre fréquemment dans la vallée sur des visages d'enfants. Son nom signifiait : « Mauvaise piste », et tout récemment, il s'était blessé à la jambe, ce qui fait que ce jour-là il n'était pas aussi vif que ses compagnons.

Non loin de la rivière, sur une petite éminence, en bordure du sentier qui conduit au kaïo de Weaklekek, Wolouklek et les trois garçons furent surpris par les maraudeurs wittaïa. Les guerriers bondirent, sortant des taillis et des touffes d'ajoncs. Wolouklek fut par la suite incapable de préciser leur nombre, mais un groupe d'embuscade comprend ordinairement une trentaine d'hommes. Wolouklek ne pouvait rien faire d'autre que d'abandonner sa lance et fuir, suivi des trois garçons.

Weaké avait appris depuis toujours à détester et à redouter l'ennemi, et voyant surgir ces étrangers, la lance brandie, il s'enfuit, lui aussi, éperdument. Mais pas assez vite, car il fut aussitôt rejoint. En vain, il appela au secours. Ses compagnons fuyaient, en péril de mort, et ils ne se retournèrent pas. Un visage d'homme, plusieurs hommes, au souffle rauque, oppressé, se découpèrent au-dessus de lui, sur le bleu du ciel ; et les lances le transpercèrent, le clouèrent au sol, maintes, maintes fois, et les hommes disparurent, et d'autres vinrent pour emporter Weaké, chez lui.

Le cri de « *Kaïo, kaïo* » se répercuta de proche en proche, au-delà d'Homouak, jusqu'au lieu du festin. Houonké avait reçu en plein visage un éclat de pierre brûlant, à peu près au même moment où de longues lances traversaient le corps de son neveu. Le brasier de pierre fumait encore que l'on apprenait à Aboulopak le fatal destin du jeune garçon. Les deux villages sont presque adjacents, et le pilaï qu'habitait Weaké ne se trouve guère qu'à une centaine de mètres de l'enceinte derrière laquelle le clan wilil s'était ressemblé. Houonké et son beau-frère Tamougi coururent à Aboulopak, où s'élevaient déjà les cris de lamentation des femmes.

Dans la longue cour du sili, deux femmes étaient agenouillées devant le pilaï silencieux. Le sili se situe au bas de la pente montagneuse, à l'extrémité nord du bois d'araucarias. L'ombre des grands pins qui couvrent la pente descend jusqu'au pilaï. Quelques vieillards se trouvaient à l'intérieur quand Asikanalek arriva, suivi de Tamougi, d'Houonké et de Siloba.

Weaké était allongé près du foyer, sur une feuille de bananier. Il vivait encore, et le faible son de la voix enfantine paraissait insolite dans cette atmosphère imposante de la case ronde, réservée aux hommes : il tranchait aussi nettement sur le chuintement nasillard des vieux, que le rayon de lumière entrant par la porte tranchait sur une atmosphère poussiéreuse. Weaké parlait de l'étaï-éken, la semence du chant, la vie, à laquelle il s'accrochait encore de toute sa force, comme si les funèbres lamentations qu'il entendait n'étaient qu'une erreur, ne pouvaient pas le concerner... « *An étai-éken wérek.* » « Mais je suis vivant ! » Il ne poussait pas de cri, aucune plainte, mais sa voix se brisait en petits hoquets douloureux, et sur le feuillage sur lequel il était allongé, le sang ne cessait pas de couler.

Houonké essayait de le rassurer, répétant comme un refrain la même phrase banale : « *Hat nahalok logoulouk ! Hat nahalok logoulouk !* » « Mais non, tu ne vas pas mourir. » Houonké était le seul, dans le pilaï, dont la voix ne tremblait pas. Tamougi, un grand gaillard tout en muscles, qui sourit toujours pour dissimuler son manque d'audace, sanglotait bruyamment, tandis qu'Asikanalek pleurait en silence. « *Oh, oh* », « bien sûr, bien sûr », répétait à Houonké la voix de l'enfant. Mais par instants la terreur et la douleur étaient les plus fortes, et contre la mort, qu'il sentait dans l'attouchement de leurs mains, il se débattait en poussant des cris, Houonké lui maintenant le bras gauche et Siloba le droit, tandis que Tamougi et Asikanalek tenaient les jambes. Sans pleurs et sans paroles, Siloba soufflait sans cesse dans l'oreille du jeune garçon, — « *oo-Phouh, oo-Phouh* » — le souffle rituel, guérisseur, porteur de vie et de santé, que les Wilil souffleraient un peu plus tard, dans leur pilaï, sur la viande wisa des porcs.

Le corps de Weaké se tordait tandis qu'ils tentaient de le maintenir ; puis, les jambes relâchées, les genoux remontèrent vers le menton, cachant les plaies béantes des coups de lance, près du nombril et du bas-ventre. Une jambe du jeune garçon gardait encore un bandage de feuilles vertes sur sa plaie ancienne, mais les coups de lance, comme des bouches fraîchement ouvertes, dans la poitrine, les reins, les bras, les jambes et le ventre, n'avaient pas été pansés. On apporta des feuilles fraîches, et les deux blessures ventrales furent enfin bandées hâtivement, avec peu de soin, comme si les feuilles n'avaient pas d'autre objet que d'empêcher le sang de souiller le sol du pilaï ; les hommes, dans leur affolement, maniaient le corps trop rudement, et le blessé poussa des cris aigus. Dans l'ombre devenue plus épaisse, les silhouettes demeuraient penchées, et l'on entendait encore le chuintement des vieillards et le crissement des feuilles, et le « *oo-Phouh, oo-Phouh* », obstiné.

Derrière Houonké, dans l'ombre, une femme était assise, ne bougeant pas plus qu'une pierre. Elle gardait le silence, bien que — contrairement à une règle habituelle — la présence des femmes dans le pilaï serait admise, tant que vivrait l'enfant. Une seule fois, dans l'ombre, sa voix s'éleva, tragique et claire comme un chant. Sœur d'Houonké et épouse de Tamougi, avec l'air de tristesse farouche répandu sur son visage, c'était l'une des plus belles parmi les femmes de la tribu. Elle conseillait aux hommes de porter l'enfant jusqu'au ruisseau.

Cramponné à la vie, Weaké se refusait à mourir. Ses efforts faisaient couler le sang de ses blessures, son corps en était couvert et il était allongé dans une mare sombre. Lorsque la femme eut parlé, les hommes l'approuvèrent : l'eau, en pénétrant dans les plaies, laverait tout le sang noir de la souffrance. Ils soulevèrent le corps pour l'emporter. Siloba soutenait la tête par les cheveux. Dans la cour, les femmes poussaient de grands cris de lamentation, mais les porteurs ne traversèrent pas la cour. Ils firent passer Weaké par une ouverture de la paroi arrière, donnant sur le pâtis des porcs, franchirent une barrière, et, traversant un petit jardin, arrivèrent à une rigole d'écoulement ; là, ils plongèrent le blessé dans l'eau boueuse, jusqu'à la poitrine.

Tamougi n'était plus là. Après avoir quitté le pilaï avec les autres, il s'en était séparé, car les Wilil avaient découvert leur brasier et il voulait avoir sa part de porc. D'autres suivirent Houonké jusqu'au creux d'eau, puis s'éloignèrent bientôt, car ils ne pouvaient rien de plus. Seul Siloba était resté, avec son ami Yonokma. Yonokma, assis dans l'eau, maintenait les jambes du blessé, et Houonké et Siloba, les pieds dans l'eau, le soutenaient sous les bras. La tête de l'enfant reposait sur la cuisse droite de Houonké.

Pleinement conscient, Weaké parlait, et de temps à autre poussait une plainte. Le son de cette voix résonnait dans le jardin silencieux, se détachant du bruit assourdi des lamentations et du bourdonnement lointain des convives, partageant le festin de porc. « *Tégé ! Tégé !* » criait Weaké avec terreur, en revoyant les lances pointées, et la voix de Houonké reprenait sans cesse pour l'apaiser : « *Hat ninom wérek ! Hat ninom wérek !* »... « Tu es avec nous ! Tu es avec nous ! » Et la voix de Weaké acquiesçait faiblement, dans un soupir rythmé : « *Oh, oh, oh* » — « *Hat ninom wérek — oh ! Hat ninom wérek — oh !* » Ses yeux se fermaient, s'ouvraient tout grands et se refermaient. Il semblait s'endormir. Dans la rigole boueuse, où flottaient des débris de feuilles, des dytiques ronds, des araignées d'eau, son sang s'écoulait sans souffrance. Au-dessus de lui, un alignement de bananiers découpait sur le ciel les arches d'un pont géant, et dans une lumière adoucie, la dentelure des crêtes se dessinait sur l'azur. Partout alentour croissaient le taro et l'hipéri, et les pentes étaient couvertes de floraisons bleues des tradescanties. Des martinets rapides, gobeurs d'insectes, chassaient dans le jardin ; tandis qu'avec des claques sèches, les hommes se défendaient l'un l'autre contre les moustiques.

Appuyant sa tête contre le talus, Houonké poussa un soupir. La douleur adoucissait ses traits durs, son visage perdait son expression farouche, il devenait beau. Yonokma, assis dans la rivière, frissonnait de froid. Okal, qui était parti à la rivière avec Weaké, s'approcha pour regarder son compagnon ; agité et malheureux, il ne tarda pas à s'éloigner.

Dans son dernier sommeil, Weaké se plaignait — une plainte faible et claire, qui s'élevait à chaque expiration. Puis, quand la douleur l'éveillait, il essayait de parler ; mais sa voix était faible et engourdie. Siloba soufflait encore dans l'oreille du blessé sans beaucoup de conviction, et il recommençait, chaque fois que l'enfant poussait une plainte, comme s'il l'avait accusé de négligence. Le corps mince avait reçu plus de vingt blessures et il était surprenant qu'il n'ait pas encore cessé de vivre. Mais, assoupi dans l'eau bienfaisante, tandis que les hommes autour de lui s'engourdissaient de froid et de fatigue, Weaké survivrait jusqu'à la nuit tombée. Les hommes toussaient, se claquaient mutuellement de la paume ouverte, et regardaient l'eau ; et la poitrine de l'enfant palpitait encore faiblement. De temps à autre, Siloba faisait couler de l'eau sur les blessures qui demeuraient au-dessus de la surface, et avec l'eau, sur la poitrine, s'écoulait encore du sang. « Tu resteras avec nous, disait Houonké, tu resteras avec nous. » « Oui. Oui. Oui », répondit l'enfant, et il cessa de parler.

Siba arriva, et il regarda Weaké. Il arracha une feuille de taro et sonda avec elle la profondeur de la blessure sur le côté gauche. La feuille et le petit horim flottaient sur l'eau. Siba essaya de renfoncer dans une plaie, près du nombril, une protubérance blanche de l'intestin, comme si, en dissimulant la blessure, il pouvait la soulager. Weaké était de plus en plus faible, et ne cria pas ; sa bouche était ouverte et les lèvres étaient sèches et gonflées. Un côté du visage, qui avait dû être durement frappé lors de l'attaque, était déformé par l'enflure.

Yonokma se pencha pour enlever sur les lèvres sèches un brin de paille.

Siba courut à travers le jardin, grimpa sur le toit de la porcherie, près de la barrière. Dans un craquement brutal comme un cri de colère, il détacha d'un bananier une frondaison épaisse qui retomba dans la cour du sili. Ce serait là la dernière couche de l'enfant. Il revint, retira Weaké de l'eau, et l'emporta par le jardin vers la maison. Tremblants de froid dans le crépuscule, Houonké et les deux jeunes gens suivaient.

Le petit corps était comme une chiffe, bras pendants et genoux pliés ; les gouttes de sang tombaient très lentement sur les feuilles. On n'entendait plus la respiration et les yeux mi-clos étaient vitreux comme ceux d'un animal abattu. Nilik, Wéréklowé et Polik étaient venus voir Weaké à son pilaï ; mais maintenant la nuit était tombée et l'enfant était mort.

Le lendemain matin, au centre de la cour, Houonké et Tamougi construisirent le siège. Quatre femmes sortant du hangar-cuisine se mirent à genoux devant lui, et d'autres franchissaient déjà la palissade qui sépare le petit sili de la grande cour de Wéréklowé. Les lamentations avaient commencé, et de tout le sud du territoire les gens du clan aloua arrivaient à travers champs.

Asikanalek, crispé de douleur, était accroupi dans le pilaï. Contre la paroi où l'on voyait filtrer les rayons de soleil à travers les fentes, la mince silhouette de Weaké était accotée, dans la position qu'elle occuperait sur le siège. Asikanalek vint prendre le corps et le porta au-dehors, à la lumière. Le tenant dans ses bras, il s'agenouilla en plein soleil devant le pilaï et, le visage tourné vers le ciel, commença de se lamenter. Tous paraissaient accablés autour de lui. Asikanalek s'était couvert les épaules de terre jaune. A l'apparition du corps de Weaké, une rumeur monta du rassemblement des femmes ; la longue journée de pleurs et de lamentations sauvages avait commencé.

Le corps fut enveloppé de deux larges pectoraux de coquillages, couvrant à la fois la poitrine et le ventre blessés ; l'épouse de Tamougi, à genoux, souleva et attacha les jambes. Un homme remplaça par un horim neuf celui qui était resté dans l'eau croupie du fossé. Derrière le siège, Houonké et Tamougi se tapotaient les cuisses en sanglotant. De temps à autre, Houonké frottait bizarrement ses mains, les doigts allongés et raidis, et il regardait autour de lui comme si la lumière du jour le gênait.

On porta Weaké jusqu'à son siège. Les jambes furent attachées au barreau transversal et, pour soutenir la tête, Tamougi glissa sous le menton un bandeau de feuillage. L'épouse de Tamougi, sanglotant au bas du siège, se baissa pour arracher une touffe d'herbes dont elle frappa le sol, puis l'égratigna d'un geste circulaire. D'autres femmes, des fillettes, de jeunes enfants, entraient dans la cour et s'installaient de leur mieux, à même le sol, avant de joindre leurs voix au concert de lamentations.

Un lézard, à la poursuite d'un insecte, s'élança de la clôture. La gorge se gonflait tandis que la petite tête avançait et se retirait ; après quelques élans rapides, il se perdit à nouveau dans l'ombre des feuilles. Un peu plus haut, un oiseau-mouche voletait sur une branche d'albizzia. Il observait lui aussi, inquiet de la rumeur insolite, mais avant l'envol, tranquillisé, il prit le temps de lisser ses plumes. Dans le ciel bleu, au-dessus des pentes, des vols de gerfauts tournaient avec des cris perçants.

Les hommes drapèrent, autour de Weaké, les ceintures de coquillages, élevant sur son front une sorte de couronne aux couleurs brillantes. Mais la tête était petite et les ceintures retombaient de chaque côté du corps et le long des accoudoirs du siège. Tandis que tous autour de lui s'affairaient, piétinaient, réfléchissaient, dans la chaude activité de leur existence quotidienne, l'enfant trônait dans une sérénité froide et solitaire. Il semblait cependant prêt à se plaindre, comme si tant de parures l'étouffaient ; quand les femmes vinrent, drapant autour de lui leurs filets, il disparut presque dans cette ombre. Houonké s'approcha pour le frotter de graisse de porc fraîche, et les jambes, que touchait encore le soleil, brillèrent d'un reflet. Grimpé sur une roche près de la clôture et luisant lui aussi de la graisse de porc de la veille, Toukoum regardait Weaké. Parmi les enfants, Toukoum était un des rares qui paraissait profondément accablé ; il avait vu pourtant déjà plus d'une cérémonie funéraire, et il en verrait beaucoup d'autres.

Entraîné par Polik, un groupe nasillait les chants anciens des funérailles, martelant le sol des pieds noueux, et claquant les paumes sur les cuisses cagneuses. L'air renfrogné, l'un de ces hommes fourrageait dans une besace, suspendue à son dos squameux, en cherchant à saisir une boule de tabac ; sa voix ne cessait pas cependant de suivre les lamentations, avec un frêle « *woo, woo, woo* », imitant le chœur en hochant son long nez avec conviction. Avec l'âge, les orifices des narines, où s'insèrent des dents de verrats, s'étaient élargis et des rais de lumière passaient dans les interstices.

Parmi les arrivants, plusieurs apportaient des ceintures, et Houonké les saluait d'un sonore « *wah-h, wah-h* », sur un ton de reconnaissance quelque peu affecté. Houonké et son beau-frère se tenaient l'un et l'autre auprès du siège, et se chamaillaient à voix basse, à propos de l'arrangement des ceintures. En même temps Tamougi se forçait pour sangloter, en faisant rouler ses pupilles avec une hypocrisie évidente.

On amena quatre porcs que le maître du pilaï sacrifia avec une autorité réfléchie et attristée. Tous quatre moururent promptement, labourant le sol de leurs pattes, comme s'ils avaient voulu s'enfouir dans la terre. Sur-le-champ, ils furent préparés pour la cuisson, et des yégéreks apportèrent des bûches ; parmi eux, se trouvait Okal, le compagnon de Weaké : couvert d'argile jaune, en signe de deuil, il gardait sur ses épaules un bourrelet de feuilles pour se protéger du frottement des charges de bois. Comme tous les autres jeunes garçons, il participait activement à la cérémonie des funérailles de son ami.

Nilik, toujours présent quand il s'agit de manger du porc, touchait de la main les quartiers saignants, accrochés à une barre fixée derrière le siège. Une vieille femme s'approchait du siège en se frappant la poitrine de ses mains mutilées : « *Aoulk, aoulk, aoulk, aoulk*, criait-elle, *Loo, loo, loo, loo.* » La terre jaune s'était incrustée dans toutes les rides de ses seins flasques et des hanches fripées. Au fond de la cour, un papillon géant, aux ailes blanc et noir, sortit des ombrages et, d'un vol incertain et dansant, passa au-dessus des Akouni, et repassa encore dans sa danse zigzagante. Les lèvres tremblantes et le regard en éveil, Houonké et Tamougi poussaient de gros sanglots. Ils observaient l'arrivée de Weaklekek et des hommes qui le suivaient, porteurs de trois grandes pierres plates, les *yé*, décorées, au centre, de cauris et de morceaux de fourrure. Les pierres yé, objets précieux, ne sont pas sacrées, mais elles pourront le devenir un jour ; elles sont utilisées comme monnaie d'échange de même que les ceintures de cauris. « *Wah ! Wah !* » se récriait Houonké ; « *Wah ! Wah !* » reprenait Tamougi. Le groupe fit halte devant le siège pour se lamenter, puis, tandis que les femmes et les jeunes enfants demeuraient dans la cour, les hommes se dirigèrent vers le pilaï.

Weaklekek s'était assis ; immobile, il baissait les yeux vers le sol. Weaklekek était un des amis de Weaké, et il se sentait un peu responsable de cette mort du fait qu'il était absent de son kaïo. Mais pour les Akouni, raids et pertes humaines font partie des hasards quotidiens de l'existence, et nul ne songeait à reprocher quelque chose à Weaklekek ou a Wolouklek. Ce dernier toutefois, qui s'était montré assez sot pour amener les jeunes garçons à la rivière, s'abstint de paraître aux funérailles.

Les épouses d'Ou-moué étaient venues, accompagnées des enfants de son sili. Akou et Holaké s'étaient jointes à d'autres fillettes du village qui circulaient de droite et de gauche d'un air embarrassé. Les fillettes adressaient à chacun de timides sourires, avec l'air de croire que tous les regards étaient fixés sur elles. La petite Nylaré ne comprenait pas très bien ce que tout cela pouvait signifier, mais elle fredonnait l'air du chant funèbre, tout heureuse de son savoir-faire. Natorek jouait dans le couloir qui demeurait libre parmi le rassemblement des femmes ; comme la plupart des enfants akouni, les taloches ne le troublaient guère, et il faisait force sourires à de nouveaux arrivants qui le bousculaient au passage. Il fut en fin de compte confié à la garde de son frère, Ouwar, qui l'entraîna dans un coin de la cour et commença de l'épouiller.

Des hommes arrivaient encore, et, pendant la cuisson du repas, le rassemblement débordait sous le couvert boisé, à l'arrière de la palissade. Les chants funèbres cessèrent à la chaleur du milieu du jour, et le silence retomba. Seules s'affairaient des guêpes jaune et noir autour de quelques alvéoles inachevés, suspendus à une branche de pandanus, de l'autre côté de la palissade ; elles tournaient dans l'air au-dessus du nid, laissant flotter de fines pattes velues, ou, avec de délicates précautions, elles s'accouplaient.

En trois emplacements, près de l'entrée principale d'Aboulopak, des touffes d'herbe haute avaient été nouées vers le sommet. Les herbes nouées signalent une interdiction de passage et Wéréklowé voulait interdire aux femmes, qui étaient au nombre de plus de deux cents, de venir à leur arrivée uriner dans ses herbages.

Le brasier de roches découvert, la viande de porc fut distribuée aux hommes ; certaines femmes reçurent aussi quelques morceaux. La fille d'Asikanalek, Namiliké, allait çà et là, avec son petit filet rempli d'hipéri qu'elle distribuait tout autour d'elle. La petite sœur de Weaké, Iki Abousaké, moins grande que Namiliké et, à sa façon, aussi mignonne, se trouvait là également. Ce nom bizarre d'Iki Abousaké signifie : « La main qui ne se retient pas », et c'est ainsi que les Akouni désignent en général les voleurs de porcs.

Pendant le repas, les lamentations s'élevaient et s'apaisaient par intervalles. Avec leurs filets, les femmes essayaient d'abriter le corps de Weaké des rayons brûlants du soleil. Mais bientôt les hommes vinrent lui retirer les ceintures : le repas terminé, il fallait reprendre les travaux du jour. Devant le pilaï, les ceintures furent étalées sur des feuillages, et les kaïns vinrent s'asseoir de chaque côté, en deux rangs parallèles. Lorsqu'ils eurent admiré pendant quelque temps les ceintures et décidé de leur répartition, Wéréklowé se leva pour les distribuer.

Jusqu'alors, Wéréklowé s'était volontairement effacé, laissant Asikanalek diriger le cérémonial funéraire. Asikanalek, un des kaïns du clan aloua, un excellent guerrier, qui avait tué deux ennemis, était en outre un proche parent du petit mort. Mais la cérémonie funéraire doit permettre de procéder à des échanges de biens, sous la direction des principaux chefs de clans. Wéréklowé attribua les ceintures, faisant une pause avant d'annoncer le nom d'un bénéficiaire, pour donner son sens plein à cette désignation. Chaque décision était accueillie par un silence respectueux. Une ceinture fut attribuée à Weaklekek ; mais celui-ci, l'air toujours assombri, la repoussa ; malgré la richesse de ses propres offrandes, il estimait ne pas mériter cette attribution. Lakaloklek, plus intéressée, s'avança, et, au nom de son mari, accepta la ceinture.

En dépit des lamentations, il ne semblait pas que ce meurtre eût, aux yeux de l'assistance, quoi que ce soit de révoltant. Houonké avait beau affirmer violemment que les *pavi* n'auraient jamais dû faire ça, lui-même n'avait-il pas un jour, près de la frontière, tué une femme sans défense qui voulait fuir les Siep-Élortak ? Il était certes inévitable que cette mort soit vengée, mais on n'invoquerait pas des critères moraux. Néanmoins, pour les funérailles de cet enfant, plus de deux cents personnes se pressaient à l'intérieur du modeste sili ; les offrandes étaient plus riches et les porcs sacrifiés plus nombreux qu'aux funérailles d'Ékitamalek — qui était le fils d'un kaïn et un guerrier. Ce n'était pas le chagrin et moins encore l'attrait de l'échange des biens qui avait poussé la plus grande partie de l'assistance à se déplacer. Ils étaient venus pour la plupart parce que ce meurtre d'un enfant, bien que ce fût pratique courante depuis des siècles, les laissait tristes et désemparés.

Tournant le dos à Wéréklowé, l'enfant demeurait nu sur le siège. Les femmes commencèrent d'enlever leurs filets ; et le corps eut un soubresaut, la tête s'abaissa lentement sur la poitrine, car la bande qui la soutenait avait été défaite. Une voix d'homme s'éleva tout à coup avec force, et un silence total retomba aussitôt. Polik venait d'avertir l'assistance d'un prochain danger.

Une quinzaine de jours auparavant, Amoli, le kaïn brutal des Haïmans, avait tué le jeune frère d'un homme avec qui il se trouvait en désaccord. Plutôt que d'attaquer directement un adversaire redoutable, il est plus subtil et moins dangereux de s'en prendre à un de ses parents, voire de lui tuer son propre fils ; et ce genre de choses se produit assez fréquemment. L'adversaire d'Amoli s'était enfui chez les Siep-Kosi, en jurant de se venger. De la part d'Amoli, Polik recommandait à chacun de se tenir sur ses gardes. L'épouse du fugitif devrait se présenter devant lui le lendemain, afin de lui exposer, ainsi qu'à Wéréklowé, toutes les circonstances de cette affaire. Il appartient aux grands kaïns de régler les différends qui peuvent surgir entre les membres de la tribu, parfois même de compenser un dommage par le don personnel de quelque porc. Cette intervention de Polik suscita un certain malaise, puis les conversations reprirent, et, autour de Weaké, les femmes revinrent enlever les derniers filets.

L'assistance commençait déjà de quitter le sili. Ses liens détachés, le corps de Weaké fut déposé sur les feuilles de bananiers qui avaient servi à exposer les ceintures. Tristement, les yégéreks apportaient le bois pour le bûcher. Toukoum avait un air craintif et visiblement accablé. Le cérémonial devint plus rapide. Houonké, une dernière fois, frottait de graisse le petit corps, puis, ayant terminé, il se saisit de son arc. Un homme présentait à bout de bras la grande gerbe de paille. Libérant l'esprit du corps, la flèche s'y enfonça, et le porteur de la gerbe traversa rapidement la cour et la déposa sur la palissade du sili.

Le bûcher avait été rapidement édifié, et une grande clameur s'éleva lorsque la flamme jaillit ; on se hâta de déposer le corps sur son dernier piédestal. Weaké était allongé sur le côté, dans la pose que prennent les enfants pour dormir, la tête reposant sur une bûche épaisse. Les flammes montèrent autour de lui ; sur le sommet on ajouta de nouvelles bûches, et le corps disparut.

Les chants de deuil cessèrent peu après et l'assistance se dispersa rapidement. Houonké, à l'aide d'une plume de perroquet rouge, purifia, selon la coutume rituelle, les hommes qui avaient porté le corps de l'enfant. Assis en cercle, les hommes tendaient les mains, et Houonké secouait la plume dans l'air, au-dessus des doigts allongés ; puis un autre le purifia lui-même selon le rite.

Il ne restait plus de Weaké qu'une odeur douceâtre, qui montait avec l'âcre fumée du bûcher, pour se dissiper enfin, vers les sommets des grands pins, les cimes des montagnes, l'azur du ciel.

La deuxième partie de la cérémonie des pierres sacrées avait été retardée d'une journée pour que le temps nécessaire soit consacré aux funérailles de Weaké ; et, dans l'intervalle, la pénétrante odeur des quartiers de porc suspendus dans le pilaï s'était renforcée, dominant les relents anciens de graisse, de sueur et de tabac. Oreilles, queues et hures, le quartier arrière de la truie et divers autres morceaux étaient déposés devant le foyer du pilaï, sur des feuilles de fougères passées à la cuisson. Le sang séché avait pris une coloration brune, et les quartiers de viande, charbonneux, ayant perdu leurs sucs, étaient réduits et informes. Les hures, avec l'éclat des dents blanches dans ce rire crispé de la mort, avaient été séparées des autres morceaux, et rangées en ligne près de l'âtre.

De bonne heure dans la matinée, en présence d'Élomaholan et d'autres sorciers vénérables, ainsi que des guerriers Aloro, Tégéarek et Yéké Asouk, et de Wéréklowé, seul assistant qui n'appartenait pas au clan wilil, Ou-moué retira les pierres sacrées de leur emballage végétal. Ce n'est qu'en de très rares circonstances que les pierres sont exposées aux regards, et le cérémonial s'accomplissait en silence, sous une impression de crainte et de respect religieux.

Chaque pierre est plus ancienne que toutes les traditions du clan, et ses pouvoirs particuliers sont bien connus de tous. Ces pierres ont en général la même teinte verte que les pierres yé, une sorte de jade obscur, quelques-unes cependant sont noires. Elles ont de belles formes, plates, allongées en spatules, amincies parfois dans leur partie centrale, mais elles sont plus petites que les yé et sans aucune surcharge d'ornements. Ou-moué, qui s'était agenouillé, prenait séparément chacune d'elles pour lui appliquer, avec douceur et respect, une onction de la graisse wam wisa, jusqu'à ce que la pierre apparût parfaitement luisante à la lueur du foyer. Les pierres furent ensuite à nouveau empaquetées et replacées sur leur tapis de feuillage.

Ou-moué revint à l'entrée du pilaï, saisit les queues des porcs et trancha les touffes poilues avec un couteau de bambou. Il tressa sur une monture plusieurs de ces touffes que quelques notables porteraient plus tard comme ornement. Wéréklowé accrocha une autre touffe parmi divers objets fétiches, suspendus à un entablement au-dessus du foyer, et Élomaholan plaça la dernière dans un sachet entourant une des pierres sacrées, afin que les esprits des morts wilil sachent bien que le clan ne les avait pas oubliés. Les sachets furent alors replacés dans le placard, au fond du pilaï, dissimulé par divers objets suspendus aux solives.

Sur quoi Élomaholan quitta le pilaï, suivi d'Ou-moué et du groupe des guerriers, et dans la couche d'herbes et de fougères sur laquelle l'avant-veille la viande de porc avait été servie, Élomaholan dégagea un passage pour faciliter le départ des mauvais esprits : toute leur troupe devait quitter les lieux afin que la communauté des Wilil soit délivrée de leurs maléfices.

Depuis qu'ils avaient mangé le porc wisa, les hommes se trouvaient soumis à l'interdit. Ils ne pouvaient ni boire, ni fumer, ni toucher à leurs femmes. Mais le temps de la levée de l'interdit était venu. Une importante troupe d'hommes, armés de bâtons, sortit du sili. Parmi les champs et les sous-bois, ils se mirent à battre les fourrés de bambous, à sonder les terriers, à fourrager sous les souches, à la recherche de petites bêtes sauvages. Adultes et jeunes garçons, Élomaholan lui-même, et des invités comme Wéréklowé et Polik, tous participaient à ces opérations — tous, excepté Ou-moué qui, soucieux à l'extrême de sa dignité, se tenait à l'écart, les bras croisés sur la poitrine. La chair des animaux sauvages, mangée après que le wisakoun a soufflé sur elle, a la propriété d'abolir l'interdit. Nul ne saurait expliquer la cause ou l'origine de ce pouvoir, mais on sait qu'il en a toujours été ainsi. N'importe qui peut souffler sur la chair, mais seul est efficace le souffle d'un vrai wisakoun, et ce pouvoir se transmet de père en fils. On ne tient pratiquement pas compte de la ligne d'ascendance directe : Asok-méké est un wisakoun et il pourra transmettre son pouvoir à son beau-fils Toukoum. Si Toukoum plus tard ne tenait pas à exercer ce don, Siba pourrait en hériter.

Vers le milieu de la matinée, après beaucoup de cris et force recherches, vingt et un gros mulots et rats des champs, une grosse sauterelle jaune et les larves comestibles d'un nid de frelons avaient été capturés.

Dans la coupe de ses deux mains réunies, Élomaholan prit quatre rats, les premiers capturés ; les queues bien alignées pendaient d'un côté, et, de l'autre, se tendaient ensemble les quatre têtes, avec les petites boules des yeux noirs que la terreur faisait saillir.

Une petite fille, dans une crise de sanglots nerveux, s'enfuit d'Aboulopak ; c'était une de celles qui devaient subir la mutilation du deuil. Une vieille femme la rattrapa et se mit aussitôt à la battre, et comme il est assez rare que l'on corrige les enfants, les chasseurs se divertirent à regarder la scène.

Vers midi, Ou-moué retourna au pilaï, apportant les petits animaux dans un sac tressé. Les femmes les enveloppèrent soigneusement d'herbes et de feuillages. La viande sacrée, wam wisa, fut couverte d'une frondaison de bananier, et les rats et les mulots sacrifiés, la sauterelle et le petit nid de frelons ouvert furent alignés le long de sa nervure. Ou-moué fit alors ses onctions sur le pelage des rongeurs, avec le même soin, la même délicatesse qu'il avait mise à manier les pierres vertes ; il lissa même avec la graisse les moustaches des rats, chose qu'un kaïn moins attentionné aurait négligé de faire. L'opération terminée, il alla se rasseoir, et toute l'assistance se mit alors à hurler : « Dehors ! Dehors ! » en s'adressant aux esprits ; et les hommes se ruèrent hors du pilaï, chassant devant eux des fantômes.

Les petits animaux furent confiés aux jeunes garçons qui les ouvrirent avec des aiguilles d'os, pour extraire les entrailles. Des pierres furent mises à chauffer dans un brasier, et on plaça les rats, pour les roussir, sur le pourtour du foyer : les petits corps se rétractèrent à la chaleur, en demi-cercle, et les dents saillirent. Okal embrocha l'un d'eux au bout d'une baguette pointue. Comme les autres enfants, il se tenait tout près de la flamme, penchant le corps en arrière et cachant son visage derrière l'écran de la main pour se protéger de la chaleur. Les rats roussis furent enveloppés d'une feuille et rapportés dans le pilaï ; le souffle rituel fut alors pratiqué sur chacun d'eux avant qu'ils soient placés dans le foyer de cuisson.

Le lourd Woknabin, seul guerrier wilil qui habitait encore dans le pilaï des pierres sacrées, demeurait assis à l'écart. Woknabin a toujours l'air attristé du fait de son œil manquant, mais cette tristesse pourrait aussi bien avoir pour cause l'inconduite notoire de sa femme. La communauté entière condamne celle-ci et lui attribue l'épithète de *képou* dans le sens de « femme indigne », mais c'est là pour le mari une faible consolation.

Toukoum s'était assis sur une roche, et, en suçant son pouce, il observait le comportement de garçons plus âgés. Il ne tarda pas à se joindre au groupe des plus petits : Natorek et Olouma et la minuscule Nylaré, fille d'Oumoué, seule fillette parmi ce rassemblement masculin. En mordillant quelques os de porc, laissés au rebut depuis l'avant-veille, tous observaient la préparation du foyer de cuisson. Yéké Asouk, que l'on voit rarement au travail, s'était assis près de l'excavation, savourant une oreille de porc. Il faillit être brûlé par la faute du jeune Wénélouk qui, en s'efforçant d'aider d'autres garçons à préparer le foyer, avait laissé échapper une pierre rougie. Wénélouk fait toujours les plus grands efforts pour chercher à se rendre utile. Les jambes longues, monté en graine et efféminé, il est toujours, dans la manière habituelle aux garçons de ce genre, en train de ricaner ou de plaisanter de façon grossière. C'est lui qui a tracé les graffiti sur roche les plus remarquables, que l'on peut voir dans la montagne, non loin des sites des foyers. Yéké Asouk le réprimanda mais sans acrimonie. Il était remis à présent de sa mauvaise blessure, et, avec son collier de fibres tout neuf, l'estomac plein et la peau fraîchement graissée, il avait de la bonne humeur à revendre. Il se saisit d'un morceau de gingembre frais et se mit à le mastiquer béatement. Ordinairement, c'est enrobé de ses feuilles, qui en adoucissent le goût, que l'on consomme le gingembre, et Yéké Asouk, la bouche grande ouverte, se mit à rouler ses yeux et à gémir, en tapotant son crâne à deux mains, comme pour l'empêcher d'exploser. Un moment plus tard, avec la même gesticulation, il en avala un autre morceau.

Natorek, débordant de vitalité, courait d'un groupe à l'autre, se jetant dans les jambes de tout le monde. Son ventre rebondi ne l'empêche nullement d'être robuste et vif, et le voilà qui arrache des mains de Toukoum une savoureuse fougère, à l'instant où celui-ci allait la porter à sa bouche. Toukoum reprit son bien, roulant des yeux ronds et offensés, mais à la réflexion, il s'adressa à lui-même un éclat de rire sardonique.

Natorek, caché derrière le dôme d'herbes recouvrant le foyer, lançait contre son frère Ouwar des fléchettes de brindilles. Le dôme était juste de sa hauteur, et l'on n'apercevait qu'une touffe de cheveux roux qui s'agitait furieusement tandis qu'il préparait ses niches ; de temps à autre, une main potelée se révélait dans la fumée, lançant son trait avant de disparaître. L'adresse de Natorek était moins grande que son habileté à se cacher ; néanmoins, avec sa souplesse svelte, Ouwar se dressa pour le débusquer et le poursuivre d'un air dédaigneux. Le belliqueux bambin sautait et caracolait éperdument pour éviter les projectiles d'Ouwar, mais il n'appréciait pas très bien le temps et les distances, et gaspillait le meilleur de ses forces avant ou après l'arrivée d'un projectile. Pauvre Natorek, qui n'arrivait pas à se détacher de la terre, tous ses tours ne pouvaient empêcher qu'il fasse piteuse figure dans cette bataille, et un vieil homme s'approcha pour le consoler quand il éclata en sanglots.

Le brasier fut découvert et les hommes se groupèrent dans la petite cour. On répartit la viande de porc et les rats ; de ceux-ci chacun devait en principe recevoir une part, mais Ou-moué et d'autres adultes faisaient passer la leur un peu plus loin dans la rangée. Les petits rongeurs furent pour la plupart consommés par Wolouklek et par les yégéreks. Les jeunes garçons mâchaient avidement cette chair de rat qui, indépendamment de ses propriétés curatives, est un régal apprécié. Okal et son frère, seuls jumeaux qui soient trait pour trait identiques parmi les Kourélou du Sud, si bien que l'oreille droite d'Okal, raccourcie à l'occasion d'un deuil, permet seule de les distinguer — dévoraient encore plus avidement que tous les autres. A les voir, avec le faciès allongé, les oreilles pointues, les yeux vifs et brillants, on aurait dit un couple de louveteaux carnassiers.

Dans la cour, par-dessus les rumeurs diverses et mélangées du banquet de porc, flottait une vague odeur de putréfaction. Tous mangèrent l'hipéri et les fougères cuites, les jambes croisées, en plein soleil, et au terme du banquet, ils se frottèrent encore de graisse, mutuellement, avec des claques joyeuses et des bourrades d'amitié. Les yégéreks imitaient les adultes, et Natorek se leva, afin de se faire oindre par Ouwar, sur tout le corps. Il élevait ses deux bras, tout droits au-dessus de sa tête, comme pour battre des mains et se faire remarquer de tous.

La fête terminée, Toukoum courut tout droit au sili de Wéréklowé à Aboulopak. Ce même jour avait eu lieu une cérémonie bien différente, celle de l'*iki palin.* Pour rendre hommage au jeune mort, on avait tranché les deux premières phalanges de deux doigts à sa petite sœur, Iki Abouzaké, ainsi qu'à trois autres petites filles. En outre, à l'aide d'un couteau de bambou, on avait coupé à peu près le tiers du pavillon de l'oreille à un jeune garçon.

Une demi-heure avant la cérémonie, les doigts des petites filles avaient été serrés fortement par des liens, afin d'interrompre la circulation ; juste avant l'opération, les mains des enfants avaient été engourdies par des coups violents, frappés sur l'avant-bras. Les doigts, posés sur un billot de bois, furent tranchés d'un coup de la hache de pierre. Tamougi, dont l'adresse en pareil cas est réputée, s'était chargé de l'opération. Les doigts, mis à sécher dans le hangar-cuisine, seront brûlés le jour suivant et les cendres enterrées dans un emplacement déterminé du pilaï.

Le garçon à qui l'on a tranché l'oreille appartient au sili de Wéréklowé, et ce sacrifice est un témoignage du chagrin éprouvé par tous les membres de ce sili. Une des petites filles est la nièce de Wéréklowé, une autre, la fille d'un guerrier qui n'ayant ni belle pierre, ni porc gras à offrir aux funérailles, a fait don des doigts de son enfant ; une autre est la fille de Tamougi ; enfin Iki Abouzaké n'a plus de père ni de mère. Une parmi ces enfants a dû remplacer la petite fille qui s'était enfuie dans une crise de sanglots. Celle-ci a reçu une correction, mais elle n'a pas été forcée de jouer le rôle pour lequel elle avait été désignée ; comme pour les képous qui refusent de prendre part aux combats, on estime que la honte qu'elle doit éprouver sera un châtiment suffisant.

Avec ses trois ans, Iki Abouzaké est la plus jeune des fillettes, mais les autres ne doivent guère avoir plus de quatre ans. Elles étaient là, toutes ensemble, assises dans le hangar-cuisine. On avait mis sur leurs mains un épais pansement de feuillages, entouré de ligatures d'herbes, et pour ralentir l'hémorragie, chacune d'elles tenait la main levée à hauteur du visage, comme si elles présentaient ainsi un jouet ou un cadeau que l'on offre à ses amis. Les mains saignèrent abondamment pendant toute la matinée, et pour éponger le sang, chaque petite fille gardait sous le bras un gros tampon d'herbage. Aucune ne paraissait éprouver de malaise sérieux, mais elles demeuraient complètement silencieuses, ce qui est rarement le cas pour des enfants, et les pupilles d'Iki Abouzaké — on l'appelle Kibouzaké parmi les enfants — étaient encore fixes et arrondies sous l'effet du choc.

Les parents des fillettes leur parlaient d'un ton très calme, et finalement ils les emmenèrent dans la cour. Les femmes y étaient nombreuses, car c'était pour elles une bonne occasion de se rencontrer, et elles bavardaient gaiement, assises autour du feu. A l'arrivée des fillettes, il y eut un léger mouvement et quelques mots aimables à leur intention, mais on parut bientôt ne plus guère se soucier de leur présence. On leur apporta de l'hipéri et les petites en mangèrent. Un moment plus tard, le jeune garçon à l'oreille sectionnée se rendit au festin du clan wilil et avec les autres, il mangea de la viande de rat. Sans autres soins, la blessure et le côté du visage avaient reçu des applications de terre.

Assise à l'écart, l'épouse de Tamougi retirait des cendres les ossements de Weaké. Elle se servait à cet effet de petites pincettes de bois et elle déposait les débris blanchâtres en un petit tas sur une feuille de bananier. Tous ses gestes, précis et gracieux, étaient d'une lenteur insolite, comme s'ils étaient accomplis dans un état d'hypnose. Cette tâche terminée, elle replia la feuille contenant les os et l'emporta dans le hangar-cuisine.

Les quelques hommes qui se trouvaient dans le sili ne s'approchaient pas des femmes. Weaklekek, toujours silencieux, passa la plus grande partie de la journée à tresser des fibres de bois, le dos courbé sur son ouvrage. Mais vers la fin de l'après-midi, les hommes manifestèrent à nouveau leur présence. Ensemble ils poussèrent un grand cri, et les yégéreks partirent aussitôt comme des flèches, traversant les groupes serrés des femmes jusqu'au bas de la cour et lançant des pierres en hurlant contre la palissade et la barrière d'entrée du sili : ils expulsaient de la place l'esprit de Weaké, en lui rappelant qu'il avait eu tort de s'aventurer du côté des Wittaïa. Les yégéreks revinrent, riant aux éclats, et les femmes riaient également, car la lapidation du fantôme est un rite d'une efficacité positive dont l'effet ne peut être que bénéfique. Des tubercules d'hipéri furent encore retirés des foyers, et Toukoum, le visage encore barbouillé du gras de sa portion de viande, se saisit de deux d'entre eux et courut du côté des hommes.

Au troisième jour de la cérémonie des funérailles, il y eut encore un banquet d'hipéri, et cette fois au sili de Wéréklowé. On y discuta entre autres des moyens propres à assurer la sécurité sur la frontière de la rivière Aïké, et des détails d'un prochain raid de représailles : il était impossible que la mort de Weaké, qui avait eu Weaklekek pour nami, qui habitait le village de Wéréklowé, qui avait pour proche parent Asikanalek et d'autres Aloua de marque, ne soit pas vengée. Pour la mort d'Ékitamalek, Houwaï avait payé, et la perte de Weaké devait être payée de la mort d'un ou, de préférence, plusieurs ennemis : peu importait que Weaké eût été tué parce que l'ennemi avait à venger la mort d'Houwaï, ou celle de Torobia, ou de Tégaolok, d'Owak, de Wié, d'Haknisek et de Mali, cinq hommes morts des suites de blessures reçues au cours des combats sur le Tokolik des plus récentes lunaisons. La vengeance constitue un des rythmes ancestraux qui règlent l'existence des Akouni, un cercle dont on ne peut prévoir la fin.

Le festin venait à peine de commencer qu'un cri d'alarme retentit, et le sili se vida aussitôt de ses guerriers. Le bruit courait d'un nouveau raid des Wittaïa, qui auraient tué des femmes et des enfants sur le sentier de montagne conduisant à Lokoparek.

Les guerriers coururent à grandes foulées rapides sous les araucarias, contournèrent Woupéraïnma, et traversant les champs qui dominent Homaklep, s'enfoncèrent dans la forêt. Mais cette alerte n'était qu'un des résultats de la tension nerveuse de ces derniers jours et, dans la montagne, il n'y avait pas la moindre trace des Wittaïa. Les hommes redescendirent des hauteurs et retournèrent pour la plupart à Aboulopak pour se remettre à festoyer. La fantôme de Weaké fut expulsé une fois de plus, à grands cris et force éclats de rire, sous une grêle de pierres. Cette cérémonie fut reprise une dernière fois l'après-midi du lendemain ; et chaque jour on se rendait à l'emplacement de l'embuscade pour y faire brûler les herbes. Tant que la moindre trace de sang demeurerait sur les lieux, le fantôme de Weaké rôderait alentour, et ce n'est que lorsque tout serait effacé qu'il pourrait librement prendre le chemin du territoire ennemi.

Déjà les ossements de Weaké se trouvaient placés derrière le pilaï, sous un abri de lattes. Jusqu'au jour où sa mort serait vengée, une sorte d'autel serait installé dans le hangar-cuisine de son sili, où deux des filets utilisés demeuraient suspendus au mur. Les queues des porcs sacrifiés ont été attachées aux filets, de même qu'une tige de toa, sorte de gros légume qui tient à la fois du céleri et de l'artichaut. Weaké était friand de toa, et c'est pour plaire à son fantôme que la tige a été accrochée aux filets. D'un râtelier un peu plus haut pend un paquet d'herbes, qui doit avertir les esprits que, dans ce sili, tout a été mis en ordre et qu'il leur reste une chose à faire : s'en aller ailleurs s'occuper de ce qui les regarde. Quand les proches et les compagnons de Weaké auront tué un Wittaïa, l'autel sera supprimé et les herbes seront brûlées.

La mort de Weaké n'avait pas été annoncée aux Wittaïa, car l'annonce pouvait paraître superflue ; l'ennemi n'en célébra pas moins un étaï. La mère de Weaké, qui vit parmi les Wittaïa, devait bien savoir quel était l'objet de cette célébration, mais prenait-elle part d'une façon quelconque aux cérémonies, les Akouni l'ignoraient.

Quand le soleil apparut au-dessus des crêtes, Yéké Asouk et Tekman Bio traversèrent les champs pour aller dans la montagne couper des tiges d'arbres propres à faire des armes. Yéké Asouk avait mis un serre-tête neuf, et portait sur l'épaule une hache de pierre. Sa harpe à bouche pendait négligemment d'un orifice pratiqué dans son lobe d'oreille, et au bout de la corde dansottait une baie rouge et dure : quant à Tekman Bio, il avait jeté sur son épaule un sac fait de fines plumes de faucon et tenait à la main une lance de laurier aux tons clairs. Le jeune Soupouk les accompagnait. Ils montaient sans se presser, observant les versants montagneux sous la lumière du soleil matinal.

Au-dessus de leurs têtes se dressaient les falaises granitiques, et les deux hommes se mirent à crier : « *Yéké Asouk-a-o, Tekman Bio-é.* » Et les esprits leur répondirent : « *Asouk-a-o, Bio-é.* » « *Mokat, mokat* », dirent-ils, avec des rires : c'étaient leurs propres esprits, et ils n'en avaient pas peur. Un peu plus loin, l'eau d'un ruisseau, coulant par-dessus une grande roche claire, enfoncée dans le sol, venait couper le sentier. Les hommes viennent en cet endroit aiguiser les outils de pierre et toute la roche porte les marques des entailles et des griffures de ces travaux. Yéké Asouk déposa sa hache, détacha la lame de son armature de bois, et la racla alternativement sur ses deux faces contre la roche et sous la surface de l'eau. Une blanche poudre de granit se dispersa dans l'eau claire du ruisseau et s'écoula vers la vallée.

Ils montèrent un peu plus haut. Sous des arceaux de lichen gris et barbus, retombant d'un hêtre, un oiseau de paradis s'agitait, battait des ailes, et poussait des croassements plus rauques et criards que ceux d'un vulgaire corbeau au plumage sombre : c'était comme un son bizarre de fraiseuse, dominant tous les autres bruits de la forêt. De chaque côté de sa gorge dépassait, comme une épée double, le pectoral d'azur iridescent, et des souffles d'air, cherchant leur issue vers les sommets, rebroussaient les plumes, étincelantes de lueurs.

Ils entrèrent dans le brouillard des hauteurs, où les nuages, accrochés à la forêt, ne se dispersent que pendant quelques heures du jour. Des mousses abondantes recouvrent le sol, et vont épaissir d'une gaine verte les branches et les troncs des arbres. Dans les épaisseurs de la forêt moussue, l'humidité s'égoutte de toutes parts. Les hommes avançaient avec précaution, soucieux d'éviter à leurs corps nus le contact froid des branches mouillées.

Ils montèrent encore, jusqu'à un grand entassement de rochers qui s'avance en corniche sur la pente. Ces roches prennent souvent la forme d'imposants amphithéâtres naturels, emplacements choisis pour allumer des feux de campement. De l'altitude qu'ils avaient atteinte, les hommes dominaient maintenant tout le cours de la rivière Aïké, descendant des montagnes par un cañon étroit, et serpentant au-dessous d'eux sur le plateau de la vallée.

Soupouk se mit à préparer un feu : il amassa des feuilles mortes de pandanus et de grands lichens barbus en guise d'amadou. Un morceau de bois, fendu à une extrémité, avec une pierre engagée pour maintenir la fente ouverte, est posé sur le sol ; la matière inflammable est placée dans la fente et un ruban de jonc enroulé un peu au-dessous ; des deux mains, alternativement, on tire sur les bouts du ruban de jonc jusqu'à ce qu'une étincelle du frottement enflamme le combustible abrité du vent dans la fente. Au-dessus de son feu, Soupouk déposa des plançons, afin de les sécher et d'en durcir l'écorce.

Cependant Tekman Bio avait découvert une superbe hampe de laurier, bien droite, plus de quatre mètres de long. Yéké Asouk l'aida à la fendre sur toute sa longueur, en utilisant des coins de bois. Une des deux sections fut encore fendue en deux, et la mieux venue de ces trois sections fut appuyée contre un rocher pour être écorcée avec soin.

Installé sur un rocher, Yéké Asouk taillait des pointes de flèches dans le bois dur d'une branche de myrte. Il se servait d'un racloir, fait d'une dent de verrat qu'il porte accrochée à un bracelet de fourrure. Yéké Asouk s'efforce d'éviter les travaux les plus pénibles, en donnant pour excuse sa blessure encore récente. De temps à autre, il s'arrêtait, afin de décrire à Tekman Bio les mouvements de l'ennemi qu'il s'imaginait apercevoir : la distance était grande, mais des yeux de chasseur portent loin et Yéké Asouk ne manque pas d'imagination.

Lorsque la hampe de bois, bien écorcée et grattée, eut grossièrement pris la forme d'une lance, Tekman Bio la mit sur son épaule, Yéké Asouk prit la hache de pierre et l'ancienne lance de Tekman Bio, et les deux hommes, suivis du jeune Soupouk, redescendirent les pentes. Ils se hâtaient, car dans l'après-midi des nuages de pluie se massaient sur les crêtes. Chemin faisant, Tekman Bio ramassa des herbes sèches qu'il utiliserait en guise de papier de verre pour poncer la tige de bois.

De bonne heure le lendemain, Tekman Bio emporta l'ébauche de lance à Homouak et la plongea dans l'eau du torrent. Il cassa des pierres pour avoir des éclats tranchants, et, retirant la lance de l'eau, il l'emporta sur le saillant rocheux où se tiennent les conseils, et il alluma un feu. Avec ses racloirs de pierre, il râpa la longue tige, puis la frotta, pour la lisser, avec les herbes râpeuses.

Pour les Akouni, le geste de frotter la lance avec l'herbe *leno* ou *hougi* s'accompagne d'associations suggestives, exprimées par les paroles d'un refrain que Tekman Bio fredonnait, en poursuivant sa tâche. Le refrain évoque le comportement de deux femmes faciles, Kilougé et Yaï-igé, qui s'abandonnent — *lélokano* — à tous les jeunes gens qu'elles rencontrent sur le chemin d'Homouak à Aboulopak :

Kilougé Yaï-igé
Homouak lélokano
Araken arahalok
Aboulopak lélokano.
(Rinforzendo)
Hougi aré ara
Léno aré ara.

La forme de la lance n'était pas encore entièrement satisfaisante, et Tekman Bio racla de nouveau quelques minces copeaux à l'aide de la hache de pierre. Il ponça encore toute la surface avec sa dent de verrat, et plus particulièrement la longue lame blanche qu'il fignola, en sculptant des facettes en losanges, si bien que la jonction entre la hampe et la lame avait l'aspect d'un diamant aplati. Ce travail, qu'il accomplissait sans hâte et avec application, prenait beaucoup de temps ; dans l'après-midi seulement, il ouvrit un petit récipient de feuillage, contenant une matière dont il se mit à enduire l'arme sur toute sa longueur : il s'agit d'une sorte de cire, faite avec le cocon d'une chenille jaune et noire, insecte dont le goût est particulièrement apprécié. Cette cire passe pour guérir ou conserver le bois, et il prenait grand soin d'en bien frotter toute la surface. Il procéda ensuite à une application de graisse de porc chauffée : celle-ci est destinée à donner au bois une élasticité plus grande. Il termina enfin par l'application d'une deuxième couche de cire, tout en prenant bien soin de faire tourner la lance, exposée à la flamme.

Le lendemain Tekman Bio alla prêter la main à Wéréné et Tégéarek, occupés à leur dur travail de défrichage de nouveaux jardins, mais le jour suivant il termina sa lance neuve. Il para le bois avec plus de soin encore, à l'aide de la dent de verrat, éprouva sa résistance, le passa à la flamme et le frotta en entier avec la graisse de porc aux propriétés surnaturelles. Il termina par une simple touche de décoration : juste à la base de la longue lame, il inséra des morceaux de moelle de fougère, faisant une sorte de manchon, couleur de cuivre. Vers le ciel, il brandit l'arme pointée, heureux de la sentir prête à l'usage et bien en main.

Pendant toute une journée, Tekman Bio avait délaissé sa lance neuve pour aider Wéréné et Tégéarek. Il s'agissait là d'un service que l'on se rend communément entre proches, et à charge de revanche. Cela faisait plus de deux mois que les deux hommes s'étaient mis au travail, et qu'ils continuaient sans désemparer, avec les diversions des combats et des festins, des étaïs et des funérailles. Ils venaient à peine de terminer l'arrachage des taillis et des vieilles racines. Des monceaux de débris et de racines avaient été déblayés et les planches de terrain, destinées aux plantations d'hipéri, s'élevaient lentement, à mesure que les travailleurs creusaient les fossés d'irrigation.

Aloro était là également, accompagné de Wolouklek et de Siloba, tous ahanant à qui mieux mieux. Aloro travaillait comme un forcené, enfonçant dans le sol le bâton à hipéri, comme s'il s'agissait d'une lance meurtrière. Sa jambe trop courte peinait et se pliait maladroitement aux positions pénibles des travaux des champs. Clopin-clopant, il s'acharnait à la tâche. Wolouklek, par contre, travaillait avec indolence, piochant et sondant, puis promenant autour de lui des regards pensifs, tandis que Siloba, tout souriant, travaillait par à-coups et furieux élans.

Les hommes enfonçaient leur outil, soulevaient, grattaient, remuaient la terre. Tégéarek travaillait avec ardeur, mais il relevait fréquemment la tête, afin d'exprimer une idée qu'il venait d'avoir, généralement à propos des combats ; contrairement à ses compagnons, il lui paraissait difficile de réfléchir et de travailler simultanément.

Le soleil disparut derrière le rideau d'une averse, mais elle ne dura pas, et les hommes poursuivirent leur tâche. Ils n'avaient aucun souci de gagner du temps, chose qui ne saurait avoir de sens dans ce monde de la vallée, et ils n'avaient pas à se soucier des saisons, car celles-ci, à peine marquées, demeurent pleines d'imprévu et ignorent les retours constants des printemps et des automnes des lointains pays tempérés. Mais il leur fallait lutter avec une terre peu fertile et contre la végétation sauvage qui l'envahissait et qu'ils devaient refouler sans cesse pour de trop brèves périodes.

La pluie cessa. Un rai de soleil vint briller sur les ailes cuivrées d'un frelon noir, sur le toit de chaume d'un hangar aux paillettes dorées, sur les manchons de fibre blanche, entourant les hampes des longues lances, et les lances demeuraient plantées sur les angles du champ, seules pointes menaçantes sur les contours alanguis du paysage de la mi-journée.

Comme la plupart des jeunes gens célibataires, Walimo va fréquemment en visite dans les villages environnants, et il passe la nuit dans le pilaï où le crépuscule vient le surprendre. Il a passé la nuit dernière dans un sili haïman, situé sur l'autre rive de l'Élokéra, mais cette fois sa visite avait un but. Ce village est celui du kaïn Maïtmo, qui demeure convaincu que Walimo mérite la mort pour s'être rendu en territoire ennemi, chez les hommes de son clan, sur l'autre rive de la rivière Baliem. Walimo avait eu l'idée d'aller s'enquérir de l'état d'esprit de Maïtmo auprès des gens de son village, les mieux placés pour le connaître.

Maïtmo apparemment n'avait pas changé d'opinion, et Walimo retourna parmi les Kourélou du Sud, plus découragé qu'avant son départ. On le voyait errer de droite et de gauche, l'air aussi désinvolte, aimable et souriant qu'à l'ordinaire. Tout le monde aime bien Walimo, même Maïtmo et Wéréklowé qui voudraient le faire exécuter. En traversant la savane, il coupa quelques rameaux souples pour en faire des jouets tressés. Il façonna un petit paneton ornemental, rappelant la besace que les hommes mettent sur leur dos, quelques jupettes de tresses et un berceau miniature.

Ses joujoux terminés, Walimo les abandonna aux rats et aux insectes, et prit le sentier d'Houlibara pour retourner chez lui.

Dans huit, dix ou peut-être douze mois, les Kourélou célébreront la fête rituelle du maouwé. Le maouwé, qui est la plus complexe et la plus importante des cérémonies célébrées par les Akouni, a une périodicité irrégulière, qui comporte des intervalles de plusieurs années. La date dépendra aussi bien d'une nécessité interne qu'éprouvent les membres de la tribu que du nombre de porcs dont la communauté peut disposer. Le maouwé est proclamé par Kourélou en personne, mais il est célébré dans chaque village sous la direction du kaïn local. Les cérémonies se prolongent pendant plus d'une semaine, et le maouwé vient s'inscrire dans un cycle de paix, de reconstruction et de renouveau : réfection des palissades du sili et de tout ce qu'il peut être nécessaire de réparer, raffermissement des bons rapports entre individus et de tous les liens du clan — et purification des pierres sacrées.

Le maouwé comprend un cérémonial d'initiation des jeunes gens et des jeunes filles de la tribu, qui sera suivi du mariage de toutes les filles pubères. Il ne doit pas y avoir de laissé-pour-compte, car la plus pauvre ou la plus laide trouvera toujours un homme pauvre ou laid, ou quelque vieillard pour s'accommoder d'elle, ou pour l'ajouter à la liste de ses épouses. Les jeunes gens ont coutume de chanter un refrain que l'on peut traduire à peu près ainsi :

Où sont parties toutes les filles
Qui dansaient avec nous sur le Libérek ?
Toutes maintenant se sont mariées.
Alors, bon, qu'est-ce qu'on peut faire,
Si toutes les femmes sont pour les kaïns ?

L'initiation des filles annonce et précède le mariage : on leur arrache et on met au rebut la jupette de roseaux qui sera remplacée par la jupe d'anneaux de fibre des femmes. Au prochain maouwé, la fille de Lolilouk, Wérekma, deviendra de cette façon une vraie femme, et si un homme la désire et qu'elle soit consentante, elle se mariera. Le mariage comporte tout un code d'échanges et d'obligations fort complexes, et ce sont les familles qui doivent se mettre d'accord à ce sujet. Quand l'accord sera intervenu, Lolilouk ne manquera pas de se lamenter rituellement de la perte qu'il devra subir en la personne de sa fille, et le mariage suivra.

La veille du mariage, les hommes de la parenté de Wérekma lui apporteront, ainsi qu'à sa mère et à d'autres femmes de sa famille, de la viande de porc en abondance. Au cours de toute son existence, Wérekma n'aura sans doute pas d'autre occasion de manger vraiment du porc, et non pas seulement quelques reliefs. Les porcs sont offerts en général par les frères de la jeune fille, mais comme Natorek et Ouwar n'en possèdent pas encore, c'est le père, Lolilouk, qui devra fournir les animaux. Si, à l'époque du maouwé, Lolilouk n'est pas assez riche pour faire face à cette obligation, c'est le kaïn le plus proche, Ou-moué en l'occurrence, qui s'en acquittera, mais à titre d'avance dont il pourra exiger plus tard la restitution.

Le jour suivant, Wérekma demeurera chez elle, à Woupéraïnma. Le fiancé — ce pourrait bien être Walimo, qui pense à se marier et qui, étant aloua et waïa, peut épouser une fille wilil — se rendra à Woupéraïnma, où il sera régalé des plus fins morceaux de porc ; ses sœurs et d'autres femmes de sa parenté l'accompagneront. Wérekma doit se tenir dans le hangar-cuisine, avec une réserve et une indifférence affectées ; mais elle ne tardera pas à faire mine de s'enfuir. Les sœurs du fiancé sollicitent alors la permission de l'emmener à leur village, et la permission accordée, elles demandent en outre à emporter tout ce qui appartient en propre à la jeune fille : les filets, les pierres yé, les objets décorés de coquillages qui lui ont été donnés par ses proches, et également ce qui reste de la viande de porc du récent banquet. Wérekma doit partir alors avec les femmes ; mais son futur époux ne la suit pas encore : il lui est interdit de rentrer à son village, et il ira furtivement demander asile dans d'autres pilaïs. Sa famille, pendant ce temps, doit célébrer par un festin l'arrivée de Wérekma. Au bout de deux ou trois jours, on fera savoir au promis qu'il lui est permis de rentrer.

Il entrera, avec Wérekma et quelques-uns de ses proches, dans un nouvel ébéaï, spécialement construit à l'occasion du mariage. Assis sur le filet de la jeune femme, le couple écoutera diverses recommandations, entre autres celle de bannir entre eux la timidité. On mangera de l'hipéri et de la viande de porc au cours de ce qu'on peut appeler un repas de noces, et après quelques heures de conversations animées, on laissera en tête à tête Wérekma et son jeune époux. La virginité de Wérekma n'est pas considérée comme ayant une importance capitale, mais comme il s'agit d'une fille fort réservée et qui a toujours suivi le droit chemin, il est probable qu'elle perdra cette virginité au cours de cette première nuit de noces.

Le frère de Wérekma, Ouwar, sera probablement au nombre des adolescents qui, à l'occasion du prochain maouwé, subiront les épreuves de l'initiation — épreuves peu pénibles, qui se dérouleront à peu près dans cet ordre.

Pendant quatre jours environ, l'adolescent devra vivre dans le pilaï d'Ou-moué. L'accès de la pièce du dessus lui est interdit, car il devra faire tous ses efforts pour ne pas dormir ; il prouvera ainsi sa capacité à supporter des privations. On lui donnera pour l'alimenter quatre patates douces et un porcelet. Il pourra sortir pour que le temps lui paraisse moins long, et chaque jour il sera conduit dans un champ où, en même temps qu'à d'autres garçons, on lui enseignera certains tours qui lui seront utiles au combat ou dans les embuscades, et ils prendront part tous ensemble et pour la première fois à une sorte d'étaï ou de danse forcenée.

Vers la fin de cette période, il devra faire la preuve de son adresse au tir à l'arc, en faisant passer ses flèches dans les cercles d'herbe ; s'il le désire, il pourra, après ces épreuves, participer aux prochains combats, mais en aucune façon il n'y sera contraint. Le nami d'Ouwar, un Siep-Kosi, viendra lui faire don d'un arc et de ses flèches et d'une pierre yé. Pendant une demi-heure environ, l'adolescent devra demeurer parfaitement immobile, tenant l'arc et les flèches dans la main gauche et la pierre yé dans la main droite. Son nami lui offrira en outre un petit sac tressé pour ranger ce qui lui appartient en propre, et une ceinture de cauris dont on lui ceindra le front. La ceinture de cauris ne se porte en tout que trois fois : cette occasion sera la seconde ; la première se situe au moment de la naissance, et l'autre peu après la mort. La présentation de la ceinture de cauris termine le cérémonial de l'initiation, il ne restera plus qu'à la célébrer en sacrifiant des porcs et en festoyant.

Pendant cette période des initiations et des épousailles, dans tous les villages détenteurs de pierres sacrées, ont lieu les rituels de purification, en même temps que le cycle des festins et des échanges, pratiqués sous forme de dons : présentations et récompenses diverses, résolution ou création d'obligations personnelles, tel est le but de maouwé et sa principale justification. Parents et invités affluent à cette occasion, et l'on y vient de fort loin, même des pays du Yalimo. A part cette période du maouwé, on ne voit que rarement ces hommes du Yali, venus échanger quelques marchandises, avec leurs bizarres corsets, faits de cercles de fibre dure. Tous les grands kaïns s'efforcent alors de resserrer les liens communautaires, de promouvoir l'entraide, et d'apaiser les querelles qui mettent en péril l'unité de la tribu. Les kaïns offrent des porcs à ceux qui ont tué un ennemi, et également aux enfants qui ont eu les doigts ou l'oreille tranchés en signe de deuil. Pendant le maouwé, les porcs sont sacrifiés par centaines, et il faudra attendre une, deux ou trois années, avant que la communauté soit de nouveau à même de supporter ce lourd tribut.

Un homme est allé visiter, la nuit dernière, une femme du village d'Houlibara, où habite Yoli, le père de

Walimo. Quand il se glissa dans la pièce du haut, elle était tout engourdie de sommeil, et elle n'y prêta pas d'abord beaucoup d'attention. L'homme se montrait pressé et il la possédait déjà quand elle réalisa que ce n'était pas là son mari. Elle appela au secours, et une autre femme de l'ébéaï courut à son aide. Elles s'efforcèrent de maîtriser l'intrus, mais gênées par des mains aux doigts manquants, elles ne parvinrent pas à le maintenir. Quand les maris arrivèrent du pilaï, le visiteur avait disparu, laissant dans la place son horim. Il est bien difficile de savoir à qui ce horim peut appartenir, pourtant les gens du village souhaitent vivement que l'homme soit identifié, car ils se trouvent en ce moment à court de graisse, et le porc que le contrevenant serait obligé de fournir serait particulièrement bienvenu.

Non loin de Lokoparek, la rivière Tabara coule vers le nord dans la forêt, au pied des contreforts montagneux. Un homme du nom de Pouméka vient là pour couper du bois. Il travaille depuis quelques jours, et les palis, épointés grossièrement aux deux bouts, s'entassent sous une avancée de roche. Les bûcherons savent abattre les arbres en se servant des procédés de l'entaille circulaire ou du feu allumé à la base, et cette dernière technique a permis d'abattre quelques troncs géants de chêne et de hêtre, que l'on voit étendus çà et là ; mais la plupart du temps ils ne s'attaquent qu'à des fûts plus minces, qui, depuis longtemps, sont utilisés dans les constructions.

Sur la paroi du rocher contre lequel Pouméka entasse son bois, juste au-dessus d'un étroit emplacement de feu, abrité de la pluie, on découvre tout un échantillonnage de dessins au charbon de bois. La plupart de ces dessins, qui sont de date récente, ont été exécutés par le jeune Wénélouké, et ce sont les plus originaux et les plus complexes que l'on puisse voir dans la région, mais ils sont en si grand nombre, avec des tracés qui empiètent parfois l'un sur l'autre, que l'on éprouve quelques difficultés à s'y reconnaître. On distingue cependant de frustes silhouettes d'hommes, et plusieurs gros lézards pouna, et des porcs — l'un d'eux notamment, le corps fendu, avec les côtes apparentes de chaque côté — interprétation fortement réaliste, très différente des autres dessins de la paroi. Une figure de femme attristée est représentée en quelques traits simples : la tête, les yeux, le nez et les parties sexuelles — et une remarquable silhouette d'homme, de près d'un mètre vingt de haut, dont les contours de la tête et des membres sont intérieurement crayonnés de noir — technique fort inhabituelle — et surmontent un ovale blanc, comme une grosse araignée noire, perchée au sommet d'un œuf. Ce dessin différait tellement de tous ceux qui étaient tracés sur la roche que Pouméka crut d'abord que cette chose noire représentait, non pas un visage humain, mais une sorte d'effrayant insecte. Son fils lui indiqua alors l'inévitable pénis que l'artiste avait tracé juste au-dessous du menton, alors que le reste du corps avait l'air d'avoir été rajouté après coup, peut-être par un autre dessinateur.

Pouméka, dont le nom signifie « Serpent d'eau », est un homme aimable, tout édenté, avec un visage plissé de rides, et un rire aux modulations aiguës. Il est kaïn du village de Sinisiek, en territoire Kosi-Aloua. Bien qu'il ne puisse combattre, du fait qu'un de ses bras est atrophié, en se servant du côté gauche valide, il est devenu un remarquable bûcheron. Les Kosi-Aloua, qui habitent une partie plate de la vallée, où n'existent plus de forêts, ont sans cesse besoin de se procurer du bois, ainsi Pouméka passe-t-il une bonne partie de son existence dans cette forêt des hauteurs, où coule le Tabara. Il se fait aider parfois par son fils ou par un ou plusieurs hommes âgés : ils élaguent les branchages des arbres qui tombent dans la futaie et ils traînent les troncs jusqu'à la clairière, non loin de la roche où sont tracés les dessins de Wénélouké. Là, ils martèlent l'écorce avec un lourd billot, afin de pouvoir la détacher plus facilement, puis ils pointent le tronc écorcé sous l'avancée de roche pour que le soleil puisse le sécher et le durcir.

Pouméka descendit de la montagne, portant sa hache de pierre sur une épaule, et sur l'autre un long fût aminci de bois de kaï. Avançant de la longue et rapide foulée des marcheurs akouni, il déboucha bientôt de la pente boisée sur l'espace découvert de la savane. La piste se confondait avec le lit d'un torrent, et le sable humide, entre les roches, était frais sous les pieds nus. Il descendit, contournant les roches géantes, de quinze mètres de haut parfois, traversant les bois de myrte des versants inférieurs, pour atteindre enfin les champs abandonnés qui dominent Homaklep. Avec leurs chargements de légumes des femmes revenaient des champs, et toutes il les saluait, en faisant son large sourire édenté.

Les hommes en général évitent la compagnie de Pouméka, comme ils tiennent à l'écart tous les infirmes, le cas d'Aloro demeurant une exception ; en apercevant Pouméka, ils froncent le front et se détournent, avec un haussement d'épaules et un geste de la main ouverte, comme pour dire : à quoi bon en parler ? Mais tout le monde aime bien Pouméka, et dans un sens on a pour lui du respect.

Il avançait à grands pas sur le sentier en contrebas de Woupéraïnma. Il n'avait rien mangé depuis le petit matin, et dans ce milieu de l'après-midi, il avait grand-faim. On trouve dans ce sous-bois des groseilles sauvages et de petits champignons, mais il ne s'arrêta pas pour en manger, et pas un seul instant il ne songea à faire une pause à Woupéraïnma. Comme cela se produit assez fréquemment, les rapports entre Wilil et Kosi-Aloua n'étaient pas des plus amicaux, et encore récemment avaient eu lieu l'affaire de l'enlèvement de Youli, la jeune épouse d'Ou-moué, et celle des blessures que Tégéarek et Yéké Asouk avaient infligées à un Kosi-Aloua : l'homme était maintenant rétabli, mais les sentiments d'acrimonie subsistaient. En outre, après l'installation de son nouveau village de porcs à Lokoparek, Ou-moué voulait se faire reconnaître un droit de propriété sur la forêt avoisinante ; et il s'était montré fort mécontent que les Kosi-Aloua viennent y pratiquer des coupes sans lui demander son autorisation. Et pendant ce temps Housouk ne se faisait pas faute de conter à qui voulait l'entendre qu'Ou-moué n'était qu'un képou. Aussitôt qu'il était question d'Ou-moué, Housouk fronçait le nez et faisait devant lui un geste de la main, comme pour écarter une mouche ; mais autant qu'Ou-moué, Housouk est un roué intrigant qui cherche à accroître son pouvoir, et qui, en présence d'Ou-moué, se gardera bien de ricaner. Les Kosi-Aloua ne se privent pas cependant d'aller à la forêt et d'y couper du bois. Pour toutes ces raisons, Pouméka n'aurait pas été bien accueilli dans le village d'Ou-moué.

Toukoum et Soupouk traversaient le bois ; ils s'arrêtèrent à la limite du couvert pour secouer les troncs d'arbres minces, puis ils ramassèrent les grosses cétoines à forte odeur, au corselet vert brillant, qui pleuvaient dans l'herbe. Lorsqu'ils croisèrent Pouméka, les jeunes garçons lui offrirent un de ces scarabées qu'il accepta. « *Kaïn-a-laok* », dit Pouméka, tout en aspirant avec bruit. On utilise habituellement cette expression, avec le souffle que l'on reprend, comme dans un mouvement d'effroi, lorsque quelqu'un vous fait un don — peu importe que le donateur soit réellement un kaïn, puisque le véritable kaïn se distingue par sa générosité. Cette variété de cétoines a un goût et une odeur de musc particulièrement forts, résultat d'une sécrétion glandulaire, capable de rebuter la convoitise des oiseaux. Ce qui n'empêcha pas Pouméka d'écraser la cétoine sous les molaires qui lui restent, avec une mimique de satisfaction. « *Kaïn-motok* » — Grand kaïn ! dit Pouméka, avec une grimace, sur un ton d'affectueuse raillerie.

Le tertre d'Anélarok, situé à un croisement de pistes, est un lieu où les guerriers ont coutume de faire halte pour observer le terrain environnant, pour allumer un feu, ou se reposer au moment de midi, en fumant à l'ombre d'un bosquet. Le jour d'un étaï, les femmes viennent y danser, et les yégéreks y jouent au jeu de la guerre.

On trouve sur les buissons de symplocos de très nombreuses baies, semblables à de petites olives dures. Chaque baie représente un guerrier, et sous les arbres, où l'herbe a disparu depuis des dizaines d'années, les yégéreks font charger l'une contre l'autre leurs compagnies de guerriers, comme les troupes ennemies qui vont s'affronter sur le Tokolik, ou sur les pentes du Waraba.

Parfois ils construisent des kaïos miniatures, et sur les petites plates-formes de paille, ils posent les graines qui représentent les guetteurs.

Par un matin ensoleillé, Ouwar jouait à la guerre avec Wénélouké, et Kabilek avec Soupouk. Le petit frère d'Ouwar, le rondouillet Natorek, ouvrant tout grands ses yeux, était installé dans un creux, entre les champs de bataille. Ouwar lançait un bâton pointu sur les rangées de guerriers de Wénélouké, et Wénélouké ramassait le bâton pour le rejeter sur les formations d'Ouwar. L'un ou l'autre retirait parfois du champ de bataille une des graines renversée. Le camp qui réussissait à renverser le plus grand nombre de graines obtenait en fin de compte la victoire.

Pour imiter les chants et les clameurs guerrières, les enfants ne cessaient pas pendant le jeu de siffler et de pousser des cris. Natorek criait et sifflait lui aussi, et s'élançait parfois pour jeter un trait au détriment de l'un ou l'autre camp, jusqu'à ce que les plus grands le reconduisent vivement à son trou.

A l'écart des autres, le mince Aloka, qui est borgne, jouait tout seul. Au milieu du champ de bataille de ses armées se dressait une grosse racine sortant du sol qu'il appelait le Waraba. Les garçons de son âge se moquent d'Aloka, à cause de son infirmité, de même que d'autres sans doute se sont moqués autrefois d'Aloro, mais contrairement à ce dernier, Aloka est timide, et de ce fait, toute sa vie il restera à l'écart.

Perché sur un rocher, silencieux et immobile, le kaïn de guerre Housouk observait les yégéreks. Deux longues houppes de roseau sont piquées dans ses cheveux, comme des cornes. Natorek, avec un furieux sifflement, jaillit soudain de son trou, brandissant sa lance d'herbe, prête au lancer. Il tricote de ses petites jambes courtes, fait des feintes, puis s'aplatit au sol pour éviter la flèche que peut attirer son audace. Sur le visage d'Housouk se dessine un sourire rapide ; il se détourne comme, de temps à autre, il ne cesse de le faire pour observer l'horizon lointain, du côté de la frontière.

Wénélouké est ce garçon plein de sensibilité qui a tracé sur la roche, près du village de Lokoparek, de remarquables dessins. Il réside parfois dans le troisième sili de Woupéraïnma, celui du vieil Élomaholan, le sorcier wilil.

Soupouk d'Homouak, fils de Palek, est un des chefs de la bande des yégéreks, un jeune garçon compréhensif et plein d'humour qui porte sur tous les traits de son visage l'heureuse vivacité de l'enfance. Le nom que chaque Akouni porte rappelle habituellement quelque événement de son existence, de celle d'un parent ou de son ami — dans le cas de Soupouk, il s'agissait de sa mère.

Celle-ci était à l'origine une Wittaïa qui, au contraire de l'épouse d'Ou-moué, Ékapouwé, avait fui les siens pour se rendre chez les Kourélou. Il faut qu'une femme songe au suicide pour franchir ainsi une frontière. Cependant si elle proclame assez fort son désir de vivre et sa volonté de se soumettre aux caprices des guerriers, elle peut avoir quelques chances d'être acceptée par la tribu. La mère de Soupouk fut amenée dans un village ; et ses charmes n'ayant pas été suffisamment appréciés, les habitants furent d'avis qu'il valait mieux la mettre à mort.

La malheureuse s'enfuit jusqu'à un ébéaï dont elle barricada la porte. Les villageois vinrent l'y assiéger, et ne parvenant pas à forcer l'entrée, décidèrent de pénétrer dans son refuge par le haut, et de s'attaquer aussitôt au couvert de chaume pour pratiquer une ouverture dans la partie du toit qui porte le nom de *soupouk.* Ils en étaient là quand Wéréklowé vint à passer et exprima sa désapprobation. Le dessein d'abattre une femme était sans doute louable, mais abattre un bel ébéaï pour y parvenir, la chose était exagérée. On écouta Wéréklowé, et les têtes chaudes s'étant calmées, la malheureuse obtint sa grâce. Palek, un homme pauvre qui n'avait pas encore de femme, l'épousa un peu plus tard, et leur premier enfant reçut le nom de la partie du toit « soupouk » dont la résistance avait finalement permis à sa mère d'échapper à la mort.

Des pluies violentes, à la période d'obscurcissement lunaire, avaient retardé le raid destiné à venger la mort de Weaké. Mais un matin, le soleil apparut éclatant, dans un ciel d'une pureté métallique, et de très loin, depuis le pays des Loro-Mabell, des guerriers affluèrent sur le territoire des Kourélou du Sud. Le raid était dirigé contre les champs wittaïa, en bordure de la rivière Aïké, et des groupes de guerriers, en position de soutien et forts parfois de trente ou quarante hommes, prirent subrepticement position à Anélarok, à Pouakaloba et en divers autres points stratégiques. Des hommes se déplaçaient par petits groupes, prenant grand soin de se dissimuler et de ne pas éveiller l'attention des sentinelles wittaïa, postées sur les hauteurs dominant les marécages. Un des groupes s'était tapi dans un fourré de cannes à sucre, proche de l'Aïké, à l'endroit où les Wittaïa qui avaient tué Weaké s'étaient eux-mêmes dissimulés — excellent emplacement, qui domine le cours sinueux de la rivière, mais où les feux de brousse, allumés pour effacer toute trace du sang de Weaké, avaient creusé des chenaux sombres.

Le raid échoua et les guerriers se retirèrent sans avoir pu surprendre qui que ce soit. Un groupe, conduit par Asikanalek, avait atteint le sommet du Touraba, et guettait le passage d'un ennemi, mais cette attente fut frustrée, et les guerriers rentrèrent vers la fin de l'après-midi, s'essaimant rapidement sur la pente, à travers les broussailles incultes. Les hommes postés à Pouakaloba observaient leurs mouvements, et peu après, eux aussi, remettant la lance sur l'épaule, reprirent le chemin du retour.

Le lendemain fut lancée l'invitation à combattre. Tekman Bio s'en réjouit car il allait pouvoir utiliser sa lance neuve.

Pour venger Weaké, les Kourélou étaient décidés à tuer, et bien qu'il s'agît d'une invitation à combattre selon les règles traditionnelles, une embuscade préliminaire avait été préparée. Un groupe de guerriers, conduit par Weaklekek, gravit le flanc est du Waraba, tandis que, pour détourner l'attention, un autre groupe prenait position à découvert du côté du nord. Les hommes du groupe d'embuscade avançaient à plat ventre sous les hautes herbes. Weaklekek avait tourné son pectoral sur son dos, et Asoukwan, encombré de son horim, le tenait dans sa main en même temps que sa lance. Il s'agissait de s'élancer en nombre et à l'improviste sur quelques Wittaïa, engagés à l'avant-garde.

Concurremment, un autre groupe d'embuscade s'efforçait de contourner le Waraba du côté nord. Dans l'heure précédente, Nilik, qui s'était rendu au kaïo des Kosi-Aloua le plus proche du Waraba, avait été rejoint par Maïtmo et Wéréklowé, accompagnés d'une centaine d'hommes. Plein de fougue, Wéréklowé allait de droite et de gauche, parlant sans cesse à l'un ou l'autre de ses guerriers ; tout à coup, vif encore comme un jeune homme, il se hissa sur la plate-forme du kaïo, pour se rendre compte par lui-même de la situation. Il voyait de là les rangées de guerriers wittaïa, les corps nus et les lances pointées, sur une éminence de la crête sud du Waraba. Wéréklowé se laissa glisser vers le sol et, après une rapide discussion avec les autres kaïns, il ordonna au groupe d'embuscade de se porter en avant. Courbés vers le sol, les hommes avancèrent en petits groupes, tenant leurs lances par la pointe et les traînant derrière eux. Un peu plus loin, ils furent rejoints par Housouk et ses guerriers, et tous silencieusement se glissèrent sous les futaies basses, à l'intérieur de l'angle formé par le relief du Waraba ; ainsi les guerriers wittaïa progressant sur la crête devraient se trouver pris dans une sorte de tenaille.

Mais les Wittaïa, qui venaient de découvrir la présence du premier groupe d'embuscade, se tenaient maintenant sur leurs gardes ; lors des premières escarmouches, ils évitèrent de s'avancer sous le couvert. Du côté nord de la pente, Wéréklowé progressait, murmurant à voix basse avec une ardeur farouche. « *Émé*, disait-il, *émé*. » « Suivez, suivez-moi. » Et à sa suite, apparut Nilik, sorte de grand fantôme osseux, à travers une averse de pluie qui cinglait le flanc nord. Tout l'après-midi, les averses se succédèrent, mais les deux camps se refusèrent à lâcher pied. Les hommes reculaient pour s'abriter, mais de quelques pas seulement ; ils arrachaient au sol des touffes d'herbe et les maintenaient au-dessus d'eux pour protéger les plumes de leurs panaches.

Sur les hauteurs, Asikanalek et Houonké conduisaient l'attaque. Ce n'est pas dans cette position que l'on trouve ordinairement Houonké, mais l'oncle de Weaké ne pouvait être ce jour-là qu'à l'avant-garde. Choisissant un terrain dont sa mauvaise jambe s'accommodait au mieux, Aloro était au plus fort du combat. Il s'était armé d'une lance, mais un autre guerrier lui avait prêté son arc et des flèches sur la ligne d'affrontement. Aloro s'avançait, d'une bizarre démarche oblique, tenant d'une main ferme l'arc et la flèche pointée, l'autre main serrant quelques flèches en réserve, prête en un clin d'œil à tendre la corde.

A quelques mètres, à droite d'Aloro, se dissimulait le groupe d'embuscade, et la tension se prolongeait sur la crête, trempée des bourrasques de pluie. Aloro s'efforçait d'attirer les Wittaïa lui faisant face jusqu'à un point où il serait aisé de leur couper la retraite et de les accabler sous le nombre, mais les Wittaïa, méfiants, persistaient à garder leurs distances. Ils ne pouvaient imaginer cependant l'importance du groupe d'embuscade, et voyant soudain surgir des broussailles une charge de cinquante à soixante hommes, ils détalèrent en poussant un grand cri d'alarme. Aussitôt, avec de furieuses clameurs, s'élance le gros des forces kourélou ; par vagues successives, les hommes s'égaillent sur les pentes, contournant les blocs rocheux, surgissant sans cesse des horizons brouillés de pluie. Et derrière eux bondissait Polik, criant des ordres et courant comme un possédé.

Les Wittaïa, inférieurs en nombre, fuient en désordre, et les Kourélou les poursuivent, les refoulent sur quinze cents mètres de profondeur ; ils ont beau s'accrocher sur la crête à la dernière éminence, les Kourélou les délogent en hurlant, et les suivent jusqu'au bas des pentes. De temps à autre, les Wittaïa tentent de se reformer et de rendre coup pour coup, mais leur moral est atteint. Les Kourélou, plus nombreux, tiennent les hauteurs et gardent l'avantage de la journée.

En dépit de cette victoire, aucun ennemi n'a été abattu et tué sur place et, sur le chemin du retour, les guerriers kourélou sont d'humeur maussade. Les blessés néanmoins sont assez nombreux de part et d'autre. Le maladroit Siloba a reçu une flèche dans le tibia, et Wéréné, qu'emportait la jubilation de voir l'ennemi montrer ses talons, s'est imprudemment avancé et revient avec une flèche dans l'épaule. De mémoire d'Akouni on ne l'avait jamais vu ainsi, dans le plein de l'action, et lui-même, encore abasourdi, s'efforce, en se répandant en furieuses imprécations, d'attirer l'attention de tous sur sa blessure ; il est à l'évidence ravi du prestige que peut lui procurer le résultat de son erreur et fait de son mieux pour en tirer profit.

Un guerrier a reçu une flèche qui a pénétré au-dessous de la clavicule et lui a presque traversé le corps. Un compagnon l'a emporté à califourchon, tandis que deux autres le soutenaient de chaque côté. Se servant de longues éclisses de bambou affûtées, Aloro s'efforce d'extraire la flèche. De part et d'autre, il pique ses éclisses en faisant levier, et le sang jaillit, mais il a beau sonder profond, le trait demeure enfoncé dans la plaie. Un autre guerrier, palpant le dos, localisa la pointe de la flèche dans la région de l'omoplate, et ceux qui regardaient entamèrent à ce propos une discussion animée. Aloro, penché sur la plaie, essayait de saisir avec ses dents le tronçon brisé ; il se releva, la bouche toute sanglante. Yéké Asouk, accroupi, donnait des conseils, tandis que Touésiké qui, à la précédente lunaison, était demeuré à peu près au même emplacement, avec une flèche dans la poitrine, regardait sans souffler mot. Tekman Bio s'approcha, et Aloro lui céda la place. Tekman Bio sonda la plaie, et après un quart d'heure d'efforts, saisit la pointe de la flèche avec ses dents, et l'arracha. Le sang jaillit et on l'étancha avec des feuilles appliquées sur la blessure.

Assis dans une position dominante, croisant les mains derrière sa tête, Ouwar observait la scène. Les coudes pliés de chaque côté du menton, il gardait une position que prennent les Akouni lorsqu'ils ont froid, au petit matin ou à la tombée de la nuit, ou sous une averse de pluie, mais qu'adoptent aussi les enfants lorsqu'ils demeurent immobiles et pensifs.

Un hommme alla jusqu'au marais, chercher des tampons de sphaigne, imbibés d'eau fraîche, qu'ils firent couler sur la plaie. On redressa alors le blessé. Deux hommes plissèrent sur son ventre des bourrelets de chair, en les pinçant fortement et, en trois endroits, Tekman Bio transperça les bourrelets avec une éclisse de bambou, afin de drainer le mauvais sang. Puis il enfonça le bambou plus profond dans une des ouvertures pour que le sang coule plus abondamment. Les jambes du guerrier se dérobèrent et il se laissa tomber sur le sol. Il était secoué de spasmes de toux et vomissait un liquide blanchâtre. A nouveau on apporta de la mousse, tout en préparant une civière. Afin de les assouplir, des hommes mâchonnaient des tiges de bambou qu'ils attachèrent ensuite à deux palis horizontaux, soutenus à chaque extrémité par trois courts bâtons.

Pendant toute la première partie de l'opération, l'homme était demeuré parfaitement stoïque ; sans pousser un cri, il grimaçait et parlait de temps à autre d'une voix calme. Lorsque Tekman Bio pratiqua sa saignée, il se retint encore de crier, mais la douleur déformait ses traits, ses dents grincèrent bruyamment et ses ongles s'enfoncèrent dans le sol. Sa volonté faiblissait, d'un instant à l'autre il semblait sur le point de crier. La saignée avait été pratiquée sur le champ de bataille du fait que la blessure paraissait très sérieuse ; un homme s'approcha et se mit à lui souffler dans l'oreille : « *oo-Phouh, oo-Phouh.* »

Pouméka, le bûcheron, s'était accroupi auprès du blessé, soutenant de la main valide son poignet infirme ; son joyeux visage édenté semblait tout ridé de pitié, tandis que Limo, qui passait près de là, droit, impassible comme un dieu, daignait à peine jeter un coup d'œil sur la scène.

Le torse entouré d'un épais bandage de feuilles, l'homme fut allongé sur la civière qui avait été rembourrée d'herbes ; tout son corps et son visage furent encore recouverts d'herbe, et l'on serra autour des sangles végétales, ficelant l'ensemble comme un paquet — silhouette sans visage qu'un groupe transporta à travers le marais. L'homme était un Kourélou du Nord, mais les guerriers qui l'avaient soigné ignoraient son nom.

Le verrat de Siba tomba malade et en fin de compte mourut. Siba se garda bien de répandre la nouvelle, afin de n'avoir pas à partager la viande avec une cinquantaine de personnes, qui n'auraient pas manqué de passer dans les alentours si elles avaient eu vent de la chose, et Siba n'aurait pu s'abstenir de les régaler sans forfaire à toutes les lois de l'hospitalité. Il invita naturellement les hommes qui habitaient son sili, et également quelques autres. Il n'invita pas les gens du sili d'Ou-moué qui allaient pour la plupart travailler au champ de Yéké Asouk. Ou-moué fut informé de la mort du verrat par Aloro qu'il avait croisé par hasard sur la piste ; mécontent de n'avoir pas été mis au courant — Ou-moué voudrait toujours être mis au courant de tout — il s'abstint néanmoins d'aller rôder aux alentours, dans l'intention de se faire inviter.

Ékali quitta de nuit le pilaï de Woupéraïnma pour aller visiter sa jeune épouse. Ékali, qui n'est pas brave et qui n'est plus jeune, n'a plus en amour sa vigueur d'antan, aussi la femme avait décidé que ce soir-là elle refuserait de l'accueillir. Elle barricada la porte de l'ébéaï, sans se soucier de ses cris. Les épouses ont communément recours à ce genre de mesure quand elles sont de méchante humeur, et il en résulte alors un beau branle-bas. D'un bout à l'autre du sili les têtes apparaissent et les répliques se croisent, et les querelles de ménage se réveillent dans une brusque flambée. Les hommes prennent le parti du mari, proclamant qu'il est dans son droit, et les femmes ne laissent pas passer l'occasion de rire à leurs dépens. Au milieu de ce tintamarre, tout le monde paraît s'amuser en fait, à l'exception du mari, qui échoue devant sa porte, sous la froide clarté de la lune. Devant l'étroite ouverture qu'il ne parvient pas à forcer, il n'a d'autre choix que de battre en retraite ou de mettre le feu à son bien. Faute d'une occasion de soulager sa colère, il doit se retirer piteusement, comme fit ce soir-là le malheureux Ékali, qui n'eut même pas au matin la satisfaction d'administrer à sa jeune épouse une bonne volée de coups de bâton, car il sait bien ce qui ne manquerait pas de se produire s'il s'y risquait : la femme, qui est fort belle, s'enfuirait sans hésiter, sachant qu'elle n'aurait pas de peine à trouver un autre mari. Si l'on en croit les voisins, elle ne tardera pas, de toute façon, à quitter Ékali.

Tamougi vient de se faire voler un porcelet. On le voit, errant çà et là, chercher réconfort, ou regardant tout le monde d'un air stupéfait, comme s'il n'arrivait pas à se faire à l'idée du dommage subi, ou a comprendre que quelqu'un ait pu lui jouer un aussi méchant tour. Il soupçonne les élégés d'être pour quelque chose dans l'affaire : quelques jeunes écervelés dans le genre de Siloba, de Yonokma, qui auront été se régaler clandestinement dans les bois. Mais il se sent incapable de découvrir la moindre preuve, et personne ne semble prendre son chagrin très au sérieux.

Pour Walimo le cas est tout différent, et chacun dans le pays en paraît affecté. Huit porcs, tout le troupeau de Walimo et de son père Yoli, ont été dérobés sur les pâtures proches d'Houlibara, et ce n'est pas le pire de l'affaire : ce sont les guerriers d'Amoli qui, sous la clarté de la lune et sans se soucier du jeune gardien, se sont emparés des animaux. Amoli est un des kaïns des Haïmans, un homme lige de Maïtmo, et habite au village d'Houlibara, de l'autre côté de la rivière.

Il faut voir dans ce rapt, inspiré par Maïtmo, une sorte de provocation. Walimo peut feindre de l'ignorer, mais outre la perte qui l'appauvrit, il passera dans ces circonstances pour un képou ; et se résigner à cette perte lui laisserait moins de chances encore d'obtenir sa grâce.

Une autre alternative existe ; faire appel à ceux dont il peut espérer assistance et tenter de reprendre ses porcs ou d'en saisir huit autres en échange. Mais il ne s'agit pas d'un vol ordinaire, et du fait que Walimo est bien moins puissant qu'Amoli, les représailles peuvent lui coûter la vie. Yoli, le père de Walimo, est kaïn du village d'Houlibara, mais ce n'est nullement un homme d'une fermeté exemplaire, et on peut douter qu'il se décide à soutenir jusqu'au bout la cause de son fils : lorsqu'il fut informé du péril que celui-ci courait, la première chose que fit Yoli fut de se retirer dans son nouveau village de montagne, évitant ainsi de se compromettre. Les Kourélou du Sud éprouvent des sentiments d'affection et de sympathie à l'égard de Walimo, mais ils redoutent Maïtmo, et ils n'ignorent pas que leur kaïn de guerre, Wéréklowé, est lui-même d'avis que Walimo devait être mis à mort. Ces diverses raisons, ajoutées au fait que le voyage qu'avait effectué Walimo est jugé répréhensible, font qu'il n'a pas beaucoup de chances de trouver des compagnons prêts à lui venir en aide.

Walimo a perdu son air d'insouciance, il a la mine d'un homme traqué. Son sourire fantasque est devenu contraint et fuyant. On voit ses mains qui errent sans cesse sur son corps : il frotte machinalement ses genoux quand il est accroupi, ou il tapote ses narines avec son doigt.

Akou, son petit filet sur le dos, trottinait dans la montagne cherchant des morceaux de bois de hêtre et des feuilles de lisanika pour envelopper le tabac. L'oncle Yéké Asouk, qui avait terminé son travail aux champs, l'accompagnait. A Soulaki, ils rencontrèrent Houonké, qui ramenait de la montagne un troupeau de porcs. Pendant que Yéké Asouk discutait avec Houonké, Akou bavarda avec une vieille femme du village, qui était en train de préparer des feuillages de bananiers pour ceux qui se rendraient le lendemain aux puits de sel. Pour absorber la solution saline, on utilise des bandes, découpées dans ces feuilles ; mais, avant de couper les bandes, la surface luisante du feuillage est décapée à l'aide d'un bâton rêche. C'est à quoi s'affairait la vieille femme. Une longue feuille était appliquée le long d'une roche, et au faîte de la roche se dressait Akou, ventre et postérieur saillant avec grâce, mains croisées sur sa petite tête, agitée sans cesse. Yéké Asouk siffla pour la rappeler, et ils se remirent en route. Akou gardait encore les mains croisées au sommet de sa tête, et Yéké Asouk marchait, croisant les siennes derrière son dos.

L'argile apparaissait, rougeâtre sous les herbes de la pente ; les pluies avaient amolli le sol de la piste, mais Akou grimpait d'un pas léger, une jupette neuve de roseaux dorés lui battant les jambes. Au sommet d'une hauteur, ils trouvèrent deux hommes, munis de la hache de pierre, qui montaient vers la haute forêt. Tous quatre, suivant une arête légèrement inclinée, prirent la direction de l'est, jusqu'à un village niché dans un creux : le village de porcs de Patosaki. Juste à l'entrée du village, ils passèrent devant deux piquets fourchus. Entre les fourches, sur de petites claies de bois sec, des rats morts se décomposaient.

Dans ces villages de montagne — Lokoparek est le plus important d'entre eux — habitent surtout des femmes et des porcs, qui sont là en sécurité. A Patosaki, qui appartient à Asokméké et Tégéarek, les porcelets ne profitent guère, et les propriétaires ont fini par conclure qu'ils ne profitaient pas du fait qu'ils mangeaient des rats. Le rat convient au porc, aussi bien que toute autre nourriture qu'il découvre en fouissant le sol, mais ce sont les fantômes des rongeurs dont ils ont fait leur régal qui, conjurés, empêchent les porcs de grossir. Tégéarek a planté ces piquets pour avertir ces fantômes que leurs manigances ont été découvertes et qu'ils n'ont qu'une chose à faire : déguerpir de Patosaki. Si l'avertissement ne suffit pas, explique Yéké Asouk à sa nièce, Tégéarek devra employer les grands moyens.

Au-dessus de Patosaki, l'épaisse brume de nuages demeurait accrochée aux pentes et l'aspect de la forêt changea. Les chênes et les hêtres y dominaient : au sommet de grandes futaies, accrochées à un versant, en contrebas de la crête, la faible clarté des rayons traversant la brume jaunissait les feuilles nouvelles des chênes, contrastant avec les tons rougeâtres des frondaisons de hêtres.

Akou progressait sur l'étroit passage surplombant ces deux mondes : à sa gauche, les formes indistinctes de la forêt des nuages, et sur sa droite, loin au-dessous d'elle, le grand plateau de la vallée ensoleillée.

Les bûcherons suivaient un sentier qui s'enfonçait dans la forêt de hêtres, et Yéké Asouk et Akou firent avec eux une partie du chemin. Ils s'arrêtèrent entre de grosses racines, qui soutenaient, comme des contreforts, les troncs clairs des grands hêtres — tout surpris de ce silence qui régnait dans le sous-bois calfeutré de mousses. De temps à autre, résonnait un étrange cri d'oiseau, aux notes cristallines, que l'on entend rarement dans la vallée ; mais seuls se montraient des perroquets, s'agitant par bandes, sous les ombrages, comme de grands envols de feuilles vertes. Dans la brume épaisse et froide flottaient d'âcres odeurs de mousse et de pourriture végétale. Akou tenait ses petits bras repliés autour de son cou. Non loin d'elle des troncs d'arbres couchés disparaissaient sous les mousses. Ces arbres, abattus depuis fort longtemps, seraient débités en billots d'un beau bois rouge, puis tirés sur la pente vers Patosaki, et plus bas vers les autres villages.

Akou et Yéké Asouk allaient et venaient sur la crête.

Akou eut bientôt terminé la cueillette des feuillages de lisanika, et elle redescendit les pentes, son filet tout gonflé de feuilles laineuses. Elle avait découvert, un peu plus haut, une grosse branche de hêtre, tombée récemment, et elle avait cassé un bon fagot de bois sec. Akou mit sur sa tête quelques tiges de fougères, sur quoi Yéké Asouk disposa le lourd fagot ; puis il précéda sa nièce dans le sentier, plein d'assurance sur ses jambes arquées et les mains croisées encore derrière son dos. Un instant il s'arrêta pour saupoudrer son pectoral de coquillages des spores blancs de lycopodes, puis il reprit sa marche, et l'on ne voyait plus derrière lui qu'un gros fagot qui le suivait, clopin-clopant sur de petites jambes.

Pour observer ce qui se passait autour d'eux, ils s'arrêtèrent sur une saillie de roches. Dans la forêt, les haches de pierre résonnaient, comme le sourd tok... tok... de la hulotte, la nuit, dans le bois d'Homouak. Ils se trouvaient à plus de deux mille mètres d'altitude, avec Lokoparek à près de trois cent cinquante mètres au-dessous d'eux. Là-bas le père d'Akou devait être en train de travailler, et, dans sa direction, ils lancèrent un cri d'appel : « *Ou-moué-a-oo.* » Ou-moué ne répondit pas, mais un cri de femme, en modulations prolongées, monta jusqu'à eux. Dressés sur leur piédestal de roche, Yéké Asouk et Akou se donnèrent une bourrade en riant. Dans le profond silence des montagnes se répercutait l'écho lointain de la voix de femme, et peu à peu le son s'éteignit, comme une plainte d'une lointaine et infinie amertume.

Le père adoptif de Tekman Bio, qui habite au village d'Aboulopak, est un très vieil homme. Au même titre que le fils légitime, Tekman Bio héritera des pierres sacrées que détient le vieillard, et comme il vaudra mieux, en ce cas, qu'il habite le village où se trouvent les pierres, Tekman Bio se prépare à quitter Woupéraïnma. Ces dernières semaines, il a construit un sili nouveau, qui fait face à celui où Weaké est mort, non loin de la grande cour de Wéréklowé. Le hangar-cuisine a été construit récemment, et ce jour même, le pilaï étant achevé, doit avoir lieu une cérémonie d'inauguration.

Vers le milieu de la matinée, Tekman Bio arriva de Woupéraïnma, accompagné de Touésiké. Ils amenaient un porc pour la fête. Polik, qui est un des oncles de Tekman Bio et qui fait également parti du clan hallouk, se trouvait déjà à l'intérieur du nouveau sili ; et Wéréklowé, qui se trouve dans les meilleurs termes avec les gens du clan hallouk, ne tarda pas à se présenter, venant de son pilaï tout proche.

Les kaïns se rassemblèrent dans le pilaï neuf, solidement construit avec des pieux de châtaignier et des poutres de chêne ; le plafond était fait de tiges de bambou et le toit conique de longs baliveaux et d'une épaisse couche de paille. Déjà, de l'ancien pilaï du père de Yonokma on avait apporté sa collection de pierres yé, ainsi que des mâchoires de porcs consommés dans d'autres festins. Pierres et mâchoires avaient été alignées devant un mur nu. L'atmosphère du pilaï neuf n'était pas encore imprégnée des fortes odeurs du tabac, des présences humaines et des fumées de feux de bois.

De vieux sorciers du clan hallouk furent chaleureusement accueillis : on les étreignait, leur secouait la main, en chuchotant d'aimables : « *Wah-h, wah-h* ». Wéréklowé, qui ne peut jamais demeurer inactif, fendait des tiges de bambou pour confectionner des couteaux. Il se servait d'un racloir, fait d'un os de porc, qu'il enfonçait sur toute la longueur de la tige dressée, en frappant de grands coups de sa main noueuse. Quelques tubercules énormes d'hipéris, que l'on réserve pour les festins, furent apportés dans la case, et Polik, les voyant paraître, improvisa un chant exprimant sa satisfaction, un court et rapide : « *Wah, wah, wah, noro-a, noro-a* » ; non pas que Polik soit gourmand — pendant un festin, il lui arrive de demeurer tranquillement debout, les mains derrière le dos, observant les convives assis — mais il ne voudrait pour rien au monde manquer une occasion de chanter.

Au-dehors, Tekman Bio et Touésiké, aidés de Yonokma et de ses amis, abattaient des bananiers, avant de préparer un foyer de cuisson. Des ébéaïs pourraient être installés plus tard sur cette partie de la cour qui n'avait pas encore été défrichée. Des hommes se présentaient encore, âgés pour la plupart : à part Tekman Bio et ses amis, les guerriers étaient fort peu nombreux. Les nouveaux arrivants faisaient cérémonieusement le tour du groupe, assis en cercle devant le pilaï — serrant les mains en murmurant des formules de bienvenue. Ces politesses protocolaires ne sont pas cependant de pure forme, et l'intonation affectueuse n'est pas feinte, car ces hommes ont eu bien souvent l'occasion de se venir en aide, ils savent qu'ils devront bientôt pouvoir compter à nouveau l'un sur l'autre. La veille encore un Kosi-Aloua vient de mourir : il avait été atteint par une flèche sur le Waraba, quatre jours auparavant ; à ce moment même, dans son village, à quelques kilomètres de là, il se tient assis pour la dernière fois, sous le soleil brûlant. Après Weaké, c'est une nouvelle mort qu'il faudra venger.

Armé d'un arc et de ses flèches, Wéréklowé est sorti du

pilaï ; mais ce n'est pas lui qui sacrifiera les sept porcs du festin. Au dernier moment, Wéréklowé remet l'arc à l'un de ses guerriers. Celui qui devrait tuer les porcs peut fort bien déléguer cet honneur ; mais le guerrier, surpris, manifeste une certaine nervosité, et tandis qu'il bande l'arc, on voit tout son visage se crisper. Néanmoins il s'acquitte efficacement de sa tâche et les porcs passent rapidement de vie à trépas. Déjà le brasier de roches était préparé. Pendant que se poursuivait la cuisson, les pierres sacrées, dans leurs sachets de feuillage, furent apportées dans le nouveau pilaï. Le brasier fut découvert au milieu de l'après-midi, et les élégés servirent l'hipéri au centre de grands cercles d'herbes, autour desquels les hommes venaient s'asseoir. Comme à l'ordinaire, ils mangeaient avec lenteur et sans avidité ; seul le vieux père de Siloba semblait plus se soucier de sa portion de nourriture que de la conversation. Il était allé s'accroupir à l'écart, et ses petits yeux étincelaient de convoitise, tandis qu'il s'escrimait de sa vieille mâchoire sur un os solide et bien garni.

Une averse se mit à tomber, en dépit de Polik qui, avec colère, admonestait le ciel. Sourcilleux, son dur profil de chef se découpait sur les nuées d'un ciel d'orage. « *Hah ! Miso lan ! Hah ! Légasin !* » « Averse, va-t'en ! Tu n'as rien à faire ici ! » A la fin du banquet, Polik prit la graisse wam wisa et procéda à l'onction des pierres sacrées. Les pierres sacrées recouvrant leur pouvoir, les guerriers hallouk seraient protégés par la chance.

Au cours des dernières lunaisons, le vieux père d'Asikanalek n'avait plus la force de quitter le pilaï de son fils. Profitant de la situation, une femme allait dérober de l'hipéri dans le potager du vieillard. D'autres femmes la prirent un jour sur le fait et la réprimandèrent furieusement. Ayant eu vent de la chose, Asikanalek partit dans les jardins et corrigea la coupable d'une volée de coups de bâton. Toutes les femmes l'approuvèrent à grands cris, et quand il renonça et s'éloigna, les hurlements de la femme battue troublèrent pendant longtemps encore la tranquille atmosphère du début de l'après-midi. L'épouse d'Ou-moué, Ékapouwé, se trouvait au nombre de celles qui avaient assisté à la scène, et elle ne manqua pas ensuite d'exprimer hautement et fortement sa satisfaction. Quelques semaines plus tard la coupable s'enfuit et se réfugia sur le territoire des Siep-Kosi.

Le fils d'Ékali, Kabilek, qui peut avoir à peu près douze ans, voudrait porter désormais le nom de Lokopma. Ce nom commémorerait le souvenir du nami de Kabilek, qui fut tué au cours d'un raid des Wittaïa, à proximité d'un taillis de bambous (*lokop*) — « *Lokopma* » signifie « Lieu des bambous ». Kabilek ne voit vraiment pas pourquoi il lui faudrait conserver le nom qu'il porte actuellement et qui signifie « Sans ruse », autrement dit, « benêt ». Du fait que les gens s'accoutument plus ou moins bien à des changements de nom trop fréquents, il est probable que Kabilek va porter désormais deux noms au lieu d'un seul. Le cas est assez fréquent : Asikanalek s'appelle également Walilo, Ou-moué, Wali, et Polik, Mokat.

Yéké Asouk également s'efforce de changer de nom, bien que ce soit pour des raisons différentes. Comme il a été blessé à deux reprises au cours des derniers mois, il en a conclu que le nom de Yéké Asouk devait désigner un homme particulièrement malchanceux, aussi serait-il bien préférable qu'à l'avenir on ne le connaisse plus que sous le nom d'Iki, qui signifie : « Doigt. »

Quelques jours après que Kabilek et Yéké Asouk eurent décidé de changer de nom, Toukoum annonça qu'il faudrait désormais qu'on l'appelât « Poua ». « *Toukoum, lek,* grommelait-il, à qui voulait l'entendre, *an étara Poua.* » « Je m'appelle Poua ».

Quand on lui demandait quelle pouvait être la raison de ce changement — « *Mel... Mel... Mel...* bégayait-il... *Wélégat.* » Dans le langage des Akouni, le terme « Poua » n'a aucune signification particulière, mais Toukoum prétend que pour lui il a le sens de « boue ».

Par la suite, Toukoum voulut bien admettre qu'il avait pris ce nom en souvenir de son ami Weaké, « Poua » étant une abréviation de Pouakaloba, le kaïo à proximité duquel Weaké avait été tué.

Tout au début de juillet, un Wittaïa mourut, mais comme il avait été blessé au cours de combats dans la région du Nord, les Kourélou du Sud ne furent pas d'avis que la mort de Weaké était ainsi vengée. Le temps humide et froid qui s'était prolongé pendant toute la durée de la pleine lune avait retardé le moment de la vengeance ; mais deux journées ensoleillées séchèrent l'humidité du sol, et aussitôt un raid fut entrepris. Tandis que les guerriers avançaient en nombre en direction de la rivière Aïké, seuls quelques-uns d'entre eux, égaillés dans les champs, demeuraient en vue. Les autres, passant par les bois d'Homouak, arrivèrent au tertre d'Anélarok. De là, ils gagnèrent les gorges du cours inférieur de la rivière Tabara. Au milieu du sentier, ils placèrent un branchage orienté dans la direction des gorges, afin d'avertir les hommes qui les suivraient de ne pas prendre ce sentier découvert pour gagner la rivière.

Les hommes du groupe d'embuscade que dirigeait Wéréklowé en personne se regroupèrent sur le terrain rocheux du pont naturel qui enjambe la rivière Aïké, en amont de Pouakaloba. Rapidement, ils escaladèrent le Touraba et disparurent de l'autre côté de la crête. D'autres guerriers, qui se rassemblaient au kaïo de Pouakaloba, entonnèrent un chant coupé de lamentations rituelles qui devaient avoir pour effet de protéger les guerriers du groupe d'embuscade :

Nous combattrons dans les prairies de l'Alogalik[1]
Wéréklowé, Weaklekek, cachez-vous bien !
Housouk prends garde de ne laisser voir ni ton nez ni ton dos ;
Et toi, Tégéarek, avec ta grosse femme, veille à bien te cacher !
Attention, attention, de ne pas faucher l'herbe,
Wéréklowé, Weaklekek, tenez-vous bien cachés !
Sur vous ils vont lancer leurs traits ; mais soyez braves
Et tenez bon !

Ceux qui demeuraient là allaient attendre plusieurs heures que Weaklekek et ses hommes descendent le versant opposé du Touraba, et retraversant plus loin la rivière, viennent surprendre des Wittaïa, travaillant dans leurs plantations ; et, si tout se passait bien, ceux-là — hommes, femmes ou enfants — n'auraient que le temps, comme Weaké, de relever la tête pour voir une troupe de

1. Emplacement situé entre les hauteurs du Touraba et du Waraba.

guerriers foncer sauvagement sur eux et les transpercer de leurs lances.

Le soleil matinal disparut derrière des nuages bas et grisâtres ; de lourds tampons de brume fuyaient çà et là, se plaquant à la montagne à différents niveaux ; depuis les brouillards d'humidité au fond des gorges jusqu'aux cumulus noircis sur les crêtes. Un faucon apparut, planant au-dessus du bas pays, et vint se poser au faîte d'une casuarine, sur la berge. Il y demeura quelque temps, tournant de droite et de gauche sa tête noire ; puis il reprit son vol, franchit la rivière et vint se poser sur le plus haut rocher du Touraba. Les ailes battantes, il regardait de biais de son œil froid, les plumes rabattues par le vent du sud-est.

Vers le milieu de la journée, des Kourélou du Nord apparurent. Ils se faufilaient le long de la rivière Tabara, ou rampaient dans les fossés d'irrigation. Ils s'arrêtèrent près des kaïos du Sud et attendirent, ramassés, comme prêts à bondir. Certains arrivèrent jusqu'à Pouakaloba. C'étaient des guerriers puissants, trapus, aux faces rudes, aux noms sonores. Ceux qui attendaient déjà les touchaient de leurs mains, et eux, courtoisement, allaient de l'un à l'autre. Ils élevaient à peine la voix ; ce luxe de précaution n'était pas nécessaire, mais c'était comme si les nouveaux arrivants voulaient partager le poids de l'attente qui pesait déjà sur les guerriers postés plus loin en embuscade.

Limo, à grandes enjambées, traversa seul les plantations. Son arrivée fut suivie d'un mouvement d'agitation ; sur son ordre, une petite troupe de guerriers s'enfonça dans les bois. Limo craignait qu'une trop forte concentration à Pouakaloba ne révélât à l'ennemi qu'un raid avait été projeté. Bientôt, suivi d'Ou-moué, il s'enfonça lui-même sous le couvert, au bord de la rivière Aïké.

Les guerriers les plus redoutables, parmi ceux des Kourélou du Sud qui ne faisaient pas partie du groupe avancé, s'étaient déjà dissimulés ; un peu plus tard, ils se glisseraient en aval de la rivière pour aller prêter main-forte à Wéréklowé et à ses hommes.

Seul Yéké Asouk, qui se plaignait encore de ses blessures, était demeuré en arrière, et se tenait dans l'abri, en compagnie des anciens. Mais on connaît assez sa bravoure pour qu'il puisse de temps à autre se permettre de rester à la traîne sans s'exposer pour autant à être traité de képou.

Dans l'abri, les langues allaient bon train et les anciens s'en prenaient à un kaïn des Siep-Élortak. La rumeur était passée de colline en colline : les Siep-Élortak étaient responsables de la mort de Weaké.

Depuis les hauts de Touraba, le vent porta un cri de guerre étouffé : le raid commençait. Les guerriers, qui s'étaient regroupés dans les bois, dévalèrent vers l'Aïké, entre Pouakaloba et le cours d'eau. Ils allaient, courbés, rapides. Deux files progressaient simultanément. L'une suivait la rive ; l'autre, avançant à travers les hautes herbes, passa tout près de l'abri. Au passage, Asikanalek jeta son rouleau de tabac dans la paillote, et il s'enfonça de nouveau dans les herbes. En quelques instants, plus d'une centaine de guerriers surgirent ainsi, puis disparurent, les longues lances, tenues par la pointe, traînant derrière eux.

Poussée par des rafales de vent, la pluie se mit à tomber. Vers le sud-est, le massif du Touraba élève sa barrière, qui abrite des vents cette partie de la vallée, mais ce jour-là une bourrasque soufflait ; on l'entendait gémir dans les creux des roches érodées, aux sommets des mauvaises terres. Au bord de l'Aïké, en aval, une volée de canards s'égailla au passage des guerriers, et, emportée dans les remous de l'air, tournoya au-dessus des plantations.

Maïtmo, paré d'une aigrette rouge, fit son apparition. Comme Limo, il était venu seul, et il s'arrêta un instant dans l'abri pour fumer. Lui aussi s'emportait en parlant des Siep-Élortak, et les autres hommes, des anciens pour la plupart, le regardaient avec un respect mêlé de crainte. Ils parurent soulagés quand il se leva pour reprendre le chemin de la rivière.

Bientôt, à l'exception des plus âgés, tous se dressèrent pour le suivre. Sur une anse profonde de l'Aïké, en contrebas de Pouakaloba, ils traversèrent, avec de l'eau jusqu'à la poitrine, puis avancèrent le long de la rive. Déjà le bruit courait que Tekman Bio avait été blessé. Siba passa en courant, suivi par le jeune Siloba. Siloba haletait nerveusement.

Les anciens et les yégéreks escaladèrent un promontoire rocheux et s'arrêtèrent au sommet, tandis que les guerriers poursuivaient leur course à travers les terres de Likinapma. Le village de Likinapma, abandonné depuis quelques saisons, se trouve au bord de la rivière. Ses toits de chaume s'affaissent et les bananiers disparaissent sous la poussée de la végétation. Les fossés d'irrigation sont comblés et les mauvaises herbes, en épaisses touffes dorées, envahissent les terres en friche, car le village est inclus à présent dans la zone dangereuse. Il appartient aux hommes du pilaï d'Ou-moué, mais, en raison de la proximité du territoire ennemi, cet emplacement n'est pas sûr. Plus loin, en contrebas du village, s'étend une surface marécageuse d'un vert éclatant, terminée par une étroite bande boisée. L'extrémité du bois touche à la longue prairie du Tokolik, qui s'enfonce en territoire wittaïa, protégée par un grand kaïo.

Des clameurs stridentes éclatèrent dans le sous-bois, et une forte troupe de Wittaïa s'élança dans le marécage, refoulant les Kourélou. D'autres guerriers kourélou étaient disséminés le long de la piste qui partait du village déserté. Une brève et violente escarmouche s'engagea ; les flèches volaient, puis, simultanément, les adversaires se replièrent. Sur la crête rocheuse, comme à l'orée du village abandonné et au milieu du marécage, les Kourélou s'étaient immobilisés, silencieux sous une pluie battante et glacée. Ils regardaient les Wittaïa, qui bondissaient dans un large cercle, en entonnant les chœurs de l'étaï.

Weaké n'avait pas été vengé, et un guerrier kourélou était mort, quatre ou cinq autres étaient blessés. Ceux-ci se repliaient déjà, traînant le pas, ou portés à dos d'homme. Tekman Bio avait eu la cuisse traversée d'un coup de lance, Siba avait une flèche dans la jambe, le fils de Wéréklowé, un guerrier au rire farouche, avait reçu deux coups de lance, un sur le côté et l'autre dans le dos.

Le mort, c'était Yonokma, qui, concurremment avec Tekman Bio, devait hériter de son vieux père à Aboulopak, le pilaï et les pierres sacrées. Le robuste, le joyeux Yonokma, compagnon inséparable de Siloba, faisait partie du groupe d'embuscade. Ils avaient attaqué un enclos, repoussant les Wittaïa dans les bois ; ceux-ci s'étaient regroupés, et bien dissimulés, ils avaient attendu leurs poursuivants. Les Kourélou s'étaient rués en avant avec fureur, Yonokma en tête, et dans le violent combat qui suivit, il s'était trouvé isolé, accablé sous le nombre, et les lances l'avaient cloué au sol.

La nouvelle de sa mort volait déjà de village en village,

et quelques femmes wilil s'approchèrent en rampant, à travers champs. Sous la pluie, les bras ramenés autour du cou, dressées comme des chouettes sur les crêtes rocheuses, elles se lamentaient à mi-voix. En contrebas, les hommes demeuraient par groupes, les yeux fixés sur le sous-bois où les Wittaïa avaient disparu. Yonokma était mort, et, pour comble, les Wittaïa s'étaient emparés de son cadavre. Dans le froid, les guerriers attendaient pour savoir ce que comptait faire l'ennemi.

Les Wittaïa auraient pu laisser pourrir dans un champ le corps de Yonokma ; mais ils s'en gardèrent, non par générosité, mais par crainte que le fantôme de Yonokma ne cessât jamais de hanter leur territoire. Ils crièrent à pleine voix qu'ils entendaient rendre le corps. Et dans le sous-bois, sous les yeux mêmes des Kourélou qui attendaient, ils poursuivaient les danses de l'étaï.

Kourélou en personne revint seul à travers le marais et escalada le promontoire rocheux. Il se retourna et, comme les autres, fixa un moment son regard sur le bois, puis descendant des roches, reprit sa route vers son lointain village.

Un groupe de Wittaïa sortit du bois, portant le corps de Yonokma. Escorté par des guerriers qui dansaient alentour, le groupe s'avança en hâte vers la ligne d'affrontement. Les Kourélou se portèrent en avant, et les deux groupes se menaçaient de leurs lances, mais il n'y eut pas d'échanges de flèches. Les Wittaïa jetèrent le corps dans l'herbe et s'enfuirent, tandis qu'aussitôt les Kourélou attaquaient. Au cours de l'engagement, ils se saisirent du corps, refoulant les Wittaïa dans le bois. Un guerrier se précipita, tenant un brandon et une poignée de paille sèche, il alluma un feu à l'endroit même où le cadavre avait été déposé. Une fumée épaisse s'éleva, montant du côté des hauteurs du territoire wittaïa. Le corps, ramené un peu plus en arrière, fut à nouveau déposé sur le sol pendant que les guerriers se mettaient à discuter. Ils ne tardèrent pas à reprendre leur fardeau, pour l'emporter en hâte vers l'ancien village, non sans allumer un deuxième feu à l'emplacement de la pause. La pluie avait cessé, mais l'air restait glacé et la nuit tombait. La colonne de guerriers qui escortait le corps fit halte dans le village, et l'on prépara une civière. Le corps, allongé entre les deux piquets et tout enveloppé d'herbe, le convoi reprit sa marche. Siloba, l'ami de Yonokma, avait pris place parmi les porteurs. Ils poursuivirent leur route vers le nord, à travers champs, jusqu'au kaïo central, tandis que, derrière eux, un cortège se formait par longues files. Un porcelet, amené de l'un des villages, fut sacrifié au moment du passage des porteurs. Ceux-ci, déposant la civière, frottèrent le cadavre du sang tiède de l'animal. Ou-moué, dont la silhouette se détachait sur le ciel argenté du crépuscule pluvieux, tira, par-dessus le corps, quatre flèches en direction du territoire wittaïa ; l'une vola vers le nord-ouest, la seconde vers l'ouest, et les deux dernières, tirées au-dessus de la tête de Yonokma, partirent vers le sud-ouest, dans la direction du lieu de l'embuscade. Ces flèches devaient chasser les esprits hostiles qui pouvaient suivre le corps. Les porteurs soulevèrent à nouveau la civière et l'emportèrent vers les villages situés plus haut dans la montagne.

Comme la plupart des élégés, Yonokma n'avait pas constamment vécu dans le même pilaï, mais, du fait que Koalaro, une des épouses d'Ou-moué, était sa sœur aînée, il demeurait plus fréquemment à Woupéraïnma.

Les Wilil n'étaient donc pas moins affligés de sa mort que le clan hallouk, auquel il appartenait. La mort de Yonokma, la blessure de Tekman Bio, cinq jours seulement après la consécration des pierres sacrées du clan, allaient jeter le discrédit sur les pouvoirs de ces pierres qui devaient revenir un jour à Tekman Bio.

Cette mort prenait une importance particulière, non seulement du fait que Yonokma était un brave et valeureux guerrier, mais parce qu'elle venait augmenter la douleur et l'amertume causées par le meurtre de Weaké, parce que Yonokma faisait partie d'un petit groupe d'élite de Wéréklowé et qu'il était bien connu et apprécié de tous. Le deuil était donc une affaire sérieuse. Maïtmo lui-même arriva du territoire des Kourélou du Nord ; il se tint cependant à l'écart, évitant de se joindre devant le pilaï au groupe des kaïns du Sud.

Tout le jour se prolongea le flux et le reflux des lamentations, tandis que le bruit des haches sur les rondins et les claquements des pincettes de bois sur les pierres des feux s'élevaient en contrepoint sonore. Les femmes modulaient un thrène sourd et continu, et, à l'intérieur du pilaï, les plus vieux parmi les kaïns psalmodiaient et soupiraient sur un rythme sonore et ancien. De temps à autre, des guerriers plus jeunes reprenaient en chœur un refrain, et tous les souffles vibraient à l'unisson dans la lamentation puissante du chant funèbre.

Jusqu'à une heure avancée de l'après-midi, les lamentations se poursuivirent, mais elles faiblissaient à la fin, et, sur le fond sonore de l'ensemble, se détachait parfois le son aigu des voix féminines, sur un ton désaccordé. L'une en particulier chantait sur un registre tout différent : « *Yay-y, yai, egh, egh, egh.* » Souvent ce gémissement des femmes partait d'un mot unique que venait prolonger toute l'incantation sonore : « *Nyérakénaré-é-é-ay, ay, hitou nan a ay-ay, egh, egh-egh.* » *Nyérakénaré* désigne la longue ceinture de coquillages ; *hitou nan*, « mangé par le feu », décrivait l'incinération qui allait avoir lieu.

Lorsque les filets eurent été enlevés et le siège funéraire démantelé, le corps de Yonokma fut étendu sous les frondaisons des bananiers, devant le pilaï. Touésiké soutint le corps pendant que d'autres guerriers venaient l'oindre de graisse. D'autres encore apportaient et entassaient les bûches fendues, et la flamme du bûcher s'éleva. Des porcs affamés geignaient dans les enclos, et de jeunes enfants se mirent à crier. Les haches résonnèrent sur le bois du bûcher, tandis que montait une longue clameur funèbre.

Rapidement, le corps de Yonokma fut déposé sur le bûcher, tandis que vibrait dans l'air immobile une sorte de hurlement apeuré et plaintif. Des silhouettes d'hommes s'agitaient encore dans la fumée, tournant le corps sur le côté ; puis ils s'écartèrent enfin, fixant le bûcher du regard, car leur tâche était terminée. Le feu prenait avec peine, et la nuit était proche quand les flammes se détachèrent pour monter haut vers le ciel.

Avant la fin des funérailles, le borgne Aloka s'était retiré sur une hauteur voisine. Là, sur un tertre herbeux, chantonnant pour lui seul, il édifia, à l'aide de brindilles et de touffes d'herbe, tout un sili miniature, avec ses cases, son chemin d'accès et sa palissade. Il se penchait, satisfait, regardant son œuvre et la touchant du doigt. Le soleil couchant disparut dans les brumes de l'horizon, et son rougeoiement, sur les étangs de la savane, annonçait encore le beau temps. En contrebas de la colline où

Aloka poursuivait son jeu, les flammes du bûcher faiblissaient, et des silhouettes sombres passaient et repassaient au travers des fumées épaisses.

La petite Nylaré, fille d'Ou-moué et de Koalaro, allait sans doute perdre quelques-uns de ses doigts, car Koalaro était la sœur du mort, et Nylaré, qui n'avait pas encore subi l'iki palin, était en âge de le supporter. Au petit matin, sous le ciel rose et bleu de l'aurore, elle fit avec sa mère le trajet de Woupéraïnma à Aboulopak.

Le soleil n'avait pas encore embrasé la crête des montagnes, et la cour du sili d'Aboulopak demeurait baignée d'une ombre bleuâtre et dense. Deux vieilles femmes étaient accroupies près des cendres du bûcher, triant les os avec des pincettes, tandis qu'aux entrées du hangar-cuisine se tenaient d'autres femmes et de jeunes enfants, offrant le dos à la chaleur des fumées tièdes. Hougounaro et Youli apportèrent de l'hipéri, et tandis que les premiers rayons touchaient la pointe des buissons près de la palissade, puis atteignaient l'entrée du village, quelques femmes arrivèrent encore, écrasées sous des fagots : on ne voyait d'elles que leurs genoux. Akou avait accompagné Nylaré, elles erraient çà et là ; le bras de l'aînée entourant les épaules de la petite.

Dans le pilaï, les kaïns étaient assis, chauffant près du feu leurs vieux os. L'un d'entre eux, avec des gestes mesurés et lents, ramenait de petits tas de braise autour des gros hipéris, placés côte à côte dans la cendre. Les kaïns ne parvenaient pas à se mettre d'accord au sujet de la désignation des enfants qui devraient subir l'iki palin. L'affaire était d'importance, car cette cérémonie comporte des offrandes de porcs et de coquillages et implique des obligations mutuelles.

Un homme de haute taille s'avança seul dans la cour, le corps couvert d'argile jaune. Il s'arrêta près des cendres funéraires où les deux vieilles s'affairaient à retirer les os. D'une voix sonore, il éclata en lamentations. Il n'avait même pas, comme les autres guerriers, déposé sa lance, et la tenait droite, tout en sanglotant : la confusion du chagrin expliquait sans doute cet oubli de la règle habituelle. C'était le nami de Yonokma, un Siep-Kosi qui avait dû franchir les hauteurs pour arriver au deuxième jour des funérailles. Les femmes, accroupies près du nouvel arrivant, puis celles qui, au nombre d'une soixantaine, s'étaient rassemblées dans la cour, firent écho à ses plaintes, en un murmure assourdi et prolongé, tandis que le grand Woknabin s'avançait vers le guerrier. Woknabin est de caractère affable, et sans doute voulait-il surtout épargner à cet homme, qui venait de loin, la peine de devoir chanter son deuil, seul au milieu des femmes.

Tout en psalmodiant leurs plaintes, les femmes ne quittaient pas des yeux les filets de la cérémonie, entassés devant elles, et bientôt elles passèrent des gémissements aux discussions. Hougounaro, assise près des filets, dirigeait les marchandages. Koalaro était à l'intérieur du cercle, sa main épaisse posée sur la mince épaule de Nylaré. Nylaré regardait fixement autour d'elle, de ses sombres yeux arrondis, forme minuscule parmi les dos courbés, les peaux brunes, les mains avides. Elle ne tarda pas à adresser la parole à Olouma, qui était là tout proche, avec sa mère ; les fronts des deux enfants debout arrivaient juste à la hauteur de ceux des femmes accroupies. De l'autre côté du cercle, l'épouse de Lolilouk écoutait Hougounaro avec la plus grande attention, sans paraître s'apercevoir que son petit garçon Natorek tambourinait sur sa tête avec un morceau d'écorce. Hougounaro distribuait les filets, échangeant quelques mots avec chacune de celles qui recevaient leur dû. Aucune n'éleva le ton avant l'arrivée d'Ékapouwé, qui se trouvait en retard, mais qui, très vite, se fit une place. Youli, la jeune épouse, demeurait à l'écart, les yeux dans le vague, marchant à pas désœuvrés et bien en vue des hommes.

Ékapouwé se contenta d'abord de réflexions méprisantes et hargneuses, touchant Hougounaro et le rôle qu'elle s'était attribué ; lui tournant à demi le dos, elle faisait ses réflexions en inclinant la tête sur son épaule. Hougounaro ne fut pas longue à saisir ce manège et sa voix se durcit. Les grands yeux d'Hougounaro ne sont pas faciles à intimider, et elle n'est pas de celles qui cherchent à éviter les querelles. La voix des épouses d'Ou-moué couvrit bientôt celle des autres femmes, et toutes deux, à genoux, tiraient chacune sur un des bouts du même filet. Au fond de la cour, Yéké Asouk, observant les rivales, pouffait d'un rire strident et rauque, en enfonçant deux doigts dans sa bouche pour mimer la crainte des représailles. De temps à autre, des femmes akouni se battent à coups de bâton, en général par jalousie, mais l'arrivée d'une plus vieille évita cette fois que les deux adversaires en viennent à cette extrémité. La vieille femme avait été chargée de distribuer les filets, et Hougounaro et Ékapouwé se calmèrent.

Appuyée sur un bâton, la vieille demeurait debout au milieu du cercle des femmes assises, son dos voûté pliait sous une charge de filets, deux fois plus grosse qu'elle, emmêlés dans le plus grand désordre. Un par un, des filets lui furent présentés, et elle annonçait chaque fois, d'une voix faible, le nom d'une femme. Mais elle tremblotait, tout interdite, et, autour d'elle, des femmes plus jeunes dirigeaient la distribution. Une autre vieille femme, glacée comme un lézard dans la fraîcheur du matin, rampa vers les chauds rayons du soleil. Les rangées d'épaules nues brillèrent bientôt sous cet éclat, allumant comme des torches les chevelures rousses des enfants.

L'iki palin avait été retardé d'un jour, soi-disant pour laisser aux kaïns le temps de se mettre d'accord ; mais leur répugnance à assumer la charge d'obligations nouvelles était au fond la cause de ce délai : le sacrifice des doigts de sa fille peut bien valoir le don d'un porcelet ou d'une ceinture de coquillages, mais un doigt d'enfant ne représente pas une monnaie d'échange. Dans des funérailles de cette importance, une dérogation à l'iki palin est tout à fait inhabituelle, et Ou-moué insinue déjà, d'un air sombre, que Wéréklowé est un homme *wé-ak* — néfaste — du fait qu'il a incité les femmes à repousser la cérémonie. Retardé d'un jour, le sacrifice n'a plus sa place normale dans le rituel, et il est fort probable que l'iki palin sera cette fois omis. La fête habituelle des femmes se déroulera comme de coutume et, au cours des jours suivants, on procédera au bannissement du fantôme de Yonokma ; mais les doigts de Nylaré, la fille d'Ou-moué, et ceux de quelques autres enfants, demeureront intacts jusqu'à une prochaine occasion.

Peu après la tombée de la nuit, le fantôme de Yonokma se manifesta à Woupéraïnma. Les hommes du pilaï d'Ou-moué étaient assis autour du feu quand le fantôme se glissa le long du mur, avant de monter vers la pièce surélevée. Les guerriers s'agitèrent, mal à leur aise, et quelques exclamations retentirent. Le fantôme aurait dû, à ce moment, se trouver chez les Wittaïa, en train de chercher à leur nuire. Les hommes sentaient bien qu'il ne pouvait avoir l'intention de leur faire du mal, à eux, et ils riraient même de cette idée-là à la lumière du jour, cependant cette apparition du fantôme leur paraissait de mauvais augure.

Le matin suivant, un groupe armé retourna au marécage, au-delà du village abandonné, à l'emplacement où les Wittaïa avaient rapporté le corps. Tandis que, du haut de la colline en face, les ennemis leur lançaient des défis, ils se groupèrent et brûlèrent l'herbe partout où le corps avait reposé, afin d'être bien sûrs qu'aucune goutte de sang n'avait été oubliée. Ou-moué se trouvait là, l'air soucieux et morose. On dirait que tout le peuple est accablé par cette malheureuse mort de Yonokma, et personne encore n'a parlé de l'inévitable vengeance, comme s'il fallait qu'ils découvrent d'abord pourquoi leurs puissances tutélaires ont pu ainsi les abandonner.

Ouwar et Toukoum, Soupouk, Okal et son ami Wénélouké allèrent pêcher les écrevisses dans un petit ruisseau herbeux, qui glisse parmi des rochers, brillants sous le soleil comme des blocs de sel, puis serpente autour des palissades de Woupéraïnma, passe à travers le boqueteau et va se perdre dans les plantations. Ils arrivèrent en courant, et, avec un grand cri, sautèrent dans le ruisseau qui, même à la période des crues, a rarement plus de trente centimètres de profondeur sur soixante de large. En dévalant la pente raide, Toukoum fit un faux pas et se blessa la jambe. Il s'assit tristement, les pieds dans l'eau, tout près de fondre en larmes.

Pleins d'une énergie débordante et maladroite, les enfants remontèrent rapidement le courant. Ils tâtaient la boue d'un pied impatient, glissaient les mains sous les herbes aquatiques, puis repartaient de l'avant. Laissant son troupeau de porcs errer où bon lui semblait, Kabilek vint bientôt les rejoindre. « *Kok méké ! Kok méké !* » criaient-ils, « Une grosse ! Une grosse ! » et, à la queue leu leu, Toukoum zigzaguant à l'arrière, ils se bousculaient, échangeaient des bourrades, tout en laissant inexplorées de longues portions du lit du ruisseau. Sur les reflets herbeux de la surface, des fronts d'enfants, absorbés dans leur recherche, se rapprochaient deux par deux, les têtes se touchaient tandis qu'ils fouillaient le fond de l'eau.

Wénélouké retira de l'eau une petite écrevisse, et comme il passe pour un maladroit, Ouwar s'irrita de cette réussite, et feignant de jouer, il attaqua Wénélouké à coups de javelines de roseau. Pendant que Wénélouké se repliait piteusement, en grimaçant un sourire, Toukoum se mit à crier sans raison : « *Kok méké ! Kok méké !* » et tous les garçons s'élancèrent, se glissant à contre-courant au travers des herbes, des laîches et des cannes à sucre sauvages. Namiliké vint à passer, légère, cinglant les échines massives de ses porcs indociles avec une poignée de fougères. Et — qui sait pour quelle mystérieuse raison ? — les animaux se pliaient à sa volonté, tandis qu'elle dansait derrière eux, se retournant parfois pour lancer un appel du côté des enfants.

Au village de Woupéraïnma, Olouma et Natorek étaient sortis pour voir ce qui se passait, et Éken, en flânant le long du sentier d'Homaklep, observait également. Son oreille gauche était saupoudrée d'argile, et elle la palpait sans cesse du bout de ses doigts raccourcis. L'oreille avait été sectionnée, un ou deux jours auparavant, au cours d'un rituel tardif en l'honneur de Yonokma. Éken participa un moment à la pêche, mais son troupeau de porcs et de truies folâtrait pendant ce temps en toute liberté. Éken repartit bientôt pour le suivre, puis elle s'arrêta pour arracher un brin d'herbe qu'elle tressa autour de ses doigts, sous le grand soleil d'après-midi de sa solitude enfantine.

Poussant de grands cris, les jeunes pêcheurs découvraient d'autres écrevisses, la plus grosse avait à peu près cinq centimètres de long. En outre, ils attrapèrent quelques nymphes de libellules qui furent croquées sur-le-champ ; les écrevisses, quant à elles, devaient être rôties sur la flamme.

« *Puna !* » ou « *Pélal !* » criait parfois l'un des enfants, et abandonnant la pêche toute la troupe quittait, d'un bond, le ruisseau. « Puna » désigne un gros lézard à collerette, et « pélal » un quelconque serpent. De l'un et l'autre les yégéreks font mine d'avoir très peur, afin que la vie ordinaire paraisse plus périlleuse. Le plaisir qu'ils ressentent devant le danger ressemble à celui des guerriers au combat. Mais ces cris qui étaient poussés par Ouwar n'étaient probablement qu'une feinte, car Ouwar, qui trouve toujours que la vie est trop fade, se plaît à déconcerter et à se moquer d'autres enfants, qui sont encore trop remplis d'innocence.

Ouwar a pour lui l'intelligence et le charme, le courage et l'adresse au lancer des javelines de roseau, et il est beau sans aucun doute, mais déjà ce n'est plus un enfant, et une touche de vulgarité commence à marquer son visage, premier indice peut-être qu'il a pris conscience de sa valeur. De nouveau, il se mit à lancer des javelines de roseau à Wénélouké, qui se déroba une fois de plus ; alors, toujours avec ce même sourire farouche, ses yeux brillants, il prit les autres pour cible. La tête levée au-dessus des herbes, les jeunes garçons le regardaient fixement. Toukoum poussa un grognement féroce, en amassant avec fierté une lourde brassée de roseaux, que son instinct le dissuadait cependant d'utiliser. Il haletait et poussait des cris rauques, comme le crapaud-buffle dans les bois la nuit qui se fie à son horrible apparence pour tenir ses ennemis à distance. Kabilek et Soupouk sont d'un excellent naturel, tout en n'étant pas poltrons, et contre le hargneux Ouwar, ils se défendirent sans méchanceté, jusqu'à ce que son accès de colère fût passé.

Okal, par contre, est un batailleur. Il bondissait dans les hautes herbes, ses minces épaules couvertes de l'argile jaune, couleur de guerre et de mort, lançant des volées de javelines, jusqu'à ce qu'Ouwar lui-même parût en avoir assez. Mais le charme de la partie de pêche était rompu, et les enfants, se regardant l'un l'autre d'un air méfiant, finirent par se disperser.

Cette nuit-là mourut le vieil Éak, père d'Asikanalek et grand-père de Namiliké. Il était si décharné qu'accoté contre le mur, son corps n'occupait pas plus de place qu'un corps d'enfant. Quand, au matin, on l'eut couvert de ceintures de coquillages, il prit l'aspect d'un vieux colis défait. Dans la demi-obscurité où sa vie s'était achevée, une pâle lueur n'éclairait plus qu'un étrange dessin de cauris blanchâtres, comme s'il y avait très longtemps après tout que l'esprit de l'homme n'était plus là.

Le corps d'Éak avait été paré dans le pilaï parce que c'était un très vieil homme dont la mort avait été naturelle. La cérémonie serait des plus simples, comme celle qui a lieu lorsqu'une femme vient à mourir. On ne construirait pas de siège, nul doigt ne serait tranché, et deux porcelets suffiraient à honorer le défunt.

Quelques personnes vinrent pleurer le mort, pour la plupart des gens du voisinage, habitant Homaklep ou Woupéraïnma, où Asikanalek est connu et respecté. Wéréné arriva, portant sur le crâne une parure de toiles d'araignée. Il avait dû à cet effet tourner maintes fois sa tête dans les filets d'une grande araignée qui a l'habitude de tisser sa toile dans les bosquets de bananiers.

Le corps du vieil homme demeura tout le jour dans le pilaï, et, comme il n'y avait pas de siège funéraire, les hommes venaient se lamenter devant les pierres du foyer. Tamougi, qui aime les lamentations, gémit pendant un long moment, en hurlant à la manière des chiens, mais les plaintes d'autres visiteurs furent courtes, et beaucoup même s'abstinrent de se lamenter. Ou-moué, l'air assombri, s'était assis dans le pilaï, en compagnie de Weaklekek et de Wéréklowé. Comme le foyer de cuisson n'était pas encore découvert et que les hommes avaient faim, ils firent rôtir des patates douces sur le feu du pilaï, sans se soucier de l'épaisse fumée qui se dégageait. le corps d'Éak paraissait flotter dans cette brume dense.

Dans la cour, les enfants gambadaient joyeusement. Namiliké courait d'un groupe à l'autre, toute contente d'elle et un peu gâtée ; à un moment, essayant de trouver un charbon pour allumer le rouleau de tabac d'une invitée, elle faillit s'étouffer dans les cendres. Wamatoué, triste et solitaire, demeurait appuyé contre un portant de l'entrée. Comme à l'ordinaire, son minuscule horim était placé tout de travers.

Une cinquantaine de personnes étaient présentes à l'ouverture de la fosse de cuisson. Après la fin du repas, les ceintures qui entouraient le corps d'Éak furent enlevées et emportées au-dehors, où Weaklekek en effectua la répartition ; Wéréklowé était présent, mais en qualité d'hôte d'honneur, tandis que Weaklekek est le chef des Aloua qui habitent les trois villages frontières, proches des rives de l'Aïké. Une des ceintures fut attribuée à Touésiké qui, souriant avec une modestie affectée, la prit avant de s'asseoir non loin des autres, mais tout de même un peu à l'écart. Quand la répartition fut terminée, Touésiké profita de ce temps de repos pour aider les proches d'Éak à élever le bûcher. Touésiké, calme et peu bavard et qui aime toujours trouver à s'occuper, participe volontiers aux travaux pénibles dans des cérémonies de ce genre.

Le corps d'Éak fut porté hors du pilaï, avec précautions, comme pour un enfant blessé. Les traits du visage étaient calmes et reposés. A la lumière du jour, on s'aperçut qu'il portait encore autour du cou deux colliers de cauris. Des hommes essayèrent en vain de les dégager en tirant, et finalement il fallut trancher le ruban de fibre qui les retenait. Comme le bûcher brûlait déjà, les hommes avaient tiré en hâte, et la sérénité des funérailles fut quelque peu troublée, non pas par leur action, mais du fait que la bouche du vieillard s'ouvrit toute grande et que ses yeux se mirent à saillir, comme si, revenant à la vie, il venait d'apercevoir le bûcher. Un murmure d'inquiétude s'éleva parmi les femmes, assises en ligne sous l'avancée du toit.

Pour un hommage ultime et pour apaiser l'esprit

d'Éak, le corps fut une fois encore enduit de graisse, avant d'être posé en hâte, tout ricanant et chauve, sur le bûcher. Les hommes arrangèrent le corps d'Éak entre les bûches avec d'affectueuses précautions ; et, à ce moment, les lamentations du deuil se firent plus fortes. Hommes et femmes se mirent sérieusement à sangloter et pousser des soupirs, comme s'ils voulaient que l'esprit du vieillard mort ne puisse leur tenir rigueur de leur apathie pendant cette longue journée. On aurait dit qu'ils voyaient dans la triste dépouille desséchée l'image du destin qui les attendait tous, quand leurs cendres se disperseraient ainsi dans le ciel bleuâtre de leur dernier crépuscule.

Une rude empoignade eut lieu un beau matin entre les porcs de Woupéraïnma et les enfants du village ; dans les enclos, dans les cours et les taillis environnants, ce n'étaient que cris, huées, sifflements et grognements. Wérekma, la charmante fille de Lolilouk, s'enfonça dans un buisson pour débusquer une truie et en ressortit toute souillée d'excrément ; poussant des cris de colère et de dégoût, elle se retira pour aller se laver les jambes, tandis que fusaient autour d'elle les rires de plus jeunes enfants. Wérekma, qui va peut-être se marier au prochain maouwé, est déjà en train de prendre de petits airs de supériorité.

Ékapouwé, avec son bébé qui poussait des cris dans son filet, observait les enfants d'un air renfrogné et sévère ; Ékapouwé paraît nerveuse ces temps-ci et jette fréquemment des coups d'œil du côté des hommes ; et Lolilouk, qu'une plaie infectée à l'épaule rend momentanément infirme, observait également. Au lieu d'enfler, cette épaule paraît fondre, comme si la chair était rongée par l'intérieur. L'homme paraît soudain se tasser et vieillir ; il se traîne dans sa cour, au milieu des femmes, le regard absent. Comprend-il qu'il a maintenant pris de l'âge ? Car la jeunesse passe vite dans la vallée, où le printemps perpétuel a vite fait de consumer les existences. Lolilouk peut bien avoir trente-cinq ans ; à quarante-cinq, il sera un des anciens du village, et à cinquante-cinq, s'il vit encore, ce ne sera plus qu'un vieillard desséché et décrépit.

La plus âgée des épouses de Lolilouk est une Woukahoupi — tribu qui vivait autrefois en aval de la vallée, sur l'autre rive de la Baliem. Les Houwikiak, exaspérés par les succès des Woukahoupi au combat ou dans les rapts de porcs, unirent leurs forces à celles des Wittaïa et de quelques autres tribus, pour attaquer de nuit, ce qui se voit très rarement, les villages woukahoupi, qu'ils brûlèrent en massacrant un certain nombre de leurs occupants. Les Woukahoupi se défendirent de leur mieux, mais leurs alliés s'abstinrent de leur porter secours. Ils devaient être pourchassés comme des hérons mokoko, avait proclamé le kaïn des Houwikiak, et ils furent effectivement dispersés sur tout le territoire de la vallée ; ils perdirent jusqu'au nom de leur tribu, et on ne les connaît plus désormais que sous ce nom de Mokoko. Certaines de ces Mokoko s'étaient réfugiées sur le territoire des Kourélou, et l'épouse de Lolilouk était l'une d'entre elles.

Cette femme était tombée malade au cours des dernières lunaisons ; si bien qu'on lui avait donné récemment le nom de Wako Aïk, qui signifie : « Ver qui ronge le ventre. » Son état inquiétait fort tous ses proches, et, de bonne heure ce matin-là, une battue fut organisée dans la savane, en contrebas du village. Il s'agissait de capturer de petites bêtes sauvages avant de procéder à une cérémonie rituelle ; en raison de son importance, les rats ne pourraient suffire, il faudrait également capturer des oiseaux.

Dans le « matin des chants d'oiseaux », Lolilouk, Hanoumoak et Yéké Asouk, suivis d'Ouwar et de Kabilek, prirent le chemin de la savane. Ouwar est le fils de Wako Aïk, mais les liens de tendresse entre mères et fils ne sont pas très prononcés chez les Akouni, et Ouwar n'était pas plus préoccupé qu'à l'ordinaire. Walimo et Asoukwan vinrent se joindre au groupe des adultes, tandis que quelques autres jeunes garçons venaient renforcer celui des yégéreks — tous venus pour le simple plaisir de la chasse et du lancer des projectiles.

Avant de tirer les oiseaux, il faut les faire s'envoler en battant les buissons. Chaque chasseur casse plusieurs tiges de garance, ou d'autre arbuste, et en dépouille les feuilles. Le groupe prend position, en lignes de rabatteurs, dans les hautes herbes, ou cerne un taillis feuillu, et quand quelques oiseaux se lèvent, ils sont accueillis par une volée de projectiles. Adultes et enfants — qui s'entraînent depuis le plus jeune âge à lancer des javelines de roseau, puis de bambou et de bois — sont d'une redoutable adresse, et l'on ne peut manquer d'être surpris de les voir abattre des oiseaux en si grand nombre — ils n'en ramassent cependant que fort peu, car les corps minuscules sont difficiles à découvrir dans l'épaisseur foisonnante des herbes et des taillis.

Les rayons du soleil, se frayant un passage parmi des nuages sombres qui surplombaient la colline, atteignirent les feuilles rousses des vaccines ; herbes et feuillages étaient couverts encore de l'humidité nocturne et les premiers rayons animèrent tout le paysage de façon éclatante. La lumière laissait flotter une sorte de halo sur les épaules nues des hommes qui, à grandes enjambées, s'avançaient dans les taillis, le bras prêt au lancer, en criant : « *Hoo-sha, Hoo-sha.* » Un râle gris se leva, en vol rasant, devant Yéké Asouk. C'était la première pièce facile à toucher, et tout le groupe éclata de rire quand Yéké Asouk la manqua.

Bientôt trois oiseaux furent retrouvés dans les herbes ; soigneusement pliés dans des feuillages, ils furent triomphalement rapportés à Woupéraïnma.

L'esprit de Wako Aïk ayant délaissé son corps, tous ses proches convinrent qu'il fallait, par les cérémonies appropriées, l'inciter à reprendre sa place. On fit appel aux services de l'épouse de Yoli, experte en matière de charmes, et Yoli, qui semblait s'être retrouvé depuis que le danger couru par son fils avait l'air moins imminent, vint lui-même aider à manger le porc.

Touésiké qui, en cette circonstance, était venu donner un coup de main, découpa le porc, sacrifié au début de l'après-midi. Pour la cuisson du porcelet et des patates douces, un petit foyer de roches avait été préparé derrière la clôture, dans un bosquet de bananiers. Wérekma, aidée par Ouwar, nettoya les entrailles du porc et participa ensuite à la préparation du foyer. Akou observait de loin depuis une entrée, mais elle ne s'approcha pas, non plus que les autres enfants.

Pendant la cuisson, les hommes se rassemblèrent dans le pilaï d'Ou-moué. Ils commencèrent à palabrer, et Yoli tressait une longue ceinture de coquillages. Lolilouk demanda une plume d'aigrette à Hanoumoak et chargea Ouwar de la porter à son ébéaï. Yéké Asouk partit jusqu'à un proche bosquet et en rapporta trois gros tronçons de branches qu'il assembla pour en faire un trépied. La plus grosse bûche, presque droite, était soutenue latéralement par les deux autres. Lolilouk appela les femmes qui se trouvaient dans l'ébéaï, et la malade parut, la plume d'aigrette piquée dans ses cheveux ; tout son corps était enveloppé de filets. Les hommes se retirèrent au fond de la cour, car ils ne devaient pas participer à la partie de la cérémonie qui était réservée aux femmes.

On avait tué un porc, car on sait que les esprits, pas plus que les gens, ne résistent à l'odeur alléchante de la viande en train de cuire. Le trépied, sur lequel Wako Aïk venait de se percher avec l'aide de ses compagnes, allait faire d'elle une créature plus aérienne. L'esprit, léger comme l'air, reviendra plus volontiers dans un corps placé dans son propre élément. On avait mis Natorek dans les bras de sa mère, non pas qu'il puisse avoir ainsi quelque influence sur sa guérison, mais parce que, depuis le sol, ses manœuvres menaçaient dangereusement l'équilibre du trépied. Prodigieusement amusé, Natorek s'était accroché de toute sa force au pied le plus épais. Finalement l'épouse de Yoli tendit à Wako Aïk un arc et des flèches, et celle-ci les serra fortement contre elle tandis que la femme marmonnait les formules magiques de guérison. Ensuite on retira à la patiente l'arc et son petit Natorek avant de l'aider à descendre de son piédestal. Elle regagna l'ébéaï, portant l'arc et les flèches, suivie de l'épouse de Yoli et de Lolilouk. Les autres femmes entrèrent dans le hangar-cuisine, et Yéké Asouk regagna le pilaï.

La plume d'aigrette, portée par Wako Aïk, devait signaler aux mauvais esprits, entrés en elle, qu'ils étaient indésirables. L'arc et les flèches représentaient un deuxième avertissement : voyant qu'elle s'était armée à leur encontre, les esprits mauvais devaient être pris de panique. Le lendemain matin, la vue des oiseaux abattus allait compléter leur déroute : les oiseaux morts furent déposés sur le sol et Wako Aïk s'attaqua aux esprits avec son bâton à hipéri, dansant autour des dépouilles et, au-dessus d'elles, fouettant l'air à grands coups.

La cérémonie terminée, les oiseaux perdaient leur signification symbolique, et les hommes les mangèrent.

Le lendemain, afin d'extirper définitivement la maladie de Wako Aïk, les femmes organisèrent un banquet d'hipéri. Aidées par Ékali, elles préparèrent elles-mêmes le foyer de cuisson ; et faisant face à son époux, la femme d'Ékali serrait autour du cône les liens de joncs avec plus de vigueur que ce dernier. La pluie s'était mise à tomber avant que la construction fût achevée, mais les femmes se hâtèrent de la terminer avant de se retirer dans le hangar-cuisine, laissant le monticule fumer dans la cour. Ces femmes qui avaient paru toutes joyeuses de travailler ensemble — une joie qu'Ékali ne semblait pas partager — s'assirent néanmoins séparément à l'intérieur, chacune devant son feu.

Le hangar-cuisine comporte cinq emplacements de feu. Du côté ouest, près de l'entrée du sili, deux emplacements sont utilisés par la vieille Anéaké et par l'une ou l'autre des épouses d'Ou-moué. Anéaké s'était assise devant son feu, à l'extrémité du hangar, et tressait un filet avec des fibres teintes d'une couleur pourpre ou jaune vif. Ces jours derniers l'étaï-éken d'Anéaké lui a causé quelques tracas, qui se sont traduits par d'assez violentes douleurs d'estomac ; mais loin de se plaindre, elle a plutôt tendance à s'impatienter, comme s'il pouvait suffire de rudoyer son étaï-éken pour lui faire entendre raison. Cette femme maigriote n'a jamais manqué de cran, et son nom, qui signifie « parole mauvaise », lui va quelquefois comme un gant, tant il lui arrive de parler sur un ton plein d'acrimonie. Deux des plus proches voisins d'Anéaké, bien que beaucoup moins âgés qu'elle, sont plus sérieusement malades. Asok-méké, beau-père de Toukoum, n'a même pas pu assister à la consécration du pilaï de Tekman Bio, et on a fait spécialement venir pour le soigner un grand sorcier Siep-Kosi. Une autre vieille femme d'Aboulopak est tout près de passer : dans quelques jours, son vieux corps, enroulé dans ses filets, pourra être livré aux flammes.

Tout près d'Anéaké, s'étaient assises Hougounaro et Akou, et le rire sournois d'Hougounaro et son dur et farouche regard étaient loin de détendre l'atmosphère. Devant l'autre feu, l'épouse d'Ékali et la plus jeune épouse de Lolilouk s'étaient assises, silencieuses et maussades. Auprès d'elles se tenaient Wénélouké, Wérekma et Natorek. Natorek, couché sur le ventre n'en réussit pas moins à frapper d'un coup de bâton Wérekma qui se trouvait derrière lui. Son geste avait été d'une vivacité et d'une souplesse étonnantes ; peut-être n'était-il pas malintentionné, mais on sait que Natorek a méchant caractère, et là il était pris sur le fait : Wérekma lui administra une bonne fessée. Wérekma promet de ne pas être une femme commode ; elle va atteindre la puberté et les formes de sa gorge commencent à se dessiner, et elle prend des airs importants comme le font souvent les filles de cet âge ; ainsi est-il question de son mariage à l'occasion du prochain maouwé. Elle est encore jeune cependant, douze ans peut-être, et ce ne sont là que des on-dit.

Wako Aïk, l'air triste et abattu, vint s'accroupir près du feu où se trouvait la plus jeune épouse de son mari. Celle-ci se déplaça aussitôt pour s'installer devant le feu suivant ; il ne semble pas cependant qu'existe une animosité particulière entre les deux femmes. La plus jeune, au visage mince et fermé, l'air naturellement maussade, s'occupait en ce moment de son jeune bébé. Elle portait une sorte de bonnet, fait de feuilles de taro, et regardait les autres femmes d'un air absent. Elle avait dépouillé ses filets, dévoilant des épaules étroites, avec l'éclat d'une peau fine et soyeuse — car elle est encore très jeune.

Le jeune Wénélouké tenait à la main un cordon de fibre qu'il tressait habilement autour de chacun de ses doigts, dessinant ainsi des silhouettes rudimentaires ; l'une d'elles représentait un homme et une femme se faisant face, et traçant le dessin des sexes, il simulait une copulation. Wérekma tourna la tête d'un air gêné, et le garçon esquissa une grimace à la fois embarrassée et satisfaite.

En attendant la fin de la cuisson, les femmes grignotaient des tiges de toa tout en roulant des pelotes de fibre. Bien à l'abri de la pluie, elles prenaient plaisir dans cette tiède atmosphère à bavarder et rire ensemble.

Asoukwan d'Homaklep est un guerrier indolent d'une grande force physique, doté d'une tignasse impressionnante et d'un grand nez ; le tracé d'une bande charbonneuse au travers du visage lui donne un aspect féroce. Son air avantageux que complète une admirable aptitude à grincer les dents font que les femmes ont beaucoup d'admiration pour lui. Mais Asoukwan est encore handicapé par une vieille blessure à la cheville qui n'arrive pas à guérir, et par une autre blessure par flèche, qui a touché la même jambe un peu plus haut, au cours du raid où Yonokma fut tué. Il ne peut mieux faire que boiter bas, en s'appuyant sur une énorme canne, une espèce de massue dont se servent d'ordinaire des blessés en instance de guérison.

Il est allé consulter en fin de compte Élomaholan, le vieux sorcier. Comme la plupart des traitements médicaux chez les Akouni, les soins seront purement externes et de nature spirituelle ; mais il existe également une médication interne : des remèdes importés du Yali, que l'on utilise parfois dans des cas de blessures par flèches. Asoukwan s'était assis sur la corniche où se tiennent les conseils, dominant le bois d'Homouak, et Élomaholan, à genoux, palpait tour à tour du doigt chacune des blessures. Tout en effectuant son massage, il soufflait sur les plaies : « *oo-Phouh, oo-Phouh* », psalmodiant, entre chaque reprise de souffle, une suite de paroles à effets bénéfiques ; tant et si bien que le souffle bientôt lui manqua. De temps à autre, il relevait la tête pour interroger doucement Asoukwan sur certains points qui pouvaient avoir quelque rapport avec le traitement appliqué ; et Asoukwan réfléchissait longuement avant de répondre, avec tout le sérieux et la modestie propres à un malade.

Asoukwan boitait encore en s'appuyant sur sa canne lorsque, dans l'après-midi du festin des femmes, il entraîna l'épouse de Palek, mère du jeune Soupouk, pour la violer ; cette même femme qui, après avoir fui le territoire wittaïa, comme nous l'avons vu plus haut, avait failli être tuée par les Akouni. Palek, refusant de demeurer dans le même sili qu'Asoukwan le ravisseur, partit sur-le-champ avec sa famille à Woupéraïnma. Palek est un képou, qui n'a ni pouvoir ni richesse, tandis qu'Asoukwan est un guerrier du pilaï de Weaklekek. Réclamer un porc en compensation de l'outrage ne pouvait être qu'une provocation à de nouvelles insultes. Certes Weaklekek ne défendrait pas quelqu'un qui se trouverait dans son tort, mais Asoukwan n'est pas vraiment dans son tort : il a pris la femme de Palek parce qu'il était le plus fort et que sa force lui donnait ce droit ; est dans ce cas, parce qu'il est faible, Palek est le seul à se trouver dans son tort.

Asoukwan est encore très jeune, mais sa carrière amoureuse n'est pas celle d'un débutant. L'année dernière, ce fut l'épouse d'Amoli, le féroce kaïn des Haïman qui, subjuguée par sa belle prestance, quitta son foyer pour venir le rejoindre à Homaklep. Après avoir ordonné à sa femme de revenir, Amoli vint en fin de compte la chercher, à la tête d'une troupe armée. Ce fut l'occasion d'une sévère bagarre, au cours de laquelle plusieurs guerriers furent blessés ; mais la femme amoureuse demeura finalement avec Asoukwan. Cette affaire, qu'Amoli se refuse toujours à considérer comme résolue, est une des raisons, parmi d'autres, qui font que les rapports entre le Nord et le Sud demeurent quelque peu tendus.

Le sel qu'utilisent les Kourélou provient d'une source salée, située à flanc de montagne, à deux heures de marche d'Homouak, dans la direction du nord. Les épouses de Weaklekek partirent de bonne heure dans la matinée, avec un chargement de fibres de bananiers, destinées à absorber la saumure. Éken, la fille de Lakaloklek, accompagnait les femmes, ainsi que deux autres petites filles du sili de Wéréné ; Soupouk et Toukoum se joignirent également à l'expédition ; et comme le groupe était obligé de passer sur le territoire d'Amoli et de Maïtmo, Weaklekek l'escorta en personne. A la suite de la récente affaire de Walimo et de ses porcs, les relations entre le Nord et le Sud n'avaient fait que se détériorer, et Weaklekek ne voulait pas laisser ses femmes s'en aller sans protection. Peu après le départ, le groupe fut rejoint par Wolouklek et Siloba qui, comme à l'ordinaire, cherchaient quelque agréable façon de passer le temps.

Malgré la période de pleine lune, la pluie était tombée en abondance, et les pistes, qui traversaient les champs et contournaient les villages, étaient boueuses et lourdes. Les troncs d'arbres, qui enjambaient les fossés et les creux d'eau, étaient glissants d'humidité, néanmoins les femmes, avec leur chargement, avançaient, comme les hommes, d'un pas rapide, le pas vif habituel qui ressemble au trot ; avec une assurance acquise depuis des siècles, tous passaient en courant sur les troncs minces, presque sans changer de rythme. Ils atteignirent bientôt la rivière Élokéra, à l'emplacement où elle contourne un contrefort montagneux, avant de se diriger vers l'ouest pour rejoindre le Baliem. Dans un bosquet de myrtes et de figuiers, un grand tronc de myrte a été abattu en travers de la gorge où la rivière coule, seize mètres en contrebas Le bosquet longe la rive opposée, et les herbes hautes poussent entre les arbres, en surplomb d'une étroite bande de sable, où les passants descendent se désaltérer.

D'un commun accord, l'Élokéra trace la limite des territoires entre les Kourélou du Nord et ceux du Sud. En dépit de leur liens multiples, de familles et de clans, chaque groupe, sous la direction de ses kaïns, se considère comme distinct. Leurs affinités ne les ont pas empêchés de s'opposer continuellement dans le passé, et maintenant encore, ils ne laissent pas passer une seule occasion de se quereller. Les gens du Nord menacent sans cesse d'interdire à ceux du Sud l'accès des sources salées, si bien que les gens du Sud ont mis en chanson ce vieux motif de querelle :

Nous voulons aller à Ilouéraïnma,
Et les hommes du Nord voudraient nous l'interdire.
Tant pis pour eux, nous n'irons plus combattre pour
[eux dans leurs guerres...

Non loin du bosquet, sur la rive ouest de l'Élokéra, se trouve le village d'Houlaïnmo, le fief d'Amoli. L'expédition poursuivit sa route, prenant soin de contourner le village d'Amoli.

La piste longe le versant ouest des montagnes, traversant des prairies broussailleuses et des plantations abandonnées, elle franchit un ruisseau calme avant de monter à travers une futaie de châtaigniers et d'araucarias. Les voyageurs atteignaient à présent les domaines de Kourélou, et l'un de ses villages, où habitent quatre ou cinq de ses onze épouses, se trouvait en vue dans la savane. Le sentier se rapprochait des hauteurs, à l'orée d'un val escarpé. Weaklekek et les jeunes guerriers s'arrêtèrent à l'ombre d'un arbre, tandis que les femmes et les enfants montaient encore un peu plus haut pour atteindre les puits.

Sur le sentier de montagne qui conduit aux puits de sel et, plus loin, au pays du Yali, apparaît la roche dure, polie depuis des générations par le frottement des pieds nus. On voit en maints endroits des marques pourpres, couleur du liquide qui s'égoutte des chargements de fibres imprégnées de saumure. Entre les galets rocheux, des racines, lisses elles aussi, font saillie ; et les essences forestières se modifient à mesure que le sentier s'élève pour atteindre les chênes et les hêtres de la forêt moussue. A cette altitude, les étranges racines montantes des pandanus sortent du sol dans chaque clairière. Le sentier est lui-même bordé d'épaisses verdures : fougères et lis, orchis et bégonias, qui gardent, dans l'air tonique des cimes, une inaltérable fraîcheur, cependant que de tièdes odeurs de moisissures spongieuses circulent lentement sous les feuilles. Un torrent rocailleux coule, en contrebas du sentier, étouffant dans son bruissement sourd les appels et les chants d'oiseaux. Ce bruit de l'eau est la voix de la forêt, la voix des roches, de la verdure et des lueurs dansantes. Le bruit de l'eau se taisait non loin de l'endroit où attendait Weaklekek. Le ruisseau vagabondait à travers les herbages silencieux et ensoleillés, avant de rejoindre la rivière et les vastes prairies qui s'étagent jusqu'à la mer.

Les femmes courbées montaient par le sentier rocheux et l'ombre des feuillages estompait leurs corps sombres. Çà et là, les rayons éclaboussés laissaient des flaques d'un vert doré. Le sentier franchissait parfois le torrent, passant sur des roches couvertes d'algues humides. La petite Éken glissa sur une de ces pierres et son front porta rudement contre le sol. Le chevelure laineuse avait amorti le choc, mais l'enfant se mit à pleurer par brèves saccades. Pour avertir du danger ceux qui viendraient à passer, Lakaloklek noua une touffe d'herbes qu'elle déposa sur la roche. Une autre touffe, à demi pourrie, s'y trouvait déjà.

Tout près de l'endroit où le sentier va franchir le col, la source salée d'Ilouéraïnma jaillit de la montagne. Il n'y a dans la vallée qu'une autre source de sel, beaucoup plus loin dans le Sud, sur le territoire d'une autre peuplade. La source jaillit dans le lit même du torrent et se répand dans une sorte de cuvette entourée de rochers. Les femmes descendent dans cette cuvette où l'eau se trouve retenue. Il y a toujours des femmes au puits de sel. Quarante ou cinquante d'entre elles parfois s'y trouvent en même temps. Les bruissements et le heurt sourd des longs couteaux de bois qui tranchent les feuillages de bananiers ne cessent pas dans les futaies d'alentour. Le bassin n'a guère que trois mètres de diamètre, et les femmes doivent se tasser les unes contre les autres, en laissant flotter entre leurs jambes des rubans de fibre blancs. Ces formes noires, primitives, sous l'ombre pesante de la forêt, ces corps serrés, qui se penchent vers la saumure sortant de la terre, évoquent une vision infernale — et un papillon passe dans un rayon, soudain teinté de mauve, comme la pointe d'une baguette de mage.

Quand toute leur charge de rubans fibreux s'est imprégnée de sel, les femmes les rapportent au village, les font sécher au soleil, puis les brûlent dans un creux de rocher réservé à cet usage, près de Woupéraïnma. Le résidu grisâtre de sel et de cendres est alors soigneusement recueilli dans des récipients de feuillages, avant d'être utilisé à l'occasion des festins.

Son travail terminé, Lakaloklek s'assit sur un rocher et fuma un rouleau de tabac ; puis elle se releva, chargea son lourd fardeau humide et repartit vers son village. Sans dire mot, Weaklekek rejoignit le groupe qui débouchait du sentier, et de l'allure rapide qui leur est habituelle, tous repartirent en direction du sud.

A la suite de toute une série de périlleuses alternatives qui se produisirent ce matin-là, Walimo allait rentrer en possession de ses porcs.

Trois des guerriers d'Amoli s'étaient présentés la veille à Homouak, où Walimo, Housouk et quelques autres guerriers du Sud étaient rassemblés autour d'un feu, et, à qui voulut entendre, les trois hommes assurèrent que Walimo avait perdu ses porcs du fait qu'il avait dérobé un des leurs, et pis encore parce qu'il avait fait des propositions à l'une des épouses d'Amoli, alors qu'un ami de Walimo, le jeune guerrier Asoukwan, s'était déjà emparé d'une autre de ces épouses.

Walimo écouta quelque temps en silence ; et soudain, il saisit deux lances appuyées contre un araucaria, et il s'élança contre un des trois hommes pour l'expulser du bosquet. Il réussit, en le pourchassant, à lui porter un coup de lance dans la cuisse. Les deux autres ne demandèrent pas leur reste.

Quand le blessé fut ramené à Houlaïnmo, Amoli entra dans une violente colère. Amoli est connu comme un *hounouk palin*, un homme qui ne sait pas garder son sang-froid. Il savait déjà que, de bonne heure ce matin-là, un groupe, conduit par Weaklekek, s'était rendu au puits de sel, et il connaissait exactement la composition de ce groupe : Siloba et Wolouklek étaient l'un et l'autre des compagnons de Walimo. Il fut décidé aussitôt que des guerriers épieraient le retour du groupe, afin de tuer l'un de ceux qui se trouveraient à la traîne. A défaut de l'un des hommes, le meurtre de l'un des enfants ferait aussi bien l'affaire, celui de Toukoum particulièrement, dont le père était mort, ce qui fait que les représailles de son clan seraient moins à redouter.

Près du village de Kourélou, une vieille femme arrêta

Weaklekek. Elle savait seulement qu'un homme avait été blessé sur le terriroire du Sud, et qu'il fallait craindre tout ce qui pouvait en résulter.

Weaklekek poursuivit sa route. A tous ceux qu'il rencontrait, il demandait des explications. Beaucoup l'évitaient, et d'autres se contentaient de le regarder, ainsi que tout son groupe, d'un air hésitant et embarrassé. Il comprit à la fin qu'il allait tomber dans une embuscade. Le groupe fit halte pour discuter de la conduite à tenir ; mais ne voyant pas d'autre choix, du fait qu'ils se trouvaient profondément enfoncés en territoire ennemi, sans aucune possibilité de s'esquiver ou de se dissimuler, ils décidèrent de poursuivre leur route.

A présent ceux qu'ils pouvaient apercevoir les évitaient ouvertement. Les villages qu'ils traversaient, dans la brume de chaleur de l'après-midi, demeuraient silencieux. Ils avançaient en file indienne à travers la savane, femmes et enfants se touchant presque, et les hommes ouvrant et fermant la marche. Excepté Wolouklek et Weaklekek, tous étaient apeurés. Wolouklek marchait d'un air dégagé, levant haut les genoux, comme s'il parodiait inconsciemment son allure habituelle, avec un sourire timide et effarouché sur son étrange visage.

Weaklekek était certain que l'attaque devait se produire au bord de la rivière Élokéra, près du village d'Amoli, car il n'y avait pas d'autre endroit où ils pourraient franchir cet obstacle et les deux rives étaient bordées d'épais taillis de bambou. A proximité d'Houlaïnmo, ils arrivèrent à un emplacement où l'herbe avait été foulée ; des hommes étaient venus y danser, comme ils font d'ordinaire pour se donner du cœur avant le combat, et les traces étaient encore toutes fraîches.

Devant eux, des femmes qui passaient dans le sentier, prises de panique à leur vue, se dispersèrent dans les taillis. Rien ne bougeait dans les bananeraies du village.

Houlaïnmo est situé à quelques centaines de mètres de la berge de l'Élokéra. Laissant le groupe au milieu du sentier, Weaklekek s'avança seul dans le village. Il ignorait que quelques minutes auparavant, Amoli avait décidé de renoncer à l'embuscade. Amoli avait été informé que le groupe qu'il comptait attaquer avançait bien groupé et avec précautions, il était donc impossible d'isoler et d'abattre séparément un de ses membres ; il avait alors renoncé à s'en prendre au groupe entier — non qu'il puisse craindre un échec, car il devait être assez facile de les exterminer tous, mais par crainte des conséquences. Tuer Weaklekek serait une grave affaire, et Amoli savait bien que Maïtmo lui-même ne l'approuverait sans doute pas, car il s'ensuivrait aussitôt une guerre tribale qui pourrait durer des années.

Weaklekek vint trouver Amoli pour lui parler. Amoli ne lui cacha pas son projet d'embuscade, et Weaklekek s'en montra fort irrité et l'avertit que les plus sérieuses conséquences, pour lui Amoli et pour Maïtmo, ne manqueraient pas de résulter d'une telle attaque. Wéréklowé lui-même avait déjà été alerté, et il n'était plus d'avis apparemment de condamner Walimo, surtout si sa mort devait entraîner une guerre tribale.

Maïtmo devait être également de cette opinion, car le lendemain on vint avertir Walimo, avec toute la dédaigneuse hauteur dont s'accompagne d'ordinaire ce genre de message, qu'il pouvait venir reprendre ses porcs. Walimo se garda d'y aller lui-même ; les esprits étaient encore trop échauffés — mais il envoya quelques jeunes garçons qui ne couraient pas le risque d'être molestés.

Pour Walimo, un cap dangereux vient d'être franchi, ce qui ne signifie pas que l'affaire soit définitivement enterrée.

De forts vent soufflaient du sud-est, dispersant, aux horizons lointains de la vallée, les derniers lambeaux de brume. Les pentes dénudées du mont Arolik, avec ses cicatrices neigeuses près du sommet, se découpaient dans un air translucide. Pendant plusieurs jours, les rubans fibreux de bananier, que Lakaloklek avait fait tremper dans la source salée, avaient séché au vent et au soleil ; et de bonne heure ce matin-là, acompagnée de sa fille Éken, Lakaloklek s'en alla vers le rocher, situé à l'ouest du village, où dans une sorte de four naturel, on incinère les fibres salées. Weaklekek, qui les avait suivies, s'assit dans l'herbe pour achever une nouvelle ceinture de coquillages, tout en regardant de temps à autre du côté de la frontière, comme tout homme a coutume de faire.

Pour servir de combustible, Éken arracha des feuilles sèches de bambou. Elle avait apporté du village un brandon allumé, et les longs rubans de fibre, entassés sur la flamme, furent bientôt réduits à un tas de cendres grisâtres. Lakaloklek rejeta les restes de brandons, puis, par pincées, déposa sur une feuille de bananier le résidu de poudre fine. La bouche pleine d'une gorgée d'eau qu'elle prenait à une calebasse, elle laissait un filet couler sur la cendre pour agglomérer la poudre salée. Une dernière fois elle passa sa main aux doigts écourtés sur le pourtour de la cavité, en humectant constamment pour bien ramasser la cendre. Comme malgré tout quelques bribes demeuraient encore, Ouwar s'approcha pour les prendre, en se servant du bout de son doigt mouillé.

Asoukwan, qui cherchait à se distraire, s'approcha

également : depuis les soins qu'il a reçus il boite moins fort et paraît beaucoup moins soucieux. Il alla s'asseoir sur une roche et se mit à tresser de charmants bracelets de fougère. Tandis que Lakaloklek rassemblait le sel en petits pâtés arrondis qu'elle enveloppait soigneusement de feuilles fraîches, Weaklekek et Asoukwan parlaient des menus événéments quotidiens. Asokméké s'était bien rétabli, et on allait pouvoir compter sur lui à nouveau ; une vieille femme était morte la nuit dernière à Aboulopak, et son corps serait brûlé dans l'après-midi ; Maïtmo donnait un grand festin, vingt-trois porcs seraient sacrifiés à cette occasion, et la cérémonie marquerait la fin de la période du deuil, pour ses trois épouses que les Wittaïa avaient tuées, il y avait maintenant quatre lunaisons. Oumoué avait dû être invité, mais il ne semblait pas très satisfait, car il ne pouvait moins faire que d'amener un porc, et il ne lui en restait plus beaucoup à la suite des funérailles de Yonokma.

Lorsque Palek, ne pouvant ni supporter l'affront que lui avait fait Asoukwan, ni s'en venger — avait décidé de quitter Homaklep, il vint s'installer avec les siens au sili d'Élomaholan, à Woupéraïnma. Bien qu'Élomaholan soit lui-même un guérisseur renommé, seuls habitent dans son sili quelques képous qui, comme Palek, ne sont plus déjà de la prime jeunesse. Le sili n'est pas très grand et ressemble à tous les autres, avec un pilaï presque entièrement dépourvu d'armes, et du fait que la plupart de ses occupants passent la plus grande partie de leur temps dans les villages des montagnes, la cour du sili est parsemée de mauvaises herbes rebelles.

Palek ne demeura guère qu'une semaine ou deux à

Woupéraïnma. Il était venu autrefois du pays de Kourélou, et on lui avait donné, dans les villages du Sud, le nom de Palek, qui signifie « Sans famille » — il décida en fin de compte de retourner dans son pays natal, en emmenant avec lui sa malheureuse épouse et ses fils : Soupouk et Wamatoué.

Soupouk est un des chefs de file des jeunes garçons des villages du Sud, et les autres yégéreks regretteront son départ, bien que lui-même se trouve sans doute satisfait de pouvoir quitter un pays où son père a subi un afront. Wamatoué est encore trop jeune pour avoir souci de semblables choses ; il se trouve sans doute à ce moment même à proximité de l'entrée d'un hangar-cuisine qui ne lui semble nullement différent de celui d'Homaklep, et son minuscule horim oscille encore de part et d'autre de son nombril.

Les pluies ayant cessé, les Kourélou montèrent une embuscade près de l'endroit où quelque temps auparavant, ils avaient tué Houwaï. Les hommes cachés attendirent tout le jour, mais sachant que des raids étaient inévitables, les Wittaïa se tenaient sur leurs gardes ; et les hommes en embuscade eurent beau attendre jusqu'à la fin de l'après-midi, ils ne trouvèrent pas la moindre occasion d'effectuer une attaque surprise. Ils revinrent donc au Waraba et rejoignirent sur la crête les groupes d'appui. Ils demeurèrent là, sur « l'emplacement de la peur », comme désorientés et ne sachant quoi faire pour forcer la chance.

Une nouvelle lunaison s'était achevée, la seconde depuis la mort de Weaké, et Weaké n'était pas encore vengé ! Quatre fois ils étaient partis en embuscade, et par trois fois leurs espoirs avaient été frustrés, et en une autre occasion ils avaient perdu Yonokma. Des jours passaient, assombris dans la grisaille des averses. Dans cette humide tristesse, c'est à peine si l'on entendait encore des voix d'enfants ou des cris d'oiseaux étouffés dans la brume. Le menu peuple de la tribu affirmait que tout allait de mal en pis et que toute tentative de raid ne pouvait que très mal finir. Ils avaient perdu confiance dans les pouvoirs de leurs pierres sacrées, du fait que cinq jours après la cérémonie de rénovation dans le pilaï du père de Yonokma, Yonokma lui-même avait péri, et cet abandon de leurs dieux les laissait désemparés. « *Nit naï-ouk* », disaient-ils. « Nous avons peur. »

Mais au temps de la pleine lune, il y eut trois nuits fraîches et claires, et la Croix du Sud apparut brillante dans le ciel. Et peu à peu, l'optimisme revint. Les matins verts et dorés étaient tout dansants de chants d'oiseaux, d'éclaboussis de lumière au travers des feuillages, et des étoupes blanches de nuages fuyaient très haut dans l'azur, et, un jour, Weaklekek et Asoukwan partirent avec d'autres guerriers pour participer à un combat sur la frontière nord.

Ce matin-là les plantations des Kourélou avaient été attaquées par une troupe de Wittaïa. Ceux-ci avaient traversé à la nage une petite rivière qui, en cet endroit, serpente à travers d'épais taillis de roseaux, puis ils avaient rampé à travers les marais herbeux, jusqu'aux abords des plantations. Ils ne virent personne dans les potagers, et aucune sentinelle ne montait la garde dans le kaïo tout proche. Les Wittaïa se relevèrent, déçus, tandis qu'un des leurs grimpait dans le kaïo pour observer les alentours.

Les Kourélou avaient éventé le raid et deviné son

objectif. Ils avaient préparé une embuscade, et, tandis que l'ennemi avançait en rampant dans les roseaux, ils attendaient pour le surprendre. En atteignant la plate-forme du kaïo, le guerrier qui s'était détaché découvrit les hommes embusqués, et pris de panique, poussa un grand cri pour avertir ses compagnons qui décampèrent en abandonnant quelques armes ; et quand le guerrier, hurlant encore, atteignit le sol, il fut encerclé et massacré.

Aucun guerrier ne fut sérieusement blessé au cours de l'engagement qui suivit, et vers la fin de l'après-midi, sur le territoire du Nord, la prairie des étaïs résonna sous les pas de danse victorieux des Kourélou ; puis, franchissant le cours de l'Élokéra, la rumeur chantante du succès courut, au long des sentiers, vers les plantations des Kourélou du Sud.

Weaklekek et ses compagnons regagnèrent leurs villages parmi ces rumeurs de victoire, et, au crépuscule, le bruit des chants de célébration s'élevait dans Aboulopak. Si des Kourélou du Sud avaient participé à l'action, ce n'était pas, à proprement parler, leur victoire, et ils avaient encore à venger la mort de Weaké, mais chacun sentait que la chance avait tourné. Pour la première fois depuis des semaines, les « *houp !* » retentissaient, de prairie en prairie et de village en village, faiblissant un instant pour s'amplifier à nouveau.

Le lendemain un grand étaï fut célébré dans le Nord, tandis qu'un autre moins important avait lieu sur le Libérek. Les guerriers du Sud qui avaient pris part au combat conduisaient les danses du Libérek — seul Weaklekek, que l'on voit rarement danser, s'abstint. Wolouklek, qui danse rarement lui aussi, bondissait au milieu des autres avec une inlassable et farouche ardeur.

Walimo, qui a retrouvé tout son entrain, trouva moyen

d'assister aux deux cérémonies, partant de bonne heure pour le Nord, puis refaisant en hâte un trajet de six ou sept kilomètres pour revenir danser parmi les siens.

Dans les prés dominant Homaklep, Toukoum jouait avec Kabilek et Ouwar au jeu du tournis-tournis : il s'agit d'aller du haut en bas d'une longue pente herbeuse, en tournant sur soi-même, les bras étendus comme des ailes, et de se retrouver, au bas de la pente, gracieusement en équilibre sur un pied. Comme Toukoum arrivait à chaque fois en bout de parcours sur le dos, les bras en croix et l'air égaré, le jeu perdit bientôt pour lui tout son attrait, et il ne tarda pas à s'éloigner en traînant la jambe.

Au bord du ruisseau qui passe près de Woupéraïnma, quelques enfants plus jeunes que lui, de petites filles, comme Namiliké, ou Nylaré, la fillette d'Ou-moué, jetaient des branchettes sur des libellules : cachées derrière un buisson, elles lançaient leur trait dès qu'une libellule, de son vol incertain, passait à proximité. Toukoum prit la direction des opérations, et, de toute sa voix, se mit à crier des ordres ; mais il ne réussissait pas mieux que les petites filles à abattre les libellules ; et comme celles-ci, devant cet assaut impétueux, s'étaient promptement éloignées, le jeu fut bientôt terminé.

Seul à nouveau, Toukoum creusa dans un talus une sorte de très profond terrier, où il déposa un champignon en forme d'oreille qu'il avait découvert non loin de là. Il y mit ensuite de la terre, puis de l'herbe et des feuilles d'hipéri, et encore de la terre et des feuilles, jusqu'à ce que le terrier soit comblé. Il appelait ce champignon *mokat-asouk*, « oreille de fantôme », et il pensait que le mokat-asouk entendrait le bruit des pas de son père, qui est mort et qui devrait bien revenir. Toukoum qui, à propos de ses porcs, doit sans cesse subir les réprimandes de sa mère et de son beau-père, aurait besoin du secours de son père et souhaiterait qu'il revienne. Mais sur ce point l'efficacité du cérémonial du mokat-asouk demeure encore à démontrer. Il est vrai que, parmi les Akoumi, Toukoum est le seul à connaître cette pratique.

Un après-midi, quatre hommes d'une tribu étrangère arrivèrent en visite à Aboulopak. C'étaient des Asouk-Palek, une peuplade qui est habituellement l'alliée des Wittaïa ; ces hommes se croyaient cependant en sécurité du fait que deux d'entre eux avaient de proches parents au sili de Wéréklowé.

Mais les Kourélou, convaincus que la chance avait tourné en leur faveur, n'en considéraient pas moins que Weaké et Yonokma n'étaient pas complètement vengés, et pour comble, un homme dont la cuisse avait été traversée d'une flèche l'après-midi où les Kourélou avaient été refoulés sur le Waraba venait juste de mourir de cette blessure dans un village des montagnes. Ainsi décidèrent-ils d'attaquer les deux hommes qui n'avaient pas de parenté parmi eux, prétextant que ceux-là ne pouvaient venir que dans l'intention de tuer quelqu'un.

Au crépuscule retentit un hurlement sauvage. L'un des hommes réussit à quitter le sili, et, à la faveur de l'obscurité, s'échappa dans les taillis épais, proches de l'entrée du village d'Aboulopak. L'autre se réfugia dans la pièce du haut du pilaï. Il en fut arraché, traîné dans la cour et tué à coups de lance. La plupart de ceux qui participèrent à l'action étaient des Wilil, ce qui permit à Ou-moué d'en revendiquer le mérite au bénéfice des hommes de son clan, et bientôt, en renchérissant, de se l'attribuer à lui-même.

Le cadavre fut empoigné par les talons et traîné dans les sentiers boueux, depuis Aboulopak jusqu'au Libérek. Emporté par la joie sauvage de la violence, Tégéarek conduisait le cortège.

De jeunes garçons, qui jouaient dans les prairies avant la tombée du crépuscule, s'approchèrent et se mirent à danser autour du corps et à le piquer avec leurs lances de roseau. Okal et Toukoum se trouvaient parmi eux. Toukoum cependant semblait effrayé par ce qu'il faisait, et le lendemain il brisa la lance de roseau qui avait conduit ses gestes.

Cet Asouk-Palek était un homme dans la force de l'âge, avec un large front. Quand les lances avaient cessé de frapper, il respirait encore, d'un souffle rauque et court, mais il était mort longtemps avant d'atteindre le Libérek. Il gisait sur le sol, éclairé de haut par la pleine lune, les yeux grands ouverts et les traits fixés dans une sorte de demi-sourire, avec une expression d'attente. Ce visage paraissait étrangement confiant et tranquille.

La foule qui grossissait se mit à danser dans le clair de lune.

Housouk, le Kosi-Aloua, arriva, une hache à la main. Il prit le corps par les cheveux et le redressa à demi pour regarder les marques des coups de lance dans le dos. La mâchoire de l'homme retomba tandis que les yeux demeuraient fixes ; un moment Housouk parut vouloir trancher la tête. Il laissa retomber le corps.

Tégéarek traîna le cadavre à l'autre bout du champ. Derrière une haie basse se trouve une fondrière, où l'on vient prendre de l'argile jaune, à l'occasion des étaïs, des funérailles ou des combats. Le corps fut projeté par-dessus la haie, tête première dans l'eau bourbeuse. A coups de lance, des hommes l'enfoncèrent sous la surface où crevaient des bulles noires. Puis ils jetèrent des touffes d'herbe pour le recouvrir.

Plus tard dans la soirée, le corps fut retiré de la fondrière, et les deux Asouk-Palek qui n'avaient pas été attaqués l'emportèrent de l'autre côté de la rivière Élokéra. Le lendemain un grand étaï fut célébré, car les comptes enfin étaient à jour et l'étaï-éken de la tribu avait retrouvé sa vigueur.

Depuis trois mois Wéréné travaille à son nouveau jardin qui se trouve enfin prêt pour les plantations. Les herbes et les racines ont été brûlées, et se raccordant au fossé principal comme l'indentation d'une mâchoire, l'empreinte d'un peigne géant, des tranchées subsidiaires ont été creusées. L'eau d'un ruisseau, qui draine les terrains marécageux en contrebas d'Anélarok, irrigue ces fossés, et comme le terrain descend en pente douce en direction de la Baliem, le fossé principal qui entoure les jardins, où se trouvent comprises les parcelles de Tégéa-rek, s'abaisse par une série de niveaux en escaliers, de trois mètres cinquante environ, qui permettent de retenir l'eau dans les périodes de sécheresse. Ce fossé protège en outre des incursions des porcs les travaux et les récoltes.

Les nouvelles parcelles, dont le niveau est exhaussé par les apports de terre prélevés de chaque côté, se trouvent dans les intervalles des fossés, et les mottes grises, séchées par le soleil, ont été brisées et aplanies. Les hommes ont terminé leur travail dans une bonne moitié du jardin de Wéréné, et dans un jour ou deux, les femmes pourront venir mettre en terre les plants d'hipéri. Tégéarek, qui a été distrait par les combats et par d'autres travaux, a plusieurs semaines de retard et est encore occupé à nettoyer les anciennes tranchées.

Wéréné a travaillé seul la plupart du temps — la lance solitaire et la mince fumée de son feu se découpant sur l'horizon de la vallée. Mais quelques hommes viennent l'aider à présent à approfondir les fossés, et ces dernières semaines, presque chaque jour, Hanoumoak est venu travailler avec lui.

Il y a des années qu'une querelle a séparé les deux frères, un jour où Wéréné avait ordonné à Hanoumoak, tout jeune encore, d'aller travailler au jardin. Hanoumoak s'était rebellé, et la dispute s'étant envenimée, il avait quitté le sili de Wéréné pour aller habiter à Woupéraïnma. Le temps a passé et le voici qui vient enfin travailler pour le compte de Wéréné. Bien que les deux frères n'éprouvent pas l'un pour l'autre une grande affection, ils s'adressent mutuellement des sourires, tout en terrassant et creusant, comme s'ils éprouvaient un soulagement à se dire que leur querelle est désormais terminée.

Hanoumoak possède sa propre parcelle, qui fait partie d'un vaste jardin, défriché par les hommes de son pilaï, et qui est située en aval du ruisseau, à l'arrière du terrain broussailleux. Déjà ce jardin a pu être confié aux femmes, quelques jours plus tôt que la parcelle de Wéréné ; mais comme Hanoumoak n'est pas marié, ce sont les épouses d'Ou-moué qui planteront sa parcelle. Ce qui fait qu'Hanoumoak sera redevable à Ou-moué, de même que Wéréné sera l'obligé d'Hanoumoak qui est venu lui apporter son aide.

Les femmes travaillent deux par deux, en plaçant entre elles un filet rempli de jeunes pousses d'hipéri. Tour à tour elles creusent un orifice et déposent au fond une tigelle mince, de façon que seule la fine pointe, avec le bouquet de feuilles tendres, en forme de cœur, soit exposée à l'air et au soleil. Dans les herbes, sur le pourtour du jardin, les abeilles bourdonnent dans la chaleur de midi, tandis qu'un rouge-gorge égrène en mesure les notes de son chant. Dans un potager lointain, une voix de femme module une mélodie monotone : « *o-ay-wa-ay, o-wa-ay ; o-ay-wa-ay, o-wa-ay* », qu'elle reprend et reprend sans fin.

Au cours d'une incursion aventureuse dans les bois de la frontière, un porc wittaïa arriva en reniflant en vue d'un kaïo kourélou. Les gardes du kaïo amenèrent le porc en grande pompe à Aboulopak ; puis le servirent à un repas. C'était là une preuve nouvelle que la chance avait tourné en leur faveur ; et dès le lendemain matin, portés par ce coup de vent de la chance, les Kourélou partaient en guerre. Nilik et Yoli conduisaient les opérations. A Houlibara, Yoli avait récemment procédé au cérémonial de rénovation des pierres sacrées, et mieux assuré de son importance qu'à l'ordinaire, il avait demandé à Nilik de participer à la cérémonie.

Au milieu de la matinée, un groupe de guerriers se glissa, sous le couvert des bois, jusqu'au flanc nord du Waraba, car un raid avait été prévu au début des opérations ; un autre groupe, venant du Tokolik, progressa en rampant jusqu'au pied du Waraba. Le premier groupe, dissimulé dans les joncs et les broussailles, s'avança rapidement le long du ruisseau qui coule entre le Waraba et le Siobara. Quelques guerriers portaient des mikaks et des plumes blanches que l'on voyait briller par éclairs à travers les herbes ; et c'est pourquoi, peut-être, les sentinelles wittaïa, postées sur la crête, décelèrent l'approche du groupe. Silencieux comme des fantômes, les guetteurs disparurent derrière les rochers et, quand les attaquants émergeant du couvert apparurent entre les deux hauteurs, les Wittaïa étaient prêts à les accueillir. Ils attaquèrent aussitôt, repoussant les Kourélou sur le Waraba, tandis que les groupes de soutien se hâtaient d'arriver à la rescousse. Les Kourélou n'avaient pas été abandonnés par la chance, car aucun des leurs ne fut sérieusement blessé, cependant qu'un des Wittaïa avait reçu une flèche dans le ventre, une blessure qui avait toutes les chances d'être mortelle.

Les deux camps s'étaient repliés, en attendant des renforts. Le matin même à Homouak, dans l'impatient espoir des combats, Aloro, assis les jambes croisées devant l'emplacement du feu de camp, avait commencé la confection d'un arc. Absorbé par la tâche, il rognait avec soin et amincissait les deux extrémités à l'aide de la dent de verrat, et les fins copeaux blancs roulaient en boucles sur ses cuisses aux muscles saillants. Ensuite, il courba la tige en la maintenant entre deux troncs d'arbres ; une expression d'attention intense crispait les traits de son visage.

Des guerriers s'étaient rassemblés sous le proche abri d'un kaïo des Kosi-Aloua. La matinée était pluvieuse, coupée de brusques averses, et montant du feu qu'ils avaient allumé, une bouffée d'étincelles enflamma le toit de paille. Le fils de Wéréklowé arracha du toit des gerbes de fougères qu'il piétina de ses pieds nus. L'homme boitait encore, à la suite des deux coups de lance qu'il avait reçus au cours du raid où Yonokma avait été tué, et pour marcher, il s'appuyait sur une lourde canne.

Venant des montagnes, Wéréklowé avançait à grands pas sous la pluie pour rejoindre le groupe. Sa lance blanche oscillait sur la crête, se découpant sur des nuées grises qui roulaient, de la forêt haute, vers la vallée. Il déposa sa lance contre l'abri, parmi les autres, et se courba pour passer sous le chaume ; plié en deux, il fit le tour du foyer, passant de l'un à l'autre, serrant chaque main tendue à deux mains, en souriant de son large et farouche sourire. « *Wah*, soupirait-il avec douceur, *wah, wah.* » Pour son fils, qui habitait un petit village près du territoire des Kosi-Aloua, il n'eut pas d'attention particulière ; mais, après avoir fait le tour du cercle, il vint s'asseoir à ses côtés.

Un moment la pluie se calma, et les guerriers venus de kaïos éloignés traversèrent les marais pour atteindre le Waraba. Face au Siobara, des guerriers kourélou étaient déjà perchés sur de hautes roches, tandis que de petits groupes de Wittaïa se rassemblaient sur ces pentes du Siobara. Mais l'averse reprit, et des hommes s'abritèrent à nouveau dans les ajoncs, sur un tertre situé dans l'angle du L que forme le Waraba. Asikanalek et Pouméka s'y trouvèrent ensemble, et Pouméka de son bras valide portait la longue lance noire d'Asikanalek. De pouvoir brandir une arme dont il ne s'était jamais servi, Pouméka ne se tenait plus de joie, et, comme par crainte de subir les railleries, il faisait mine d'en tourner la pointe contre lui-même. Asikanalek se prit à rire, de son interminable rire aux notes aiguës. « *An nai OUK* », criait-il, en faisant un bond pour s'écarter de Pouméka, « j'ai peur ! » et le rire de Pouméka fit chorus.

Quand la pluie, une fois encore, diminua de violence, les Wittaïa lancèrent une clameur de défi ; étant donné leur infériorité numérique, ils ne pouvaient cependant qu'à grand-peine maintenir leurs positions sur le Waraba. Les Kourélou en occupaient une extrémité, dominant le ruisseau et la prairie étroite qui séparent le Waraba des pentes du Siobara. Les Wittaïa avaient franchi le ruisseau et plusieurs de leurs groupes marchaient vers le Sud à travers la prairie, plus large du côté de leurs villages. Du haut de la hauteur, les Kourélou s'élancèrent à leur rencontre. Mais Nilik, soucieux d'affirmer son pouvoir, décida que la bataille aurait lieu dans l'angle du Waraba. Il s'élança sur la pente, en criant à ses guerriers de revenir en arrière, et finalement expédia un messager sur le champ de bataille. Cet homme était un vieillard nerveux et agité, et les guerriers ne prirent pas sa mission au sérieux. « *Maré! Maré!* » criaient-ils — « des flèches! gare aux flèches! » en poussant des hurlements pour l'effrayer, et quand le vieil homme, pris de peur, tourna les talons, un rire éclata du haut en bas de la pente. Mais bientôt les guerriers se replièrent, en attendant qu'un plus grand nombre d'ennemis se présentent, afin que s'engage un combat équilibré — un vieux kaïn du Nord refoulait ses hommes en les frappant du plat de sa lance.

Les guerriers remontèrent sur la hauteur, mais avant qu'ils fussent à nouveau rangés le long de la crête, les Wittaïa s'étaient avancés sur la prairie, dansant et lançant leurs défis. C'est sur ce terrain qu'ils entendaient combattre, redoutant sans doute que d'autres Kourélou ne soient dissimulés sous les taillis, dans l'angle du L. Excités par leurs défis, une troupe de Wilihiman-Walaloua se rua sur la pente, faisant résonner le sol du piétinement furieux de leurs pieds nus. Ils rejetèrent les Wittaïa de l'autre côté du ruisseau, et les pourchassèrent loin dans la prairie, en direction du sud. Des renforts Wittaïa accouraient de l'arrière, tandis qu'un petit nombre de leurs meilleurs guerriers, avançant et reculant tour à tour, l'arc bandé sans cesse pour tirer des volées de flèches, brisait l'élan des attaquants.

Bientôt la ligne d'affrontement se stabilisa, à l'endroit où la prairie du sud se rétrécit entre d'épais taillis et d'anciennes plantations, annulant ainsi l'avantage de la supériorité numérique dont bénéficiaient les Kourélou. Une centaine d'hommes de chaque camp se trouvaient effectivement engagés, et la lutte se poursuivait dans les fourrés. Pour la première fois depuis des semaines les Wilihiman-Walaloua étaient à la pointe du combat, et l'on voyait se distinguer particulièrement des meneurs d'hommes comme Weaklekek et Asikanalek, tandis qu'un guerrier solitaire comme Aloro combattait surtout pour son propre combat. Au début de l'après-midi, Asikanalek conduisit de périlleuses escarmouches dans les plantations, se baissant et feintant, et bondissant en avant pour inciter les Wittaïa dissimulés à s'élancer à l'attaque, les forçant ainsi à se découvrir. Soutenu seulement par des guerriers comme Houonké, rudes et solides d'aspect, mais qui ne s'exposent jamais, Asikanalek était presque seul à faire le gros de la besogne. Au combat, Asikanalek était un autre homme, bien différent de l'aimable travailleur au timide sourire qui a construit seul son pilaï, et que la mort de Weaké avait si profondément touché — emporté par la fureur de combattre, il devenait d'une témérité folle.

Weaklekek, parcourant le champ de bataille à foulées puissantes et rapides, répartissait et dirigeait ses guerriers. Weaklekek se retrouva enfin, après une longue période où l'avaient accablé la douleur d'une pointe de flèche dans la jambe, ainsi que le sentiment de porter pour une part la responsabilité de la mort de Weaké. Sa résolution inspirait ses guerriers, et les ordres qu'il leur criait d'une voix forte leur évitaient, semblait-il, plus d'une blessure sérieuse. Après une heure de combat, seuls deux guerriers, l'un l'avant-bras traversé d'une flèche, l'autre la jambe, furent ramenés sur la hauteur, tandis que, sur le terrain même, une autre flèche, qui n'avait causé qu'une blessure superficielle, était retirée de l'épaule du colosse Woknabin. Sans l'aide de quiconque, Woknabin repartit vers l'arrière, gardant sur son visage rude et simple une expression de confusion désappointée.

Aloro, inévitablement, fut blessé à son tour et se replia derrière une colline proche. Il ne rentra pas chez lui comme Woknabin, mais il aida à retirer des pointes de flèches du corps des guerriers blessés qui se présentaient. Il se servait encore ce jour-là de son arc ancien, car le neuf n'était pas achevé, et lorsqu'il eut retiré une pointe de flèche du mollet d'un jeune élégé, celui-ci lui rendit respectueusement l'arc et les flèches qu'il avait tenus pendant toute la durée de l'opération.

Tégéarek, Touésiké, Hanoumoak et Siba ne cessaient pas de tirer en visant avec soin, et Walimo, comme à l'ordinaire, faisait de grands bonds imprévisibles, tandis que Siloba, lui aussi, se battait bravement pour Weaklekek. Ainsi que Yonokma, son ami tué au combat, il avait quitté depuis peu les rangs des élégés pour se joindre aux guerriers adultes. Gauchement, comme à l'ordinaire, il courait de tous côtés, en faisant de grands bonds pour éviter les flèches, en riant et poussant des cris. Quand Siloba courait, ses articulations des bras et des jambes semblaient fonctionner à contretemps, le tirant dans toutes les directions à la fois ; cette incohérence n'était pourtant rien d'autre qu'un excès d'ardeur, et comme un affolement joyeux qui le secouait tout entier, cependant qu'il gardait encore dans ses attitudes une sorte de grâce forcenée. Sa bravoure ne pouvait faire qu'il fût un excellent guerrier, mais contrairement à ce qui lui arrivait habituellement chaque fois qu'il décidait de combattre, il réussit à ne pas être blessé cet après-midi-là, et se contenta de se fouler la cheville dans un bond trop aventuré.

Wolouklek également se tint en première ligne tout l'après-midi, préoccupé et solitaire, et passant toujours entre les flèches. Il s'arrêtait de temps à autre pour regarder autour de lui, comme s'il ne savait pas bien où il se trouvait, et il adressait à ses compagnons un timide sourire. Ékali de Woupéraïnma vint même un court instant rejoindre les guerriers, mais il ne tarda pas à retourner sur la hauteur, en allumant de ses longues mains tremblantes son rouleau de tabac. Sa poltronnerie rendait Ékali très misérable, car il sentait qu'il devait s'efforcer de sauver la face au moment du combat.

Yéké Asouk et Tekman Bio étaient les seuls parmi les principaux guerriers du Sud à ne pas participer au combat. Depuis peu Yéké Asouk s'était découvert un sérieux penchant pour la sécurité de l'arrière-garde, tandis que Tekman Bio était encore handicapé par le coup de lance qui l'avait récemment atteint. Tous deux demeuraient assis parmi les hommes qui se trouvaient là rassemblés et appuyés sur leurs lances, au nombre de trois ou quatre cents ; et derrière eux, entre des épaisseurs de nuages noirs, le soleil se montra, touchant de ses rais les épaules huileuses, les plumes blanches, les lances effilées. Tous étaient remplis d'optimisme du fait de la mort récente d'un Wittaïa, et fréquemment les éclats de rire se mêlaient aux clameurs guerrières. Au plus fort du combat, une colombe s'envola soudain, rasant les pentes, et les hommes sursautèrent, pointant leurs lances pour l'atteindre, et toute la colline frémissait comme sous une rafale de vent ; mais la colombe échappa tandis que les hommes grognaient sans acrimonie. De temps à autre, ils saluaient d'acclamations les efforts de leurs élégés qui menaient leur petite guerre particulière contre les Wittaïa de leur âge. Les élégés se faisaient face, de part et d'autre du ruisseau, à l'endroit où celui-ci, sortant de hauts taillis de bambous, s'enfonce dans les terres molles, entre les collines. De chaque bord on s'envoyait des volées de flèches inoffensives, en s'injuriant sans méchanceté, avec les voix rauques de la mue de l'adolescence.

Un guerrier wittaïa vint s'asseoir au milieu des élégés de son camp, face à la berge occupée par les Kourélou. Il s'allongea sur le dos dans l'herbe, les mains derrière la tête, en se moquant de la maladresse des jeunes et en les invitant à le prendre pour cible. Dans les deux camps, les rires fusèrent. Ainsi aurait-on pu prendre cet affrontement pour un jeu anodin, un exercice sportif, car au cours de l'après-midi il n'y avait eu qu'un petit nombre de blessés et aucun n'était gravement atteint. La pluie avait cessé et le soleil brillait, laissant des ombres adoucies sur l'harmonieux paysage de montages. Dans les deux camps, des silhouettes d'hommes bondissaient, toutes aigrettes au vent, secouant leurs longues chevelures, et soudain s'arrêtaient, brandissant leurs lances en gestes de menace dérisoires vers des ennemis hors de portée, et se baissant et rebondissant encore, pour la simple gloire du spectacle, avec l'éclat du soleil sur les peaux nues.

Yoli se tenait vers le haut de la colline, saisissant le moindre prétexte pour adresser la parole à Nilik, avec l'illusion de partager ainsi la responsabilité et le prestige du commandement. Mécontent que ses ordres concernant le choix du terrain n'aient pas été suivis, Nilik ignorait Yoli. Du haut de la hauteur, il jetait des regards de colère dans la direction du champ de bataille tout en brandissant ses superbes flèches sculptées. Il avançait le cou, le front baissé, avec son profil d'épervier, et l'on pouvait voir ses poings se serrer.

Rangés autour de lui, et jusqu'au bas de la colline, les hommes criaient à pleine gorge : « *Kip, kip, kip, kip, hoo-r-ra, hoo-r-ra* », et de temps à autre montait la rauque et profonde clameur que poussent les hommes des deux camps lorsqu'un guerrier vient d'être atteint. Wéréklowé s'avança sur la crête, promenant sur le champ de bataille ses regards étincelants ; Polik marchait à ses côtés, les cheveux flottants sur ses épaules, brandissant sa longue lance en poussant des clameurs furieuses : Polik avait à venger une femme de son sili, qui avait été tuée par les Wittaïa en embuscade trois jours auparavant, et son visage, marqué de rides profondes, ses yeux fixes, lui donnaient encore cet air sauvage et impitoyable, qui lui avait valu autrefois le nom de « Mokat ».

Wari-gi-jee ! grondait-il. Wari-gi-jee !
Écoutez, écoutez-moi tous !
Po-kan Koul-ma ! Po-kan Koul-ma !
Mais regardez-les venir le long du ruisseau Koulma...
E-lop-i-nima ! E-lop-i-nima !
Arrière, là-bas ! Arrière, là-bas !
Tougi ! Tougi !
Allez, cognez ! Cognez !

Mais la voix de Polik se faisait entendre dans tous les combats, et bien qu'il fût encore redouté et considéré comme un grand kaïn, les hommes ne s'émeuvaient plus guère de ses admonestations, car Polik avait pris de l'âge et on ne le voyait plus sur la ligne d'affrontement.

Le combat diminuait d'intensité, puis reprenait à nouveau ; les Wittaïa faisaient tournoyer les bâtons emplumés, les noires aigrettes de casoars. Le cri d'un oiseau de paradis se fit entendre dans les futaies, à l'arrière du Waraba, et quelques guerriers firent écho à son appel strident. Profitant d'un moment d'accalmie, quelques Wittaïa s'élancèrent, courant en pointant leurs lances, faisant tournoyer des bâtons blancs, s'arrêtant brusquement pour bander leur arc, reculant, reprenant les figures d'une danse complexe que tous les guerriers, attentifs, suivaient dans le plus grand silence. Le Kourélou le plus proche se trouvait à cinq cents mètres de là, et la danse cependant mimait une phase du combat, et tous la prenaient au sérieux. Les danseurs poussèrent tout à coup un cri aigu, comme s'ils venaient d'être attaqués, et les Kourélou firent chorus. Sur la hauteur, les discussions se poursuivaient, et les hommes pointaient du doigt vers la scène mimée, avec des rires oppressés et tendus, et soudain, d'un seul élan, ils se ruèrent au bas de la pente, lances hautes, dans le vacarme des cris et le grondement sourd des talons heurtant le sol — une avalanche de corps noirs et de panaches de plumes blanches. Entre les deux hauteurs silencieuses, la bataille fit rage, puis, aussi soudainement, elle prit fin, ainsi qu'un roulement de tonnerre dans la vallée, et les hommes des deux camps refluèrent, entonnant les chants de l'étaï. Le farouche combat était demeuré indécis et chaque camp se proclamait victorieux.

Les Wittaïa s'étaient rassemblés au pied du Siobara, et les hommes des deux troupes ennemies demeuraient assis, sous les tièdes lueurs du soleil baissant sur l'horizon, en s'injuriant mutuellement avec des rires stridents. Ils se renvoyaient des allusions grossières à la mauvaise conduite de leurs épouses. « Allez, f...-moi le camp chez vos putains pour réchauffer vos hipéris ! » Et chaque boutade était aussitôt portée par une rafale de rires, d'acclamations et de sifflets. Et les Kourélou faisaient silence pour entendre les Wittaïa leur rendre la politesse ; car l'un ou l'autre camp tenait à entendre ce que l'ennemi avait à dire, et si la sortie était bonne, elle ne manquait pas de déchaîner les rires.

Soudain, à la tombée du crépuscule, Asikanalek lança une charge furieuse à travers la prairie, hurlant comme un possédé, piétinant l'herbe de sa foulée, en pointant sa longue lance vers le ciel. D'un léger bond de côté, il évita une flèche, et poursuivit sa course téméraire, entraînant les guerriers qui le suivaient. Il y eut une mêlée farouche et silencieuse, puis les Wittaïa, rompant les rangs, cédèrent le terrain. Asikanalek et ses hommes ne se lancèrent pas à leur poursuite, car seul importait le magnifique élan de la charge ; riant et bondissant, ils revinrent prendre place au bas de la pente.

L'ombre descendait sur les hauteurs, et les silhouettes des Kourélou se retirant sur la crête se découpaient sur l'horizon. Woloukiek s'était encore détaché en solitaire, avec son sourire penaud, l'air de se demander de quel droit il se trouvait là. En longues files, les hommes descendaient du Waraba, et parmi les touffes blanches de rhododendrons en fleur, ils se hâtaient vers les villages. Satisfaits de la dernière charge d'Asikanalek, qui venait de terminer en beauté un jour de demi-victoire, ils ne prêtaient plus la moindre attention aux gestes de quelques Wittaïa qui, tandis qu'ils s'éloignaient, revenaient en bondissant sur la ligne de bataille.

La lance sur l'épaule, les hommes pataugeaient dans le marécage. Ils passèrent en traînant le pas sur le Tokolik, le long des mares assombries, puis, franchissant les bosquets de la frontière, ils entrèrent dans cet autre univers des terrains de culture ; tiédis par les touches chaudes des derniers rayons, les longs rectangles d'hipéris ensommeillés, et les lavandes fleuries dont les corolles se referment avec lenteur, baignaient dans une lueur dorée. Sur les emplacements où les fanes sèches avaient brûlé montaient des fumerolles légères ; des canards barbotaient parmi les glaïeuls des fossés, et les vols de hérons se levaient dans le soir. Des cris d'enfants montèrent des villages, et la lueur dorée, s'éloignant vers la ligne de crête des montagnes, s'effaça dans les nuages

Des vols de canards sauvages se levèrent au-dessus des parterres de nénuphars, dans un jaillissement de gouttes argentées ; comme des effilochures de la nuit, ils se dispersaient dans le ciel serein du soir. Venant en tête des groupes de guerriers, les silhouettes de deux hommes grièvement blessés au cours de la dernière charge oscillaient sur les épaules de leurs compagnons.

La mère de Toukoum, qui ne s'entendait pas avec son mari Asok-méké, est partie retrouver les siens, à Lougikin, sur l'autre rive de l'Élokéra. Toukoum, qu'elle n'a pas emmené, se trouve encore à Woupéraïnma ; mais hier Asok-méké a vertement réprimandé le jeune garçon qui avait laissé un de ses porcs vagabonder du côté de la frontière de l'Aïké. Toukoum ne surveille pas toujours ses porcs d'assez près, car il se laisse distraire par d'autres enfants, ou par des libellules sur les creux d'eau, ou par diverses choses qui peuvent se manger, et il y a beaucoup de chances pour que les réprimandes d'Asok-méké aient été fondées.

Toukoum n'en est pas moins fier et chatouilleux, et puisque son nami habite Lougikin, le pays où sa mère est partie, il est décidé lui aussi à s'en aller une bonne fois. Au matin, il a passé autour de son cou le petit collier de cauris, qui représente tout ce qu'il possède au monde ; il s'est enduit de graisse de porc, afin que sa peau soit luisante et qu'il puisse faire bonne impression à son arrivée à Lougikin. Peut-être que là-bas on lui donnera enfin le nom de Poua. Ensuite, il est parti pour un long trajet dans la chaleur, à travers bois et à travers champs — petite forme brune, au crâne aplati, au ventre proéminent. Tournant le dos à Woupéraïnma, à ses porcs et à ses copains, et à toute son enfance, il est parti, tenant à la main un frêle bâton.

Un des porcs de Kourélou a été volé, et c'est sans doute un des signes du déclin de son pouvoir qu'il se soit mis à parcourir les villages, comme pour chercher assistance. Toucher aux biens de Kourélou, voilà qui eût signifié la mort en d'autres temps, mais quelqu'un avait osé. Auparavant, il y a de cela quelques lunaisons, on voyait souvent Kourélou parmi les villages du Sud, et sa domination n'y était pas contestée. Mais ses apparitions sont devenues très rares, et cette apparition pourrait bien annoncer la fin d'une longue suprématie et la prépondérance de l'ambitieux Nilik.

On est au temps des lunes nouvelles, et l'on n'entend plus dans les bois les grandes cigales *anikili* faire vibrer les futaies de stridulations aiguës. Dans le « matin des chants d'oiseaux », les trilles des chanteurs se répondent avec une sorte de languissante tristesse, tandis que les cris discords des éperviers troublent par intervalles le silence de la mi-journée. Dans les branches hautes des araucarias, les appels des oiseaux de passage se sont tus. La lunaison d'août, période d'hiver tempéré de ces climats, vient après la saison des nids. La nuit, des hulottes, des crapauds volants et des hiboux furtifs se déplacent sans pousser un cri, et au sommet de longues tiges, les effraies demeurent immobiles, comme des feuilles humides.

Dans les prairies, les fleurs rouges des gingembres avaient passé, laissant place aux incarnats du myrte *karoli* : les karoli, grisâtres depuis le début mai, s'étaient soudain couverts de floraisons nouvelles. Un peu partout, si un massif se dépouillait de ses pétales, une autre essence fleurissait, et la savane gardait ses étendues multicolores, rouges, blanches, jaunes, lavande, dans le perpétuel renouveau des cycles de floraison, sous le brûlant soleil des tropiques.

Dans les jardins abandonnés des collines de Woupéraïnma, les dernières touffes d'hipéri disparaissaient sous les herbes, mais on taillait dans la savane des emplacements nouveaux, et des plantations commençaient, malgré l'époque tardive. Des Akouni étaient morts, et les flammes des bûchers avaient consumé les cadavres : ceux de Weaké, de Yonokma, du vieil Éak et de quelques autres, et tout récemment encore, en dépit de tous les soins, celui de Wako Aïk. Était morte aussi, presque subitement, la mignonne petite fille de Weaklekek, et Weaklekek, qui adorait cette enfant, avait pleuré, en répandant de la boue sur tout son corps ; mais la douleur de sa jeune épouse était plus affreuse encore. On a donné le nom de Woraisigé au dernier enfant d'Ou-moué, un bébé qui vient d'avoir trois mois ; sa mère, en effet, cueillait des orchis *worai* lorsque l'ardent kaïn des Wilil l'avait aperçue et enlevée.

Yéké Asouk et Tekman Bio ont de nouvelles lances, et Aloro son arc neuf ; celui-ci déjà a commencé de faire sa besogne : tout récemment Tikiliak, de Mapiatma, a été tué par l'ennemi, mais deux des attaquants ont été abattus, l'un par une des flèches rapides que tire Aloro.

Toukoum a quitté Woupéraïnma, mais un autre jeune garçon est venu le remplacer. Les herbes envahissent le sili d'Élomaholan, mais la construction d'un autre sili est commencée, juste à l'arrière de celui d'Asok-méké. Natorek vient d'arborer son premier horim, mais il l'attache encore tout de travers, un peu à la manière du petit frère de Soupouk. On s'est mis d'accord en fin de compte sur le fait que quelques-uns des porcs de Walimo devraient être saisis et sacrifiés — moyennant quoi, et pourvu que l'intéressé se garde d'élever des protestations, on passera l'éponge sur ce fâcheux épisode.

Quelques jours après les funérailles de sa fillette, Weaklekek monta lentement au sommet de son kaïo. Accablé par cette perte, il fixait d'un regard vide le cours silencieux de l'Aïké. Dans un des fossés proches, deux hérons blancs à aigrette, immobiles comme des souches d'arbre, pliaient à angles aigus leurs longs becs, et un mokoko d'un gris bleuâtre s'envola dans la direction du Tokolik, ailes battantes, en poussant son cri rauque. Le mokoko est un héron d'une espèce plus commune que les aigrettes, et, chaque jour, Weaklekek peut apercevoir l'un d'entre eux, son long cou à l'horizontale, survolant de très haut la vallée — chose que les aigrettes blanches ne font jamais. Le mokoko est un étrange oiseau, toujours solitaire.

Portée par une bouffée de vent, une bizarre fumée montait de la vallée. Là-bas, les survivants de la tribu Mokoko de feue Wako Aïk sont venus chercher protection autour du village des *Waro* — des hommes qui sont descendus du ciel, pour vivre sur le territoire abandonné des Mokoko.

« Waro » signifie « serpent » ou « insecte », de même que « toué » veut dire « oiseau ». Le premier Waro est arrivé chez les Kouréou vers la fin du premier maouwé. Il venait du territoire wittaïa ; il avait la peau blanche et était accompagné de Noirs vêtus de la même façon que lui. Des guerriers avaient interdit à ces étrangers l'accès de la frontière, et un frère de Tamougi, nommé Awoulapa, avait été abattu par une arme des Waro qui faisait un bruit qu'on entendait se répercuter à travers les montagnes. Les guerriers s'étaient enfuis, mais les Waro n'avaient pas quitté la vallée ; déjà ils construisaient des cases çà et là, parmi les tribus qui sont installées sur les bords de la rivière.

Tandis que Weaklekek surveillait l'horizon, ses mains allaient et venaient d'un mouvement rythmique, car il commençait, une fois de plus, de tresser une longue ceinture de coquillages. Il était fier de ses anciennes coutumes, fier de voir son peuple se conduire encore comme il l'avait toujours fait depuis le temps de Nopou. Mais depuis l'arrivée des Waro, un autre vent soufflait et l'on voyait se produire des changements : une étrange fleur bleue s'était mise à pousser dans les champs, et des guêpes jaunes, au dard aigu, s'étaient installées dans un chêne creux, tout près d'Homouak. Comme un mauvais vent dans les rochers du Touraba, un gros essaim de ces insectes bourdonnait avec fureur dans le tronc creux. Au cours des dernières lunaisons, à travers les plantations et les marais, ces guêpes étaient venues des rives de la Baliem et du village des Waro. La fleur bleue et la guêpe jaune n'appartiennent pas au monde des Akouni et elles ne portent pas de nom.

Liste des noms

Akou (*Nom d'un terrain dans le secteur des Siep-Kosi*), fille d'Ou-moué (Woupéraïnma).

Aloka (*Né trop tard*), jeune garçon borgne (Mapiatma).

Amoli (*Le Remplaçant*), kaïn du clan haïman, redouté pour sa violence (Houlaïnmo).

Aloro (*Le Boiteux*), chef de guerre du clan wilil (Aboulopak).

Anéaké (*Parole mauvaise*), mère d'Ou-moué et de Yéké Asouk (Woupéraïnma).

Apéoré (*Le Mort étranglé*), guerrier du clan wilil (Lokoparek).

Asikanalek (*L'Arc silencieux*), jeune kaïn de guerre du clan aloua (Aboukoumo).

Asisal (*Anus refermé*), vieillard, père de Siloba (Mapiatma).

Asok-méké (*Celui qui n'est pas de chez nous*), beau-père de Toukoum (Woupéraïnma).

Asoukwan (*Longue oreille*), jeune guerrier du clan walilo (Homaklep).

Éak (*Le Petit*), vieillard, père d'Asikanalek (Aboukoumo).

Ékali (*Quelle honte !*), képou, père du jeune Kabilek (Woupéraïnma).

Ékapouwé (?) Épouse d'Ou-moué, d'origine wittaïa (Woupéraïnma).

Éken (*Semence* ou *fleur*), fille de Weaklekek (Homaklep).

Ékitamalek (*Poing vide*), fils de Yoroïck, décède des suites d'une blessure (Kibitsilimo).

ÉLOMAHOLAN (*Celui qui n'a plus de femme*), vieux guérisseur du clan wilil (Woupéraïnma).

HANOUMOAK (*Os de tabac*), jeune guerrier, frère de Yoroïck et de Wéréné (Woupéraïnma).

HOLAKÉ (*Piste de femmes*), fillette de Wéréklowé (Woupéraïnma).

HOUGOUNARO (*Assise en face*), épouse d'Ou-moué, pleine de jalousie, mère d'Akou (Woupéraïnma).

HOUONKÉ (*Hachette de pierre*), oncle du petit mort Weaké (Soulaki).

HOUSOUK (*Le Plongeur*), kaïn de guerre du clan kosi (Kibitsilimo).

IKI-ABOUSAKÉ (*La main qui ne se retient pas*), petite sœur du jeune mort Weaké (Soulaki).

KABILEK (*Pas rusé*), fils d'Ékali (Woopéraïnma).

KOALARO (*Celle qui a quitté son mari*), épouse d'Ou-moué, sœur du jeune mort Yonokma (Woupéraïnma).

KOURÉLOU (*Le sage héron argenté*), grand kaïn de la tribu (villages kourélou du Nord).

LAKALOKLEK (*Celle qui ne voulut pas attendre*), épouse de Weaklekek (Homaklep).

LIMO (*Terrain sans arbres*), kaïn de guerre du clan aloua (Sinisiek).

LOLILOUK (*Ossements laissés pour compte*), père d'Ouwar, Wérekma et Natorek (Woupéraïnma).

MAITMO (*Près du creux d'eau du village*), redoutable kaïn de guerre du clan haïman (territoire des Kourélou du Nord).

NAMILIKÉ (*Espérons qu'elle ne mourra pas*), fillette d'Asikanalek (Aboukoumo).

NATOREK (*Au temps du maouwé :* période de sa naissance), petit frère d'Ouwar (Woupéraïnma).

NILIK (*Mangeur de porc*), kaïn du clan walilo (Kulmo).

NYLARÉ (*Mon village*), fillette d'Ou-moué (Woupéraïnma).

OKAL (*Le Rameur*), l'un des deux jumeaux, ami du jeune mort Weaké (Mapiatma).

OLOUMA (Nom d'un arbre à l'ombre duquel il naquit), ami du jeune Natorek (Woupéraïnma).

OU-MOUÉ *(L'Anxieux)*, kaïn politique du clan wilil (Woupéraïnma).

OUWAR (Nom de la rivière *Ouwar*, en territoire Siep-Kosi), fils de Lolilouk (Woupéraïnma).

PALEK (*Sans famille*), père de Soupouk, mari d'une femme violée par Asoukwan (Homaklep, puis Woupéraïnma).

POLIK (*Celui qui vint à la rescousse*), kaïn du clan hallouk (Aboulopak).

POUMÉKA (*Serpent d'eau*), bûcheron infirme (Sinisiek).

SIBA (Nom d'une variété d'insectes), jeune guerrier du clan wilil (Woupéraïnma).

SILOBA (*Celui que la pluie n'empêche pas de sortir*), jeune guerrier, ami de Yonokma (Woupéraïnma).

SOUPOUK (Partie du toit de chaume d'un ébéaï), fils de Palek (Homaklep).

TAMOUGI (Nom d'un marsupiau grimpeur), beau-frère d'Houonké (Aboulopak).

TÉGÉAREK (*Lance de mort*), jeune kaïn de guerre du clan wilil (Woupéraïnma).

TEKMAN BIO (*N'approche pas*), guerrier du clan hallouk (Woupéraïnma, Aboulopak).

TOUÉSIKÉ (*Courbette d'oiseau*), guerrier du clan wilil (Woupéraïnma).

TOUKOUM (Nom d'une partie du sol de la case des hommes, devant le foyer), jeune gardien de porcs, beau-fils d'Asokméké (Woupéraïnma).

WAKO-AIK (*Ver qui ronge le ventre*), mère du jeune Ouwar (Woupéraïnma).

WALIMO (*Pectoral de coquillages*), jeune guerrier du clan aloua, menacé d'une condamnation (Houlibara).

WAMATOUÉ (*Oiseau dans la porcherie*), petit frère de Soupouk (Homaklep).

WEAKÉ (*Mauvaise piste*), jeune garçon, tué par les Wittaïa, ami d'Okal et de Toukoum (Aboulopak).

WEAKLEKEK (*Le mauvais*), jeune kaïn de guerre du clan aloua (Homaklep).

WÉNÉLOUKÉ (*Les Voleurs de porcs*), adolescent, dessinateur de dessins rupestres (Lokoparek).

WÉRÉKLOWÉ (*Celui qui ne travaille pas aux champs*), grand kaïn du clan aloua (Aboulopak).

WÉREKMA (*Il y a des filles*), fille de Lolilouk (Woupéraïnma).

WÉRÉNÉ (*Perroquet*), frère de Yoroïck et d'Hanoumoak (Homaklep).

WOKNABIN (*Emmène-moi*), guerrier du clan wilil, à la vue très basse (Aboulopak).

WOLOUKLEK (*Sans récompense*), garçon solitaire qui emmena Weaké du côté de la rivière (Mapiatma).

YÉKÉ ASOUK (*Oreille de chien*), frère d'Ou-moué (Woupéraïnma).

YOLI (Variété de myrte, dont le bois sert à fabriquer des lances), père de Walimo (Houlibara).

YONOKMA (*Le Vagabond*), jeune frère de Koalaro, tué au combat (Woupéraïnma).

YOROICK (*Pigeon*), père d'Ékitamalek (Kibitsilimo).

YOULI (*Morceau*), jeune épouse d'Ou-moué (Woupéraïnma).

TERMES DU LANGAGE DANI FRÉQUEMMENT UTILISÉS DANS LE TEXTE

AKOUNI : *Le peuple, c'est-à-dire les Kourélou.*
ÉBÉAI : *Case ronde réservée aux femmes.*
ÉLÉGÉ : *Les jeunes, les adolescents.*
ÉTAÏ : *« Les chants », danses rituelles après une victoire.*
HIPÉRI : *Patate douce. (Également, sens générique de nourriture.)*
HORIM : *Longue calebasse creuse qui s'utilise comme fourreau pour le pénis.*
IKI PALIN : *Rituel de mutilation des doigts de la main.*
KAÏN : *Le chef.*
KAÏO : *Tour d'observation.*
KÉPOU : *Peureux, sans aucune valeur.*
MAOUWÉ : *Période de fêtes des mariages et des initiations.*
MIKAK : *Fragment d'un grand coquillage, qui se porte sur la gorge, au-dessous du menton.*
PAVI : *Variété d'arbre ; et, également, dans le langage familier : ennemi ou excrément.*
PILAÏ : *Case ronde réservée aux hommes.*
SILI : *Ensemble de cases et de hangars entouré d'une palissade : le village comprend un ou plusieurs sili.*
TOA : *végétal comestible à larges feuilles.*
WAM WISA : *porc ou viande de porc consacrée.*
WISA : *doué d'un pouvoir surnaturel.*
WISAKOUN : *Sorcier-guérisseur.*
YÉGÉREKS : *Enfants qui n'ont pas encore atteint la puberté.*

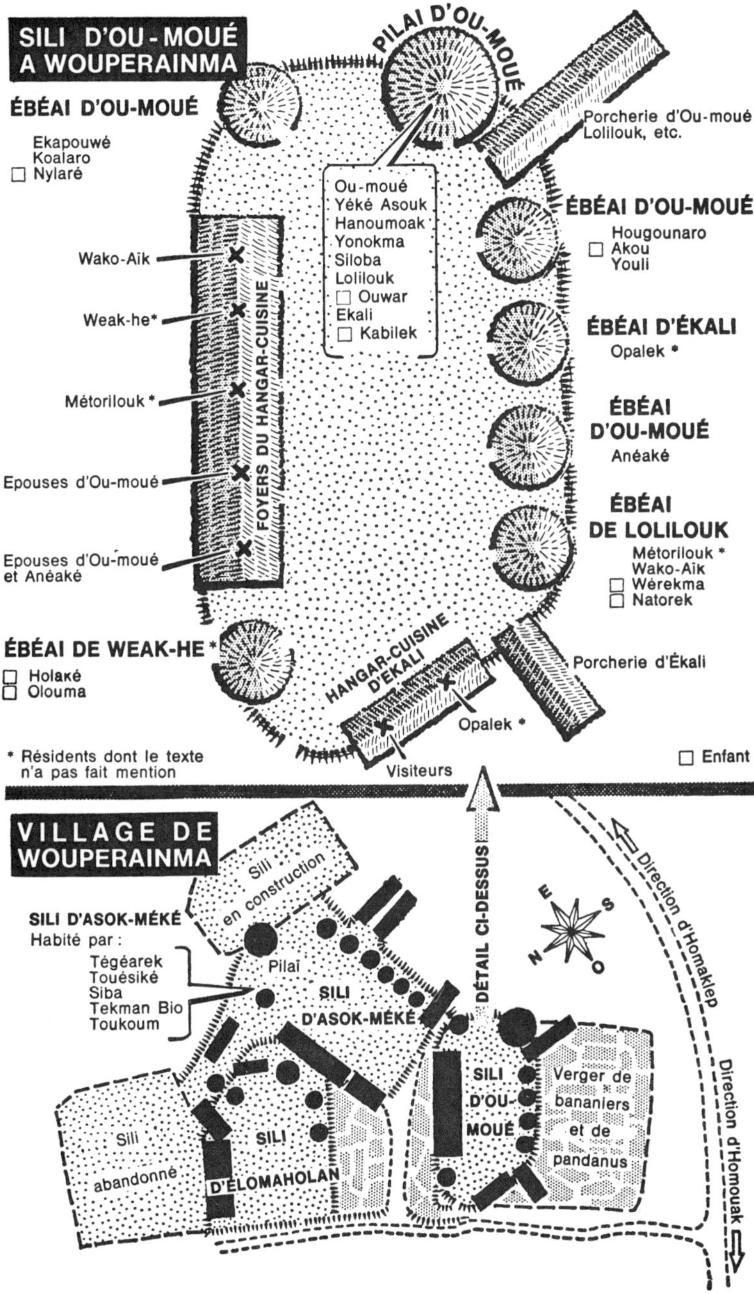
SILI D'OU-MOUÉ
A WOUPERAINMA
PILAI D'OU-MOUÉ
ÉBÉAI D'OU-MOUÉ
Ekapouwé
Koalaro
□ Nylaré
Porcherie d'Ou-moué
Lolilouk, etc.
Ou-moué
Yéké Asouk
Hanoumoak
Yonokma
Siloba
Lolilouk
□ Ouwar
Ekali
□ Kabilek
ÉBÉAI D'OU-MOUÉ
Hougounaro
□ Akou
Youli
Wako-Aïk
Weak-he*
FOYERS DU HANGAR-CUISINE
ÉBÉAI D'ÉKALI
Opalek *
Métorilouk *
ÉBÉAI
D'OU-MOUÉ
Anéaké
Epouses d'Ou-moué
ÉBÉAI
DE LOLILOUK
Epouses d'Ou-moué
et Anéaké
Métorilouk *
Wako-Aïk
□ Wérekma
□ Natorek
ÉBÉAI DE WEAK-HE *
□ Holaké
□ Olouma
HANGAR-CUISINE
D'EKALI
Porcherie d'Ékali
Opalek *
* Résidents dont le texte
n'a pas fait mention
Visiteurs
□ Enfant
VILLAGE DE
WOUPERAINMA
Sili
en construction
DÉTAIL CI-DESSUS
Direction d'Homaklep
SILI D'ASOK-MÉKÉ
Habité par :
Tégéarek
Touésiké
Siba
Tekman Bio
Toukoum
Pilaï
SILI
D'ASOK-MÉKÉ
E
S
N
O
SILI
D'OU-
MOUÉ
Verger de
bananiers
et de
pandanus
Direction d'Homouak
Sili
abandonné
SILI
D'ÉLOMAHOLAN

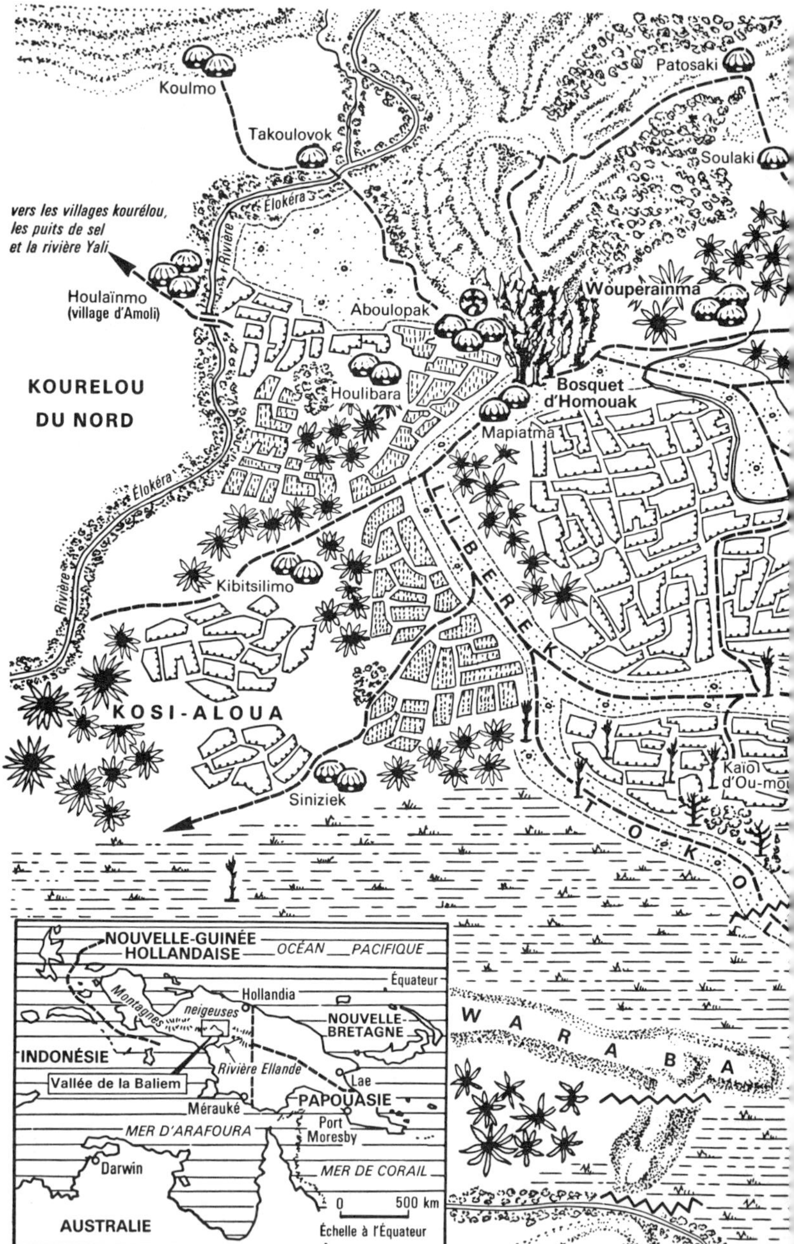
Koulmo
Takoulovok
Patosaki
Soulaki
Élokéra
Rivière
vers les villages kourélou,
les puits de sel
et la rivière Yali
Houlaïnmo
(village d'Amoli)
Aboulopak
Wouperainma
KOURELOU
DU NORD
Houlibara
Bosquet
d'Homouak
Mapiatma
Élokéra
Rivière
LIBEREK
Kibitsilimo
KOSI-ALOUA
Siniziek
TOKOL
Kaïo
d'Ou-mo
WARABA
SIOBARA
NOUVELLE-GUINÉE
HOLLANDAISE
OCÉAN PACIFIQUE
Équateur
Montagnes
neigeuses
Hollandia
NOUVELLE-
BRETAGNE
INDONÉSIE
Vallée de la Baliem
Rivière Ellande
Lae
PAPOUASIE
Mérauké
MER D'ARAFOURA
Port
Moresby
Darwin
MER DE CORAIL
0
500 km
Échelle à l'Équateur
AUSTRALIE

VERS LES TERRITOIRES SIEP-KOSI
Lokoparek
ousanima
Ruisseau Tabara
Aboukoumo
Pointe d'Anélarok
maklep
Ruisseau Tabara
TOURABA
Rivière Aïké
Blessure mortelle de Wéaké
Pouakaloba (Kaïo de Weaklekek)
Blessure mortelle de Tikiliak
Kaïo de Wéréklowé
Likinapma (village abandonné)
TERRITOIRE DES SIEP-ELORTAK
Rivière Aïké
Esquisse géographique de l'implantation des tribus kourélou. Échelle approximative : environ 3400 m entre Waraba et le bosquet d'Homouak
N
E
S
O
Blessure mortelle de Yonokma
Kaïo Wittaïa
TERRITOIRE DES KOURELOU DU SUD
TERRITOIRE WITTAIA
Villages
Jardins
Anciens terrains de culture
Kaïo
Arbres kaïo
Forêt
Emplacements boisés ou bouquets d'arbres
Cours d'eau
Passage de piste sur cours d'eau
Savanne herbeuse
Marécages
Ossements humains
Sites de dessins rupestres
Principales lignes de combat

TABLE DES MATIÈRES

Petite Bibliothèque Payot / nouvelle présentation

Sigmund Freud
Cinq leçons sur la psychanalyse, *suivi de* Contribution à l'histoire du mouvement psychanalytique / **1**
Marthe Robert, La révolution psychanalytique. La vie et l'œuvre de Freud / **2**
John Kenneth Galbraith, La crise économique de 1929 / **3**
Blandine Barret-Kriegel, L'État et les esclaves / **4**
Gérard Mendel, Pour décoloniser l'enfant / **5**
Johan Huizinga, L'automne du Moyen Age / **6**
Paul Diel, Le symbolisme dans la mythologie grecque / **7**
Jean-Paul Aron, Le mangeur du XIXe siècle / **8**
Sigmund Freud, Totem et tabou / **9**
Léon Chertok, L'hypnose / **10**
Sigmund Freud, Psychopathologie de la vie quotidienne / **11**
Gershom G. Scholem, La Kabbale et sa symbolique / **12**
Marcel Mauss, Manuel d'ethnographie / **13**
François Rivenc, Introduction à la logique / **14**
Sigmund Freud, Essais de psychanalyse / **15**
Sigmund Freud, Introduction à la psychanalyse / **16**
Erich Fromm, Le langage oublié / **17**
Mélanie Klein / Joan Riviere, L'amour et la haine / **18**
Paul Diel, Éducation et rééducation / **19**
Paul Diel, Le symbolisme dans la Bible / **20**
Commission « Efficacité de l'État » du Xe Plan présidée par **François de Closets,** Le pari de la responsabilité / **21**
Otto Rank, Le traumatisme de la naissance / **22**
Otto Rank, Don Juan, *suivi de* Le double / **23**
John Maynard Keynes, Essais sur la monnaie et l'économie / **24**
Albert Einstein, La relativité / **25**
Alfred Adler, Connaissance de l'homme / **26**
Sigmund Freud / William C. Bullitt
Le Président T. W. Wilson. Portrait psychologique / **27**
Bronislaw Malinowski
La sexualité et sa répression dans les sociétés primitives / **28**
Wilhelm Reich, Écoute, petit homme ! / **29**
Margaret Mahler, Psychose infantile / **30**
Noam Chomsky, Le langage et la pensée / **31**
Paul C. Racamier, Les schizophrènes / **32**
Konrad Lorenz, Évolution et modification du comportement / **33**
Élisabeth Labrousse, La révocation de l'Édit de Nantes / **34**
Moses I. Finley, Démocratie antique et démocratie moderne / **35**
Christian David, L'état amoureux / **36**

Eric Berne, Analyse transactionnelle et psychothérapie/**37**
Albert Schweitzer, Les grands penseurs de l'Inde/**38**
Walter Benjamin, Charles Baudelaire/**39**
A. de Mijolla/S. A. Shentoub, Pour une psychanalyse de l'alcoolisme/**40**
Pierre Avril, Essais sur les partis politiques/**41**
Constantin Stanislavski, La formation de l'acteur/**42**
Piera Aulagnier, Un interprète en quête de sens/**43**
Michael Balint, Le défaut fondamental/**44**
Jean-G. Lemaire, La relaxation/**45**
Marie Moscovici, Il est arrivé quelque chose/**46**
Alfred Adler, Le sens de la vie/**47**
James G. Frazer, Mythes sur l'origine du feu/**48**
Robert Löwie, Histoire de l'ethnologie classique/**49**
D. W. Winnicott, L'enfant et sa famille/**50**
Ella Maillart, La voie cruelle/**51** (Voyageurs)
Colin Thubron, Les Russes/**52** (Voyageurs)
Nicolas Bouvier, Chronique japonaise/**53** (Voyageurs)
Redmond O'Hanlon, Au cœur de Bornéo/**54** (Voyageurs)
Gilles Lapouge, Les pirates/**55** (Voyageurs)
Louis Garneray, Corsaire de la République/**56** (Voyageurs)
Robert Louis Stevenson, La route de Silverado/**57** (Voyageurs)
Richard F. Burton/John Speke, Aux sources du Nil/**58** (Voyageurs)
Helen A. Keller, Sourde, muette, aveugle/**59** (Documents)
François Boureau, Contrôlez votre douleur/**60** (Documents)
Rabindranath Tagore, La maison et le monde/**61** (Documents)
Marc Ferro, Nicolas II/**62** (Documents)
Paul Kennedy, Naissance et déclin des grandes puissances/**63** (Documents)
Ernest Aeppli, Les rêves et leur interprétation/**64** (Documents)
A. Cohen, Le Talmud/**65**
Paul Diel, Psychologie de la motivation/**66**
Hélène Deutsch, Problèmes de l'adolescence/**67**
Erich Fromm, Le cœur de l'homme/**68**
Mirko Grmek, Claude Bernard/**69**
Alan W. Watts, Le bouddhisme zen/**70**
Paul Diel, La divinité/**71**
Ella Maillart, Des monts célestes aux sables rouges/**72** (Voyageurs)
Evelyn Waugh, Bagages enregistrés/**73** (Voyageurs)
T. Berry Brazelton, Écoutez votre enfant/**74** (Documents)
Marina Yaguello, Les mots et les femmes/**75** (Documents)
Jérôme Spycket, Clara Haskil/**76** (Documents)
Régis Boyer, La Saga de saint Olaf/**77** (Documents)
Paul Diel, La peur et l'angoisse/**78** (Documents)
Peter Fleming, Courrier de Tartarie/**79** (Voyageurs)

72

ISBN 2-228-88677-7

IMPRIMERIE S.E.P.C. À SAINT-AMAND (CHER)
N° D'IMPRESSION : 1002
DÉPÔT LÉGAL : MAI 1993

Imprimé en France